何建明文集

卷十

生命第一

何建明 著

新世界出版社
NEW WORLD PRESS

图书在版编目（CIP）数据

生命第一 / 何建明著 . -- 北京 : 新世界出版社，2018.3

（何建明文集 ; 10）

ISBN 978-7-5104-6381-5

Ⅰ . ①生… Ⅱ . ①何… Ⅲ . ①报告文学－中国－当代 Ⅳ . ① I25

中国版本图书馆 CIP 数据核字 (2017) 第 203369 号

生命第一

作　　者：何建明
特邀丛书编辑：韩小群
责任编辑：贾瑞娜
责任校对：宣　慧
责任印制：王宝根　苏爱玲
出版发行：新世界出版社
社　　址：北京西城区百万庄大街 24 号（100037）
发 行 部：（010）6899 5968　（010）6899 8705（传真）
总 编 室：（010）6899 5424　（010）6832 6679（传真）
http://www.nwp.cn
http://www.nwp.com.cn
版 权 部：+8610 6899 6306
版权部电子信箱：nwpcd@sina.com
印　　刷：北京京华虎彩印刷有限公司
经　　销：新华书店
开　　本：710mm × 1000mm　1/16
字　　数：320 千字　　印　　张：21.5
版　　次：2018 年 3 月第 1 版　2018 年 3 月第 1 次印刷
书　　号：ISBN 978-7-5104-6381-5
定　　价：58.00 元

1978 年——中国改革开放启幕

1978 年——我的文学生涯开始

庆幸，我的命运与时代、与祖国同行。还有一份安慰：当我离开这个世界时，有人可以从我的文字里触摸到中国今天的脉搏是如何跳动的……

何建明

重要创作历程及个人成就

1978 年	创作第一篇中篇散文《湘西探险记》
1980 年	发表第一篇报告文学《腾飞吧，苍龙》
1982 年	创作第一部军事题材小说《第二道战壕》
1986 年	出版第一部报告文学作品集《缉私大王》
1988 年	出版第一部长篇小说《东方毒蛇》
1989 年	由同名作品改编的电影剧本《西行囚车》被搬上银幕，此片获珠江电影制片厂优秀故事片奖
1990 年	第一次获中华宝石文学奖
1993 年	任文学杂志《新生界》主编
1993 年	发表第一部长篇报告文学《野性的黑潮》
1994 年	第一次成为《青年文学》封面人物
1995 年	《共和国告急》出版，此后获第一届鲁迅文学奖
1995 年	《科学大师的名利场》发表
1998 年	《落泪是金》发表，此后获第二届鲁迅文学奖、第一届徐迟报告文学奖、中国改革开放优秀报告文学奖
2000 年	《中国高考报告》出版，此后获第一届正泰杯全国报告文学奖
2001 年	《中国高考报告》被日本、澳大利亚翻译出版
2002 年	《根本利益》发表，此后获第二届徐迟报告文学奖、人民文学奖特等奖、第六届国家图书奖提名奖、第二届正泰杯全国报告文学奖，入选中宣部推荐的党的十五大献礼书目
2002 年	《国家行动：三峡大移民》出版，此后获中宣部第九届“五个一工程”奖，入选中宣部推荐的党的十六大献礼书目

2003 年　《北京保卫战》发表，获《文汇报》优秀作品奖

2003 年　完成电影剧本《廊桥悠悠》创作（此为与谢晋导演合作项目）

2004 年　由《根本利益》改编的电影《信天游》上映

2004 年　《永远的红树林》发表，此后获第四届正泰杯全国报告文学奖

2005 年　《李琬若：从中国留学生到美国市长》出版，并被美国翻译出版

2005 年　获国务院授予的“全国劳动模范”称号

2005 年　任《中国作家》杂志主编

2006 年　《男人的美丽男人的梦》出版

2007 年　散文《父亲的体温》入选中学课本及教辅资料

2007 年　《部长与国家》获第四届鲁迅文学奖、第三届徐迟报告文学奖荣誉奖

2008 年　《生命第一——5·12 大地震现场纪实》出版，此后获第二届“中华优秀出版物”奖、第四届徐迟报告文学奖

2008 年　任作家出版社社长

2008 年　荣获“全国新闻出版行业领军人才”称号

2008 年　根据《国家行动》改编的同名电视连续剧在央视播出

2009 年　任中国作家协会党组成员、书记处书记，中国作家出版集团党委书记、管委会主任

2009 年　《国家行动》电视连续剧获中宣部第十一届“五个一工程”奖

2009 年　《我的天堂》出版，获中宣部第十一届“五个一工程”奖

2009 年　《永远的红树林》获新中国六十年优秀中短篇报告文学奖

2009 年	获中华全国总工会“时代领跑者——新中国成立以来最具影响的劳动模范”评选活动提名奖
2010 年	根据《部长与国家》改编的电视连续剧《奠基者》在央视黄金时段播出，此后获中宣部第十二届“五个一工程”奖
2010 年	《忠诚与背叛：告诉你一个真实的红岩》出版，此后获中宣部第十二届“五个一工程”奖、第三届中国出版政府奖，入选“2013 年全国青少年推荐阅读的优秀书目”
2010 年	任中国作家协会副主席至今
2011 年	《国家——2011·中国外交史上的空前行动》出版，后获人民文学奖特等奖，入选“2012 年中国报告文学优秀作品排行榜”、中宣部推荐的党的十八大献礼书目
2012 年	《三牛风波》出版，荣登北京图书大厦畅销书排行榜
2012 年	任中华文学基金会理事长至今
2012 年	当选中国报告文学学会理事长至今
2014 年	《南京大屠杀全纪实》出版，此后获第四届中国出版政府奖、人民文学奖特等奖
2015 年	获亚洲品牌协会“中国文化品牌新领军人物”荣誉
2015 年	《真假之间》发表
2016 年	《爆炸现场》出版，获中国出版集团优秀销售奖，入选“2016 年中国报告文学优秀作品排行榜”
2017 年	《死亡征战》出版，被英国、法国翻译出版
2017 年	《那山，那水》发表

（截至 2017 年 9 月）

目　录

序　三个不同的忌日现场　/ 001

第一章　都江堰：生命之痛　/ 015

第二章　龙门山：天堂与地狱的轮回　/ 064

第三章　红白镇上红白事　/ 090

第四章　撤离死城：生命的撕裂之恸　/ 122

第五章　进军汶川：生命永存悲壮　/ 195

第六章　向生命施爱　/ 272

序 三个不同的忌日现场

公元2008年5月12日。

这个日子注定要被人类历史记住。

这一天的下午2点28分。中国的一个并不被人们熟识的地方——四川省汶川县，突然地动山摇，瞬间天昏地黑……随即，一个个乡镇消失了，一片片农舍和居民楼坍塌了，一群群孩子和老人、男人和女人被活生生地埋入了废墟，断头折腰，血溅江河，惨不忍睹……

与此同时，周边更多的村庄、更多的城镇、更多的百姓也被更严重的山崩地裂掩埋了……

北京在摇晃。上海在颤动。广州人惊恐地从楼房跑出，甚至连隔着大海的台湾同胞也有明显的震感。

里氏震级8.0级大地震！中国的大地都在震动！从那一刻起，中国的13亿人陷入了巨大的痛苦与悲伤、紧张与焦急之中。世界也在揪心地注视着东方大国发生的这一强震。

“尽快抢救伤员，保证灾区人民生命安全。”第一时间里，中共中央总书记、国家主席胡锦涛的声音回荡在神州大地的上空。

灾情比我们预想的要严重……同胞们，同志们，在灾害面前，最重要的是镇定、信心、勇气和强有力的指挥。我相信，在党中央和国务院的坚强领导下，广大军民团结一致，众志成城，我们一定能够战胜这场特别重大的地震灾害！第一时间里，国务院总理温家宝的声音和身影，出现地灾区上空的飞机上。两个多小时后，他到达灾区一线。

那时起，全中国人民无时无刻不在关心、关注灾区的每时每刻……

那一天起，我的心就被拉走了，拉到了那片到处是废墟和流血与死亡的地方。

我无法不去。可去了后就想走，我不忍心双脚踩痛那些依然躺在废墟里的已经没有呼吸的生命。刚一走，我又自责：那些躺在楼板与泥石流下的冰冷躯体多么寂寞和孤独，你怎么不陪他们多待些时间呢?

于是我又一次返回那里。

地震之后，我已经去了那里三次。每一次去后都让我感受到心灵的颤抖——

第一个忌日

我第一次到灾区是在大震后的第七天。

到成都后的第二天，我便进入了一个重灾区。那是个被地震毁灭了的山区小镇。我眼前看不到一间完整的房屋，当地百姓告诉我，地震前这里很美，常有成都的城里人到这儿休闲度假。“现在我们什么都没了，连猪崽都死光了。”一位老乡这样说。

解放军在这里清理废墟。上面有指示：七天后大面积的救人搜索将结束——这个时间已经超出了人的生命极限。虽然前线时有振奋人心的消息传来，说哪个地方又救出了生还者，但对多数被埋者来说，七天后生存的机会基本没有了。

一片废墟前，两辆推土机轰鸣着，一堆堆横七竖八的水泥板和砖瓦块被翻动着。周围有不少当地百姓围着观看，开始我并不知道他们在等待什么，后来知道那里面还有被埋者，那些活着的人在等待见到自己的亲人……

一位中年妇女特别引起了我的注意。她穿着医生的白大褂，表明她是一个医务工作者。她是我们附近镇上的医生，她丈夫埋在里面一直没有出来。今天她是来看他的……一位老乡悄悄地告诉我。

我的心一下揪了起来——为这位可怜的女医生，为无数与这位女医生同样命运的灾区人民。

她一直在另一个地方抢救伤员，中间来过这里几次，但因为她男人被埋得太深，一时挖不出来。今天清理废墟，估计能见到她男人了。老乡继续在我耳边说着。我的心因承受着推土机的轰鸣声而紧缩起来……

那等待的时间太残酷。你又想早些看到结果，又不愿看到结果。对女医生和对我们在场的每一个人都一样。

推土机继续轰鸣着，大地似乎也在强烈地震荡着。眼前，断裂的楼板被一块块掀开、推走……我注意到女医生的脚步在不断往前移，但身体又被两位女同胞紧紧拉住。

几位解放军战士在一位少校的带领下，出现在推土机前，他们预计下面的被埋者会马上出现，所以走在了前面。有两个战士的手里提着黄色的装尸袋——这让人看后十分不舒服，但战士们是在执行任务。7 天后的遇难者遗体基本上都处在腐烂阶段，为了保护更多活着的人，对所有遇难者遗体进行现场及时的处理是灾区指挥部交给救援部队的另一项重要任务。军人在一丝不苟地执行命令。他们的职责非常神圣，那些小战士当兵才几天，他们中的多数还是“80 后”，如果不是抗震救灾，他们怎么可能去做收尸这类活呢？

地震遇难者的遗体惨不忍睹，但为了防止瘟疫，必须有人去处理。军人承担了这样的任务。

出来了！出来了！突然有人叫起来。于是我们都跟着往废墟前簇拥，但被战士们挡住。只有那个女医生被允许往前挪动……

“是他。那件夹克我才给他买的，他第一次穿上的……”女医生说。我听到她的声音是颤抖的。

一具遇难者遗体被四个战士抬出来，抬到废墟边的一块水泥地上。随后，我们也被允许走近……

那是个男性遇难者，他的脸部是灰黑的，沾满了尘土和血水，腹部印着血痕，显然是被重物压死的。

我见女医生单足跪在地上，用自己的衣袖擦着遇难者的脸。马上有战士给她拿来一盆水和一块毛巾，于是女医生便轻轻地非常职业化地为她的丈夫擦洗头部，一点一点地为她的丈夫擦洗着、擦洗着……我们已经可以清楚地看清死者的脸庞了。这时女医生抬起头，冲解放军官兵们说：“谢谢你们，谢谢你们让我见到了他……”然后她又埋头为自己的丈夫整理衣服。

那位解放军少校红着眼睛，朝战士们挥挥手，示意他们离开现场。我看到官兵们都在擦眼泪。

那一刻，我不知道什么时候自己的脸上也已淌满了泪水……我想上前安慰一下那个女医生，可我没有。我发现在场的所有人都没有这样做。人们默默地站在那个女医生的背后，一声不响地看着她为死去的丈夫擦洗、整理。

我不能再看下去了，再看下去我会忍不住哭出声的。

我走了。但就在我走出不到十来米的时候，一声撕心裂肺的哭嚎声，震碎了我的心——我转过身去，看到那个女医生已经伏在丈夫那具僵硬的遗体上号哭起来。那哭声为什么那么大，那么骇人。

在离开那个小镇向另一处灾区行进的路上，我发现很多地方的百姓都在自己倒塌的房前点着蜡烛和各种冥币，显然他们是在进行祭礼。

我突然明白了：这是灾后的“头七”。中国百姓中有这样的传统习俗：逝者走后的第七天，活着的亲人要为他们举行第一个祭礼。

于是我似乎突然明白了那位女医生为什么哭得那么撕心裂肺。我想可能是她与丈夫的最后一次见面竟然是在逝者已经离开她的第七天。对女医生来说，丈夫的第一个祭奠之日，来得太快，她自然无法接受。而乡亲们告诉我，这位女医生在另外一个镇上参与抢救了 30 多名生还者，而她却没有时间去救自己的丈夫。

这样的英雄故事在灾区我听说了很多，却第一次亲眼看到一位女英雄面对自己逝去的亲人的悲恸之情……

七七忌日

很巧，我第二次赴灾区采访的时间已经距大震四十九天了。七七四十九天，是中国人纪念逝者的又一个重要日子。

这一天，我在德阳的什邡采访。那个矿区在大震时所经历的灾难是毁灭性的。许多山体崩裂后不仅将整座矿山掩埋在百米废墟之下，而且不少民工在沿途桥梁及道路施工时被掩埋在泥石流中。由于前一时期抢救太紧张，他们的遗骸仍在原地没有处理。而根据当地抢险指挥部门意见，一般对埋得很深的遇难者不再进行挖掘处理，而是就地现场处置，北川县城和不少地方就采取了这样的方法。但也允许个别地方的百姓在有条件的情况下，对被埋者重新挖掘后再处置。

那天采访回途中，我便遇上了这样的事。

这是一处完全倒塌的山体。据说当时在这里施工的有十二个民工，他们都是矿区附近的村民。大震发生时，正在为矿上筑路建桥忙碌着的他们，便毫无例外地全被埋在石头里面。

大型机械设备没有顾及这个偏僻的山区，一直都在最关键和伤亡更大的地方进行紧张的抢救与清理。

四十多天后，村民们在向上级申请后获得了几台大型机械设备帮助挖掘清理的机会。于是就在“七七”这个忌日，全村人都来到了这片坍塌的山体前面，准备进行一次彻底的清理废墟和挖掘遇难者的工作。

现场很沉闷。只有机械的轰鸣声。令人感到窒息的是放在一旁的十二口木制棺材——它们准备迎接十二名被埋者，并将其骸骨运回村里……

“不能让他们就这样埋在荒山野地里。得把他们弄回去，好好安顿。”一位干部模样的人对我说。

“已经这么长时间了，遇难者遗体会是什么样呢？”我有些担心，小声说道。

“防疫队员马上到了，估计还能处理。要不村民不干，他们不放心自己的亲人就这样埋在石头里面没人处理。”干部模样的人有些无奈。

百姓的心情可以理解。

“来了！解放军防疫队来了。”正说着，我们看到一辆卡车驶过来，随即从车上跳下四位穿着防护服的防化部队战士，他们是来帮助处理遇难者遗体的。

挖掘在紧张地进行。第一具遇难者遗体很快被挖了出来，许多村民往前拥，但又很快退了回来……“头都没了。”有人悄声这样说。听了这话，许多人胆怯地缩到一边。

只有防化兵勇敢地走上前去对遇难者遗体喷洒药水。随后他们借助挖掘机的翻斗，轻轻将遗骸装进尸袋。因为断头缺臂，装的过程很费劲。待装入尸袋后，遇难者的遗骸便被移至棺材的旁边。有干部模样的人在喊：“你们过来认一认！”于是那些遇难者家属便一个个上前辨认。

“是他。是娃儿他爸。”一位妇女哭开了。她很快被几名村民拉到一边。那具遇难者遗体也被几位青壮年移入棺材内，并且有人在棺材上面写上死者的名字……

整个过程基本都是这样的程序。我发现，在挖掘和辨认死者时，多数遇难者家属已经不是那么悲痛欲绝，也许他们在过去的几十天里流了太多的眼泪，也许他们早已知道这样的结局。

“埋在石头底下能有活路吗？不可能的。”一位老汉抽着闷烟，蹲在一旁嘀咕着。我问他有没有自己的亲人在里面，他说：“两个娃儿都在里面，一个 28 岁，一个刚 20 岁……”

说这话时，老汉的眼眶里一下涌出泪水。“我不敢让娃的娘过来，她看了非死过去不可。老天作孽啊！”

我觉得自己没有任何语言能去安抚这位失去两个儿子的老人，更无法想象还在家里等待儿子归途的老妇人如何面对这样的结果。

“快过来，你娃出来了！”有人朝老汉喊道。

老汉顿时快走过去。不等防化兵消毒，他便冲到了两具遗骸前，最后还是被人拖了下来。“娃儿啊，你们都走了，让我怎么向你们娘交代呀？我不如死了算了……”突然，老汉像疯了似的冲向一处山崖……

几位青壮年飞步将老汉拉住，哪知老汉拼命地挣扎，几度挣脱小伙子们的手臂，三番五次地要冲向山崖，最后因为敌不过众人的力量，才停止了莽撞的行为。而这一幕深深刺痛了在场人的心，也让原本沉闷的挖掘现场，变得有些混乱起来。一些遇难者家属的情绪开始激动起来，不顾一切地冲上坍塌的石堆用手扒拉起来。虽然这样做起不了什么作用，但似乎他们早已等不及地想见到自己已经被埋了几十天的亲人……被装入棺材的遇难者也不能平静，他们的亲人不停地拍打着棺材，有的甚至再而三地要扒开装尸袋去与逝者亲近，防化战士们不得不采取强行措施隔离他们，然而仍然有人死死地伏在棺材上面不肯离去。

那情景叫人不得不跟着落泪。

显然，地震发生的那一瞬间，十二位民工正在同一地方施工。因此他们被埋的地方在十几平方米内，使得挖掘并没有拖延太长时间。可是由于山体崩裂的力量猛烈，有几具遇难者遗体根本认不出是谁了。干部们只好让遇难者的家属认个大概，然后再装入棺材。多数遇难者遗体已经高度腐烂，尸袋内不时淌出混浊的血水，使现场的气味十分刺鼻。防化兵们一再要求几位干部转移遇难者的遗体。

"那大家就准备起吧！"一位干部模样的庄稼人，招呼着在场的几十位壮汉子。随即只见四人一组的抬棺队伍各就各位，大家有序地准备着起棺。

一、二、三——

起喽——！

顿时，现场的几位道士吹起尖声的唢呐。有人则点响了鞭炮，"咚——哐！"

"回家喽——！"

众人齐声高喊："回家喽——"

浩浩荡荡的抬棺队伍沿着一条崎岖的小路向大山深处延伸，很快又有许多人加入其中，使得整个队伍不断壮大……

我站在那堆曾经掩埋了十二名民工的乱石上，目送着这支特殊队伍，心情久久不能平静：遇难者们终于回家了，他们与自己的亲人在大地震后的第四十九天时终于团聚，这到底是悲还是喜？

大地震带给活着的和逝去的人都不是喜，只有悲。因为从此在我们的生命里少了许多欢乐与亲情，多了无数悲痛与思念……

"5 · 12"汶川大地震，使多少活着的人要负担如此沉重的悲情。这时我的手机短信里显示出国务院抗震救灾指挥部发布的最近权威数据：截至 2008 年 6 月 30 日，汶川大地震已造成 69 195 人遇难，374 177 人受伤，18 403 人失踪。已经几十天了，那些失踪者事实上大多数已经可以归入死亡名单之中。于是我们便知道了此次汶川大地震，共有八万多条生命永远地离开了我们。

八万多啊！瞬间的天崩地裂，就这样无情地夺走了这么多条活生生的生命！

如果将这八万多条生命排列成一个整齐的队伍，会是何等壮观！然而，现在他们全都倒下了——就倒在了我们的眼前，倒在了我们的身边，带着痛苦的表情与眷恋，甚至多数还带着断肢与残躯……

痛，是我每一次从灾区回来的最深感受。于是无论在灾区或回到日常生活中，当我看每一个熟悉的或不熟悉的人时，比以前多了一分亲善的微笑和敬意。因为我的心里想着一件事：活着多好！让我们对每一个生命致敬！对生命的每一天致敬！

百天忌日

这一天是 9 月 18 日，北京仍然沉浸在两个“奥运会”的欢欣与狂热之中。但我却在 17 日晚就已经睡不着觉了，因为第二天我要再次去汶川地震灾区，因为这一天是八万余名遇难者的百天忌日……我像期待某一个重大日子似的早早为这一天成行而准备着，但即使这样，仍然在临行时感到仓促，甚至身边的一些亲朋好友奇怪地屡屡向我发问：你怎么又要去灾区了？

我能说什么呢？面对诸多发问，开始我解释因为是“地震遇难者的百天忌日”，后来被人问多了，便啥都不想回答了。

我内心对那些死难者的悲情，在现实里变得有些怪异吗？是我怪异还是他们怪异，我有些不明白了。

但我仍然要走。也许是上帝的有意安排，19 日这一天从北京飞往成都的飞机连连被推迟，9 点多的航班 10 点多才起飞。中午到达成都后才知道这里下着不小的雨，正是应了一句老话：人到悲时，老天也要下雨。

我知道老天是在哭……

成都消防总队的小李早早地等在那里。我一下飞机，他就驾车拉我往北川方向驶去。我们走得非常快，一路上小李还在念叨我们前些日子共同创作的一部作品，小李说着说着，哭了起来：“那天我不该只顾去执行命令，其实当时我要是留下来救她们，她们就有可能还活着……”小李说的是 5 月 13 日那天，他奉命到德阳一带给部队传达总队的紧急命令，在途中路过一个重灾区的小镇时，当时有当地的老百姓看他开着消防车，便拼命拦住他，指着一片废墟对他说：有一对姐妹被埋在里面，还活着，希望他这个“解放军”（当地老百姓将消防官兵统称为“解放军”）帮助抢救。可小李身负总队领导的重托，不能停下来。他好不容易挣脱百姓的追赶和谩骂，冒着强烈余震飞车几百里完成了送达领导批示的紧急任务。后来在返回的途中，他特意回到那个被拦车的小镇。他看到那对被废墟掩埋的姐妹已经被老百姓挖了出来，但却永远闭上了眼睛躺在了冰冷的雨水里……小李哭得伤心，哭自己没有干好一件“为人民服务”的事。我第二次赴灾区采访时，他就给我讲起这事。此次已经是听他第二次讲了——其实他向我讲过无数次，每一次听了都让人心痛。

“今天是她们的百天忌日，我特意买了一个花圈去祭她们……”小李指指后备厢。

于是我们有相当一段时间相互不说话，我想象得到小李的心情，也希望能够与他一起去祭奠一下那姐妹的亡灵。

“就是这里！”在通往绵阳的途中，小李飞车穿越一些山岭后拐弯到达一个依然可见满街废墟的小镇，然后将车子戛然停下，说道。

“这不是通平吗？”我发现这个小镇似乎曾经来过！

“是。就是这儿。”小李一边说着，一边启开后备厢取出花圈。

我突然想起：临离开北京时，我将第一次赴灾区采访时在这个小镇中学倒塌现场废墟里捡起的一张名为邓友梅的一位年轻女教师的教师资格证书复印件带在身边，希望能有机会再找找这位我一直牵挂的“邓友梅”是否还活着……

中学的废墟现场已同我第一次采访时的情景完全不一样了：除了那栋没有全部倒塌的教学办公楼还歪斜在那里外，其余的曾经掩埋了两百多学生和教师的废墟已经不见了。只有一群群当地老乡在雨中或用雨衣或用塑料布挡着在点香燃纸钱，祭奠亡灵——我粗略点了一下，足有四十多群、一百余人。

“你们认识邓友梅吗？”

“就是她，邓老师……”

我拿着邓友梅老师的照片复印件，向那些正在点香祭奠的当地老乡询问。

“这个老师我见过。不过地震后就再也没有见过她……”我很失望，问了半天竟然只有一个老乡说了这样不明不白的话。

“难怪的，我们这个学校统计的遇难者其实到现在也还没有最后清楚，有几个一直没找到，连遗体都没找到，又没见活人，所以只能当作‘失踪者’处理。邓友梅老师可能就属于这一类。”当地的一位干部模样的人告诉我们。

小李安放好那个花圈后，又从当地老乡那里借得几支香点燃后向已经见不到废墟的那片土地鞠了三个躬，我学着他的样也鞠了三个躬。我想起了那位年轻漂亮的邓友梅老师，也想从老乡那儿借几根香祭奠一下，可又马上打消了念头——我希望邓友梅老师能够在什么时候“复活”，因为我实在无法接受一位只有二十几岁的年轻漂亮的女教师就这样无声无息地走了……我想她应该活着，因为灾区还有许多活着的孩子正等着她上课呢，而她本人也还只能算是个大娃儿！

北川县城是我们的目的地。

但在后来的一路上，小李和我几乎没有说过话，我们沉浸在各自的悲伤之中。

过什邡后，很快进入北川境内。其实从什邡到北川并没有多少路，但我只感觉这段路很漫长，长得叫我内心有些发毛……我想只有一个原因：那些亡灵是不是在路的两侧不断地向我们这些活着的人呼救和诉说他们离开人间之后的这一百天中的种种苦难与孤寂……我的身子有些冷，问小李什么感觉，他竟然也说特别冷。是下雨的原因，还是心理作用，总之我们弄不清，浑身有些打战。

第一站依然是我们熟悉而难忘的北川中学现场。

这里基本上没有什么变化，与我第一次到时的情景差不多，仍然是大规模倒塌留下的大片废墟。听说要建地震博物馆，现场可能是被保护起来了。

我们到达这里已经是下午3点多了，现场看到的祭奠人群仍然有几十个，而堆放在废墟上的花圈则有上百个，其中有政府的、民间的，更多的是那些遇难者的亲属供奉的……

真是奇怪，这一天雨一直下个不停。是老天在哭喔！中学旁的一位白发苍苍的阿婆抹着眼泪喃喃地对我说。

我看到祭奠的人群中，有一对中年夫妇，他们几乎是伏在地上呜呜哭泣，声音完全是沙哑的，与其说是哭，不如说是撕心裂肺。

因时间关系，我们不能在北川中学现场多停留，便上车迅速朝两里路外的北川老县城进发。我们发现车子走不动了，因为通往县城的路上来往的祭奠者太多，尤其是许多遇难者的亲属都带着花圈一类的祭品，很占道路，又逢下雨，所以我们只能半途停车后徒步往里走……

这已经是我第三次来到北川县城了。每一次面对死城，心情无法用言语描述，是痛，是悲，想哭，还是想喊，都是……我想喊，是希望那些被埋在碎石断墙下的几千名遇难者能够有可能复活；我想哭，是不知道那些无法救出的当时又没有死去的遇难者在最后时刻是怎样痛苦地离开人世的；这种眼睁睁地看着数以万计的活脱脱的生灵在瞬间消失的悲绝，苍天可知？这种一片一片的楼宇倒塌，一个、十个、百个家庭的毁灭之痛，能不撕心裂肺？

这个北川县城，这个“5 · 12”大地震毁灭最严重的城市，你只要站在那里的废墟上稍做一下想象，眼泪就会哗哗地奔流而下……你不用去抚摸那些冰冷的废墟，你只要站在那里屏住呼吸数秒钟，就会感到全身发冷，冷得透心、透足，直到你站不稳——这是我每一次到北川县城的同一感受。

而这一次百天忌日现场不同的是，我看到了几对老人，他们或拿着儿子、儿媳的照片在号哭，或在儿子、儿媳、孙子、孙女的照片前焚香默念，这种情形是最让人难受的……有一对老人告诉我，他们的儿子一家全都遇难了，地震后连影子都没有见过，一直掩埋在十几米深的泥石流下面，而且据说要成为地震博物馆的一部分被永远地“保留原状。”

“作家，你说我们是不是可以让政府挖出来，让我们看一眼也算一个了结吧？”老人用枯干的双眼看着我，企望从我的口里得到答案。

我无言相对。只有眼泪告诉他们：估计可能性不大。

天快黑了，城里四处燃起缕缕星火，忽闪忽隐……“走吧，要不回不了成都。”小李催我快走。

我知道他有些害怕，其实我的内心也一样。

在离开北川时，我转身向这片仍然掩埋着几千人的废墟深深地三鞠躬……我不是这些遇难者的亲属，但我确确实实想大哭一场，因为我知道我再来此地会是很久很久之后。想到此处，我突然有种与亲人永诀的感觉——我忍不住像那些失去亲人的家属一样哭了，哭得一直收不住……

我们离开了北川，离开了灾区，但我看到一路上仍然有许多人举着花圈或其他祭奠品向灾区行走。

“我的姐姐是第二天才走的……”

“我的儿子和他妈在第四天还跟我说过话，他们的百天忌日是几天之后。”

“我一直没有看到爸爸，所以我会一有空就过来看他……”

他们这样告诉我，这样继续往那一个又一个废墟和死城、死镇、死村走着，去与天堂里的亲人会话、为他们祭酒……呵，老天，这样的百天忌日有多少个呢？

永远？永远。这是多么令人悲恸的旷世忌日！

于是我又想：在汶川大地震的数百公里土地上，那些活着的和死去的人之间似乎永远隔不断，只是他们以不同的生命形式存在于我们这个地球上。

是的，活着的和死去的之间，有一样东西具有质的重要意义：生命第一。

第一章　都江堰：生命之痛

许多人不想重现汶川大地震的灾情，是因为人的生命在那一刻变得极端地脆弱与痛苦、无助与悲恸。但这是历史，这是客观。不记述这生命之苦，就不知道人类从动物世界走向衣冠楚楚、讲吃讲穿的文明历程的每一步痛苦与辉煌，这对人类更好地走向未来也是无益和有害的。

一位哲学家说过，死亡是每一个人的必然经历。

8 级汶川大地震中，人的死亡是最为惨烈的场面，而映入国人眼里最初与最痛的一幕发生在大家都熟悉的一个地方——都江堰……

都江堰怎么啦?

都江堰与成都只有几十分钟的路程，每一位到成都旅游和出差的人，几乎不用思考，就会到那里去看一看距今两千余年的水利大师李冰父子留下的杰作。那里的水，那里的水利工程，那里因先人留下的伟大的水利工程而由此带动的自然与人文之美，令人叹为观止。

而都江堰，又是我二十多年前曾经工作和战斗过的地方。

我比大多数人多了一份对它的感情。但都江堰是此次汶川大地震中最先让我们感到生命之痛的地方。

我们无法抹去聚源中学、新建小学和中医院这三个本不该有生命问题的血淋淋的生命现场……

许多人给我描述过当时地震那一瞬间成都和成都之外的情景。其实不用更多的描述，8 级强烈地震在方圆一百里的那种感觉，就是死亡在接近每一个人，而在毫无准备、无法抗拒的死亡来临之时，人变得极度无助与恐慌，更何况身边的人可能在那一瞬间，就死在你跟前，死得血淋淋的……没有人面对这种情形不感到惊恐！

但，都江堰的情况比这更加令人胆战与痛心。死亡和倒塌最严重的竟然会是学校和医院——那学校里有我们的孩子，那医院里是我们的那些本来就已因病入院的亲人呀！

我到聚源中学倒塌的现场已经是大震后的一星期了。我仍然能深切地感受到大震留给当地百姓尤其是那些孩子的家长的那份如刀绞的心痛……

通往聚源中学的那条路叫勤学路，顾名思义，这是这所拥有1800多名学生的城乡接合部的乡镇中学向外延伸的标志，会让走入这条路的当地农民感觉是一条通往改变身份、荣耀祖宗的光明之路。但在我踏上这条路的那一天，我看到的却是另一番景象：一群死了孩子的家长举着牌子和标语，披麻戴孝地站在路中央，向每一个来访者诉说着这里刚刚发生的一场大悲剧——

"教学楼全塌了，当时有900多个孩子被埋在里面，孩子们就这样活活地离开了我们，有的头跟身子都没有连在一起……"

"温总理来的时候，我跪在他前面，他跟我一起哭……"

"为什么镇上的其他房子没塌几间，唯独这孩子上课的教室塌得这么惨啊！"

……

家长们你一言，我一语，他们沙哑的嗓子不知已经重复了多少遍这一类话，但他们始终没有放弃任何一次有用或无用的机会诉说他们心中的哀痛与悲愤。

"你看看，这是我的女儿，两个，是双胞胎。她们长得俊不俊？现在她们都没了……一星期了，我天天守着她们的灵，我心里好憋、好难受啊！”一个四十多岁的妇女，双手举着一张放大的彩色“全家福”照片，指着上面一对如花似玉的女孩，边说边捶着胸脯向我喊叫着。她的眼里没有眼泪，眼泪可能早已干了，目光中只有期待与恳求：“我知道什么话该说，什么话不该说。外国记者来了，我啥也没说。可你是我们自己的作家，我想让你跟我去我家看看，我在家里给孩子设了个灵堂，现在我每天陪着她们，像过去一样，可她们现在不跟我说话了，只冲着我笑，就是照片上这个样子……”

我想强忍眼泪，可还是忍不住……我告诉她请让我记下这两个孩子的名字。她说：一个叫赵雅佳，一个叫赵雅琦。她自己叫赵德琴。

我一路洒着不由自主淌下的眼泪，踩着充满消毒药水气味和冲天死尸气味的勤学路，来到聚源中学的那个埋葬这位母亲的一对双胞胎女儿的废墟前……现场的几位老乡告诉我，这里一共死了 278 人，其中有几个是教师，其余全是学生娃儿。

278 人？排在一起会是一个什么样的情景啊？我下意识地往废墟另一侧的操场看去，老乡便说：12 号当晚，这个操场上就放满了尸体。

简直不敢想象！

当时你们都在现场？

“在，都在。出事后，这里围了几千人，一直到 14 号后才少了些。那时已经很少能挖出活人来了……”几位始终围在我身边的老乡似乎有话要跟我说，但他们又显得吞吞吐吐。这反倒让我有些想追个究竟。

“你不知道，已经有人来打过招呼，说不让随便跟外面来的人说了……”有个看样子胆子大一些的庄稼汉说。

“有什么不可以说的？学校塌了是事实，孩子死了那么多也是事实，你就说你看到的就行。”我鼓励他。

“我也是这么想的，温家宝总理都能在第一时间到灾区来看望我们，他们下面这些官员就喜欢报喜不报忧，平时他们这么做，我们也就睁一眼闭一眼，他们爱怎么着就怎么着。可这回是地震，地震死多少人是老天爷都知道的事，他们还要那么做，我们老百姓看了就有气嘛！”中国的老百姓是很明白的人，他们要讲心里话，有人不让他们讲是没有多少用的。

嘴，长在他们身上。血淋淋的事实就摆在我们眼前，谁也瞒不住——

“我家的孩子也在这个学校上学，他运气好，那天他们班在操场上体育课，所以没出事。因为他没出事，所以我还能有心情出来跟你们外面来的记者、作家说说当时的情况。要不然，谁有心思天天在这儿待着。”这位老乡悄悄指着刚才在我面前举着双胞胎女儿照片的赵女士说，“她从地震的第三天开始就天天在这儿举着娃儿的照片，她心里苦啊！好端端的两个漂亮女娃，一下全没了。换了你行吗？都不行嘛！人家每天举着娃儿的照片就想问问那些当官的：为啥学校附近的房子都没塌，偏偏娃儿们上课的教学楼塌得那么惨，害得几百个娃儿死了！我觉得人家提这样的问题没啥错！应该给人家一个答复嘛！”庄稼汉一说这，气就大了。

“老乡，这事我们先不去说。我想上面一定会有个说法的，请相信这一点。咱们说说当时学校倒塌经过怎么样？”我跟他这么说，也是想让他赶紧向我介绍我想知道的事。事实上后来没几天，国务院真的开了会，专门做出决定，提出了关于那些学校倒塌而造成学生严重伤亡的四条处理意见。这是后话。

“你这话还算中听。那我就跟你说说当时的情况……”老乡掏出一包烟，顺手递给我，“抽一支。”

我赶紧说不会，其实是不敢抽。戴着口罩还能闻到非常难闻的尸体味和消毒药水味，从北京出发时家人就不断提醒我在灾区少碰当地的东西，尤其是在有死尸的现场。

“那我就说说吧，不过有个要求：你不能把我的名字写在你书里。”在得到我的保证后他说了。

下面是这位老乡的话——他告诉我：从地震后的半小时开始，他基本天天在这儿。

我娃儿是初三(3)班的，他们班正好12号下午上体育课，所以他运气好。他们那个班全活着。我家就在镇边上，所以来得比较早。那天我正在镇上的一家商店里买货，突然货架上的东西稀里哗啦撒了一地，这时满街的人都在叫、都在喊，说是地震了！我就赶紧往外冲，一直冲了几十米，停步后摸摸自己的头，双腿使劲蹬了蹬，没伤着啥，就回过神拼命往家里赶。一路上，看到有几栋楼塌了，哭的叫的到处都是，也见了死人。所以心里很害怕，就跑着回家。到家一看，还好，没啥事。老婆就对我说，你赶紧去看看儿子！我说我们家的破房子也就掉了几块瓦，他们学校的楼房不会有事吧！但不管怎么说，我心里还是悬了一块大石头，就赶紧又往学校奔。平时十五分钟的路程，这天也就用了十来分钟。我走到镇上时，就吓出了冷汗：一路上看到许多人边哭边叫地往中学跑，我一问，说是学校塌了，死了好多人！我一听，两条腿也不知咋的竟软了，跑不动似的。也看见有几个女的家长原来走在我前面的，结果当场倒在路上，哭叫着，她们是吓得跑不动了。这时，救护车也出现了，声音挺吓人。等我到勤学路口时，一看，学校那边全乱了。烟尘还是很大，人都在往那里跑，也有不少是往外面跑的，是一些家长带着活下来的娃儿回家。我看了看，有的娃儿什么事也没有，有的就惨了，浑身上下脏兮兮的，一看就是瓦砾里刚刚钻出来的。有一个同学脸上都是血，家长背着他拼命在跑。一个骑三轮车的人就赶紧招呼他们，好像他们是熟人，说拉娃儿到医院去。我一看这阵势，心里想着一定出大事了，我家娃儿是初三，他们在三楼，肯定跑不出来了！我就开始流眼泪了，还一边喊着娃儿的名字，跟着学生家长们往学校跑。一到学校门口，我就傻了：咋楼房塌成这个样？三层楼变成了一层楼，我娃儿上课的第三层歪斜着叠在一二层的废墟上，而且也看不出哪间哪室了！现场已经有上百人了，都在叫着自己娃儿的名字。也能听得出压在下面的娃儿在喊救命……当时很乱，大伙也特别着急，没有人指挥，乱挖一气。家长们都急死了，踩着废墟到处在喊，到处在寻找。多数人只顾救自己的娃儿，有些娃儿挺可怜，他们喊叔叔阿姨救他们，可因为不是他们的家长，就没人救他们。但也有好心人，顺手把他们拖了出来，血淋淋的。现场的老师比较多，他们一个个脸色也都变样了，拼命在自己的班级那里救人。我到自己的娃儿上课的那堆废墟前大声喊着他的名字，可没有回应。我也很着急。旁边有个男老师正抬着楼板救两个压在里面的娃儿，他抬不动，我就过去帮了一把手。那两个娃儿救出来了，有一个腿断了，血流了半身，我们只好两个人抬着她。当时救护车根本不够，我们就把她抬到一边的操场。躺在那里的已经有好几个，还有十几个已经死了，连盖都没盖，样子可惨呢！我一想自己的娃儿，就往倒塌的教室跑，突然有人拉住我，叫"爸"。我一看，是儿子！眼泪哗啦就像放闸似的……走走！我拉着儿子就往家跑。我记不清怎么跟儿子回的家。后来路上他告诉我，他们班正好在操场上上体育课，所以没压着。谢天谢地！他妈一看儿子平安回到家，也哭了，抱着儿子直念叨着"阿弥陀佛"。儿子吓坏了，坐在那儿发呆。可我坐不住，觉得自己的儿子虽然没事了，可他们学校那边事大着呢！就啥也没说，又往学校跑……这回学校的人多起来了，也看到有消防队员出现了，他们救人比较专业，但多数还是家长和老师在刨挖。我跟着上去帮着救人，不少人跟我一样，他们是镇上的和周边来的，大家见一个救一个。那楼塌得玄乎，楼板压得死死的，刨一个娃儿挺难的。有个娃儿的脖子被卡在钢丝里，我看着血顺着她的衣衫在流，但就是救不出来。当时她还活着，眼睛里满是泪，我们几个抢救的人费了很大的劲把她拉出来，结果一看她的腿断了……我心里疼得不能形容，这个娃儿被弄到操场时，就已经断气了。她的家长来了，抱着她哭得死去活来。那女的估计是她妈，当场就昏死过去了。我再往那女娃边上看去，已经有二十几个躺在那里，都是没气了的。有的身上好端端的，啥伤也没有，是闷死的；有的脖子扭到一边了，估计是水泥板压的；还有一个头被盖住了，可旁边流了一摊血，还有白乎乎的脑浆……我不怕你笑话，从那会儿起，我再没敢上废墟里去救人了，傻呆呆地站在校门口，看着一边是废墟上忙忙碌碌的抢救现场，一边是躺满受伤的或是死了的娃儿的操场，我不知干什么是好。不少人跟我一样，站在那里不知做啥。我是吓傻了，他们可能跟我一样，因为这种惨劲谁也没见过，没经历过。事后我心里骂了自己好几回，不像个男人，没去多救几个娃儿出来。12号那天，我回去比较晚了，快半夜了。温家宝总理来了后，我们大家都感到娃儿们有救了。我和在场的人多数是第一次见温总理，他现场看了一遍，然后拿着喇叭对我们说：我知道消息后第一时间就赶来了，人命关天，我的心情和大家一样难过。只要有一线希望，我们就要尽全部力量救人，废墟下哪怕还有一个人，我们都要抢救到底。他这句话我们都记得清清楚楚。当时大家听后内心热乎乎的。等总理时，我们现场就开始隔了几个区域，外面来的抢救专业队伍有一条通道，家长们有一条通道，中间是救护车通道。我看了看勤学路上围满了人，大家脸色都很难看。特别是那些有娃儿压在下面的家长，简直急死了。我看到有个家长跪在地上磕头，不知是在求观音保佑自己的娃儿，还是在求人家帮她救人，总之非常可怜。在废墟里面，每挖出一个活着的娃儿，就有人喊快来看，是谁家的孩子，家长们就拥上前。一看不是自己的娃儿，就散开赶紧又回到原来的地方去喊、去刨。如果是自己的娃儿，家长们就连声又是笑又是哭的；如果抬出来的娃儿是死的，家长多半哭得叫人看着实在受不了！有个男的见了自己已经死了的女娃，双手握着拳头，连同头一起往地上又撞又击，嘴里还在哭喊着，样子真的叫在场的人都跟着落泪……夜里人少一点，因为只有一些车灯照着才能挖，所以多数家长只能看着消防队员和解放军在抢救。这一天我离开学校时，操场上已经放了很多尸体，有人在说已经有八九十具了。我不敢去数，也不知道自己又是咋回的家。其实回家后也没睡着，眼前一直在晃着学校里的现场，所以第二天一早又往学校走。家里人不让我去，可我一双腿就是不听劝，还是往那边走，好像埋在里面的娃儿没全挖出来，跟我有啥关系似的。我一到那里，看到已经有很多人了。挖掘的机器好像也多了些。这个时候，操场上时不时有人放炮仗。我们这里有习惯，死了人，要放炮，算是送他上天。所以后来每挖出一个没气的，就有人放一响，这响声让我们心里感到说不出的难受滋味……后来的情况好像报纸上电视上都有了。

“对了，地震当天晚上就开始下大雨，特别是13号这一天，下着大雨，大得很哪，老天不帮忙！你看这操场，过去长满了青草，现在基本都没草了，就是那两天下雨踩掉的。”老乡指着操场又说，“当时抢救现场不管是救出一个活人还是抬出一个死人，都得往操场这边送。这来回走的人太多了，整个操场被踩得像个泥塘，青草全踩掉了……”

见我被另一位遇难者的家属叫去，那老乡又拉住我胳膊：“还没说完呢！”

“说吧。”我不得不停住脚步。

13号不是抢救第二天吗？我再来现场时，看到一支穿橙黄色衣服的国家救援队来了，就是温总理说的国家专业队。他们是13号凌晨2点赶到聚源中学的，带队的团长姓王，他们有狼狗，还有生命探测仪，那玩意儿真灵，谁在里面还活着，就显示出来，狗也挺厉害，嗅得出来。13号早上我回到现场时，就见他们在救一个女娃，费劲大了！那娃儿压在三层半尺厚的楼板下面，正好在三层和四层楼板之间，只有二十来厘米的空隙，娃儿从那缝里喊救命。救援队员想了很多办法，就是救不出来，我们估计那娃儿不行了，因为她的腿被水泥板夹住，不把她的腿截断不行。没办法，解放军的一个大官张参谋长最后决定用军刀把夹住娃儿的水泥板及桌子腿截断，再用气垫顶住，最后花了六个多小时才把那娃救出来！娃儿的家长跪在地上直向解放军磕头致谢。娃儿叫高颖，跟我儿子同是初三的，她也命大。13号晚上，国家救援队队员说要撤离聚源中学了。我们一听就着急起来，特别是那些还有娃压在废墟里面没有出来的家长，急得死活不让国家救援队队员们走。那个时候其他抢救队虽然也能救人，但基本上跟我们差不多，靠笨办法。所以现场的家长们一听就不干了，但国家救援队是奉命要到绵竹的汉旺镇去，那里也有一个中学压倒了好多人，他们那边比我们这边惨多了，不管怎么说，我们都江堰离成都近，交通是通的，其他地方就不行了。第一个七十二小时里救命最要紧，估计汉旺那边太紧张了，说是总理的命令要调国家救援队过去。但我们这边的老百姓不理会这一套，都是孩子，都是命呀！所以家长们齐刷刷地跪在地上，我也跟着跪了下来，求他们不要走，哪怕再给几个小时。人家国家救援队水平就是不一样，到13号后，一般抢救基本上不能救出啥活人了，只有国家救援队他们用探测器一搜索，又有专业抢救本领，基本上能发现一个有生命的遇难者，就救出一个来。他们在聚源救了五个生还者，可当时废墟里还有几百人没出来，家长谁不急？但没有办法，我们跪在地上人家也要走。我当时看国家救援队的人也十分为难，他们从感情上也不愿走，有人看着我们跪在那里都哭了，几百人跪在地上求他们，我想国家救援队虽然身经百战，但这种场面可能也是第一次经历。最后那个王团长站在废墟上用喇叭说："乡亲们，你们的心情我很理解，但国家救援队只有一支。这里已经经过我们多次探测，里面有生命迹象的已经很渺茫了，所以我们必须赶到更需要我们去的地方，去救更多的人！"我看王团长说这话时，嗓子也是哑的。后来我们当地的一个领导也出面说话了，他说这次地震面积大，要我们顾全大局，让救援队到更需要的地方去，不要耽误他们的时间。这样，我们才慢慢站了起来，给国家救援队让出一条路来，这一情景，我看了心里也特别感动，又特别难受，因为这等于说那些没有救出来的娃儿基本上没有希望了，家长的心情你想会是啥样？

老乡说到这儿一再说："我不说了！不想说了……"然后背过身，走了。我看他在擦眼泪。这一瞬间，我的眼睛也酸了，我能想象得出几百人跪在地上的那种场景是什么样！那些百姓默送国家救援队离开现场时的心情又是何等的复杂呵！

这就是生命之苦！生命之痛！

我相信当时在废墟里绝对还有生命活着，事实上后来也确实在聚源中学废墟里救出了存活七十多个小时的被埋者。但我也相信，在国家救援队离开聚源中学之后，废墟里又死去了不少人——他们在无助的情况下丧失了残存的生命……地震就是这样无情！倒塌学校几乎无一例外的都是这种情况。而国家救援队后来去救援的汉旺镇命运要比聚源中学差得多。因为多数山区倒塌的学校，他们都没有在第一时间内获得专业队的救援，甚至连一些大型机械设备都不可能到达参与抢救。所以这些学校师生的死亡比例要比都江堰一带的高得多！

都江堰是不幸的，但都江堰在此次地震后的第一时间里获得了最快、最多的救援，这里他们的幸运之处。温家宝总理来到灾区后选择的国家抗震救灾总指挥部也设在都江堰。

都江堰必须承担悲痛和责任双重担子。

当我踩着洒满白灰的地面，走近聚源中学两座教学楼的那片废墟时，看到的景象，令人吃惊，因为六层楼的教学楼除了中间还留了一个只有一间房子那么大的歪歪斜斜的楼房走廊外，两边看不到任何竖起的建筑物。与之相距几十米的地方据说是教师的办公室，基本还算完好，但裂缝很明显，显然也是受到了地震的严重损坏。不过据说当时这栋楼里没有死人，但遗憾的是学生们上课的所有教室全部倒塌了——这也是那些遇难学生家长最心痛的事。

当地人说，聚源中学一直以师资力量雄厚著称，多年来为都江堰市一些高中输送了许多优秀毕业生。为此，在当地人看来，聚源中学就是该镇的骄傲，而学校门前的这条勤学路，记录了聚源镇几代人的希望。在勤学路的两侧，长满了许多高高的白果树，有的据说有四十多年了，它见证了聚源镇注重教育的深厚历史。而十多年树龄的水杉树，则与聚源中学老教学楼的年龄相仿，记载了聚源教育的辉煌。

一位孙姓老者告诉我，他小时候在聚源中学念书时教学楼有四层高，在当时的乡镇初中学校里是非常气派的。那些家长会在学校门口的杉木树下叮嘱自己的孩子“要好好学习”，“将来要像这杉树一样，长得高高的，成为国家和社会的有用之才”。

勤学路和两旁的杉树，寄托了全镇家长们对子女的期望。多少年来，从这条路上走出去的是家长们的荣耀和学生们的理想。但2008年5月12日下午2时28分的大地震，打碎了这种理想和期望：聚源中学的教学楼彻底震坍了，坍得极其惨烈，让人无法理解它为什么会倒塌得那么厉害！

而这在之前的所有时间里，这里还是欢乐与理想并存着的场所。地震来得太突然！大楼塌得又有些不可思议！

逝者无法给我讲述他们的感受，他们的亡灵在天国，有一天我们同在天国的时候，我想他们再向我们讲述的时候，天国会下泪雨……

我们所能听到的是那些幸存的孩子的讲述——

初二(8)班一位同学这样回忆：

我们的教室在三楼，靠楼梯口比较近。下午上课大约二十分钟的时候，教室突然晃动起来。有人说地震了！我们就开始奔跑，我跑得快，一口气就顺着楼梯口跑了出来。跑出来后，我看到有人从二楼、三楼，还有四楼的窗户内跳下来。有的跌倒了又爬了起来，但高的楼房子里往下跳的人基本上很少有人能够爬起来的，他们后来几乎都被压在倒塌的楼板下。我跑得快，估计才用了几秒钟。我是男孩，平时我们同学之间吵吵闹闹，经常在楼梯上奔跑，可那一天我跑得特快，所以跑了出来，后来就啥也不知道了……脑子一片空白了！只听身后“轰”的一声巨响，然后烟尘大得很，等能看得清时，我吓坏了：我们上课的楼全塌了，我身边不知什么时候，有个同学倒在地上，全是血……我一看，双腿一软，啥也不知道了。等我醒来时，我爸正背着我往回家的路上走。

初三(4)班的一个同学说：

我们班逃出来了一部分，压在里面的很多，后来被救出的一部分，死的很多。我也跑得快，可是当时楼梯口人太多，堵住了，我们只能从楼上往下跳。我看到有个男同学跳了下去，我也跟着跳，着地的那一刻，我知道自己的腿可能断了，但还是站了起来，往前跑了几步，这个时候楼开始塌了……我回头一看还有同学在跳，其中还有个女同学，她跳的姿势不对，当场就伏在地上没起来，可能摔伤胸脯了。我想去拉她一把，但来不及了，楼塌下来时往我们身上倒，我赶紧朝前扑了几步，好险哪，一块大水泥板就倒在我身后不到一米！等我能看清倒塌的楼房时，就再没见那个女同学，她被压住了，肯定没活成。在倒下的楼板的一根钢筋上，我看到一个同学的大半个身子被挑了起来，她还没死，浑身在抽动，一会儿就不动了……我完全不知道该怎么办，后来被老师赶到了操场，坐在地上，想站起来，可腿就是不听使唤。其实没多大伤，可就是起不来。眼前老闪着那个女同学痛苦的抽动……

在这倒塌的两栋教学楼里分别有该校初二和初三各九个班。每个班的学生平均在60人左右。5月12日下午第一节课，其中的两个班在楼外的操场上上体育课，还有一个班在另一栋楼上微机课。这三个班全体得以幸免于难。

在那些从教师办公室逃离和上体育课的教师的描述中，楼房垮塌的速度很快，随之腾起巨大的灰尘，整个过程在一两分钟内完成，一共有近千名学生和教师埋在里面。后来在抢救过程中，看到不少地方都是十几个孩子一起砸在水泥板底下，其情景惨不忍睹！

成都一家报社的何三畏，是比较早到聚源中学现场采访的记者，他用诗意的笔触记录了当时一位初二同学的震时心境，读后让人心酸——

5月12日，星期一，刚刚立夏，以川西平原的天气来说，稍显闷热。都江堰市聚源镇中学中午的作息时间是：1点40分学生到教室休息，到2点整，再活动一下，2点10分开始上课。也就是说，到地震爆发的2点28分，孩子们上了18分钟课。

初中二年级八班第一节是语文课。杨琳同学今天感到很满意，因为老师一上来就抽了她回答问题："背诵一段你认为最优美的阅读课文。"她准备了好久，可是，老师以前没有抽到过她。

"荷是一种有人性有灵性的植物。如雁排长空，鱼翔浅底，驼走沙漠，荷与碧水结不解之缘……今夜在如水的月华下，我在书桌上铺开绿色的稿纸，如同摊开一湖碧水，那荷则以诗的形状开在纸上，花蕊便成了诗眼……"杨琳喜欢这些句子。可是，她觉得她背的段落太少了，她珍惜老师抽到她的机会，在"诗眼"那句后面临时加了些句子。这篇课文的名字叫《荷》，她很喜欢。

老师抽查其他同学去了，她检查了一下自己在这一堂课学到的内容，想到下一节是英语课，她开始背英语单词。"各科老师都关心我，我的压力很大的。有一次，老师还说有人要送衣服给我，因为我家里贫困。"

杨琳14岁，还有一个弟弟在同一个学校念初一。初一在另一栋房子上课，那一栋没有垮。杨琳5岁的时候，爸爸突然去世。妈妈很劳累，患骨质增生，在成都打过工，后来到了青岛，继续供两个孩子上学。爷爷66岁，奶奶63岁，是两个孩子在家里的依靠。

杨琳懂得生活的艰辛，她性格独立，坚强而隐忍。她学业中上，但她愿意比别人花更多的时间。她说，她到这里来读书，开始学校是不收她的。

教室开始摇晃的时候，她没有回过神来。她能回想起那一刻教室里恐怖的尖叫，但她说她甚至没有感觉到害怕。当教室越来越剧烈地摇动时，她失去了控制力。在教室倾塌的时候，她已经从第一排被甩到了最后一排，她是从最后一排坠落在废墟中的。

他们在三楼，教室最高一层。当尘埃初步落定，她被压在废墟里，伤势不重，横七竖八的建筑构件暂时稳定下来。跟她在一起的还有两个男生。其中一个压在她的身上。在她的叙述中，地震发生过两次，教室“第二次”垮下来，她的臀部被重压，上面有了光线。但“第二次地震”应该是废墟里的引力作用。

她不能计算在那里面的时间。她先后两次跟呼喊着寻找孩子的家长对上话。他们问，是不是某某，回答不是，别的孩子的爸妈就走过了。两次过后，杨琳说她不叫了。她有一只手能动，就拿砖头砸自己的额头，因为“砸昏了就不难受了”。旁边的男生叫她“不要做傻事”。不过，那只是一个瓦片似的水泥块，她没有昏过去，却感觉更加艰难。

前面一个同学终于被家长救出去了。她寄希望于他们叫人来，可是，她不知道过了多久，没有人来。压着她的那位同学，曾经昏迷过去，又清醒过来。那位同学后来也被家长救了出去。她又在里面等，可是，他们又“忘记”了她。

在等待中，她摸到一个同学的鞋，摸到她的腿脚，凉的。她能判断出是班上一位比较胖的女同学。

她不再喊了，开始自救。她要在玻璃碴上面爬行。她略微借用了一下书本垫着，隔开玻璃碴。她没有感觉到哪里痛，但是，她出来以后，遍体鳞伤。

她不能判断时间。只知道爬出来的时候，天还没有黑。她看到花坛，觉得有点怪异，这是一楼地面上的，而她没有走路，竟然下了楼。一个“穿红色衣服的人”背着她。下午第一节课听她背诵过美文《荷》的老师扑过来，抱住她，说，我叫你跑的！她想，我在愣着背英语，没有听到。

她被抬到一边放着，等待送医院。同学老师劝她不要哭。她说她是在傻笑。但是，当同学们说，她爷爷奶奶很担心她时，她开始哭。

都江堰的医院没有救治条件了，她被送到成都。整个楼道都是地震的受害者。还有一个初一的孩子，一直没有跟家人联系上，而他已经截掉了一段小腿……

在成都时，我很想与杨琳的聚源中学同学联系上，可整个灾区的伤员分得太散。后来从一位朋友那里知道了杨琳的情况，他们告诉我，这个女孩子非常坚强，内心也很丰富，她有个愿望是将来能上一所好的高中，然后争取上大学。但她担心家里生活条件不允许，那时她只能回家跟妈妈出去打工挣钱，来照顾爷爷奶奶。我请朋友转告杨琳，希望她树立信心，只要考上大学，国家现在有政策，那些家庭经济困难的学生是可以通过多种形式争取贷款或勤工俭学等方法来解决问题的。

杨琳毕竟是幸运的。只要生命存在，就有希望。

但在聚源中学，有近三百位孩子永远地离开了他们的同学和亲人，只有他们的灵魂在天国孤独地存在……

震后的都江堰，完全处在一片恐惧和混乱的状态，到处是痛苦和悲伤的场面。即使一星期多后，我所看到的都江堰也还处在明显的混乱加悲痛之中……

天上的直升机不停地飞过，据说是在向大山深处的映秀等地运送伤员和物资。地面上的城市，到处都是军队和那些推土机的队伍，要不就是各色各样的帐篷。

“这已经不知好多少了！”当地一位百姓说，“现在至少晚上有灯亮了，白天能喝上水、做上饭了！如果你们在 5 月 12 日晚上和 13 日来，就可以看到真正的惨了！没吃没住倒还能坚持，最让人揪心的是几个地方的死人太多，尤其是新建小学，这么多小娃儿，而且学校又是在市中心，去看的人也多，开始还能帮上手，后来只能靠机械来救人了，娃儿们埋在废墟里哇哇直叫，把地面上的人叫得眼泪“哗哗”地流，可就是没有办法去救活他们，那楼塌得玄乎，像老天爷从楼顶往下砸似的，几层楼压得扁成一团，扒不开，有的娃儿被压成肉饼，不能提那惨劲……”

都江堰多数人不愿再提新建小学的事，这痛在他们心头留下的伤痕太深了！

有成都人告诉我，当夜在成都只有一个直播的声音，交通台的一位女播音员和她的 5 位同事一直坚守在岗位，而她也成了地震之后第一个让成都人感到仍有希望的“城市夜莺”。可是当我们与她单位联系采访她时，有人告诉我们说，此人平时表现一般，而且还不合群，言外之意是希望我们不要“宣传”这样的人。真是可悲！

一个给苦难中的城市带来希望和安慰的人，她的声音随着电波传播而拯救了无数生命，在某些人眼里却永远无法摆脱偏见。

这位女播音员在成都市民的心中永远是英雄，至少在那一夜她比任何人都英勇。

“都江堰十万火急！那里急需救护车辆运送伤员，请的哥的姐们行动起来，去拯救我们的孩子和同胞吧！”这是她的声音。这是她的呼救。

于是，成都到都江堰的公路上，长长的、开着应急灯的出租车队，浩浩荡荡地开向都江堰……最后汇成上千辆的队伍——而且他们都是自愿的！这是大震之后，第一时间里出现的第一支伟大的志愿者队伍。

苦难中挣扎着的都江堰人一见如此阵势，无不热泪盈眶……

新建小学，顾名思义，一座新建的小学。它在都江堰市中心的建设路上，原本由两座平房和一栋四层教学楼组成。我们去时，看到了两座平房还基本完好，但教学楼只残留约四分之一的楼体，其余的全变成了废墟……

“地震时，只听‘轰’的一声，那座四层的教学楼就斜倒了，学生娃儿一下就埋在里面，惨得很！一位居住在学校旁边的居民指了指那堆已经被推土机和挖掘机翻了几次的废墟如此说。

新建小学共有学生 687 人。12 日当天，在校的学生共 680 人。经过现场初步清点，安全撤离到操场的学生有 350 人。校长杨勇一直对外界这么说：地震发生时，他急忙冲上三楼，大声叫喊着要求学生们不要慌张，扶着墙壁往下走，到操场集中。我是最后一个下楼的人。杨勇校长在地震发生时的指挥是有功的，不然不知要多死多少孩子！

但新建小学付出的代价还是无法让遇难学生的家长们平息心头之愤：为什么教学楼就这样不经震？砸死的都是些七八九岁的孩子啊！

地震袭击都江堰后，许多房子倒塌了，市民遇难的也很多。有一对中年夫妇志愿者驾驶自己的挖掘机帮助救援，可当他们经过新建小学时才知道他们的儿子也被埋压在废墟里。

求求你一定救救我们的儿子啊！中年夫妇看到现场的惨状，跪在正在抢救的消防支队四级士官肖和的面前乞求道。肖和点点头，转身上了废墟，这位战士当时已经救出了几十位学生。他又毫不犹豫地开始为这对志愿者夫妇寻找被埋的儿子。经过几个小时的艰苦发掘，一具残缺的遗体被小心翼翼地抬了上来……

那中年妇女一看遗体，话还没说出口，便当场昏死过去。那中年男子从消防战士的手中接过孩子，又一次“扑通”跪在肖和面前，哭着说：兄弟，我的孩子没了，请求你们给他裹一床新被子吧。昨天我给孩子说好了，今天和我们分床睡，他很勇敢，不哭也不闹，就说要一床新被子，我和他妈妈还没有来得及给他买被子啊……中年男子泣不成声。

泪流满面的肖和将手里的工具递给战友，跑到自己驾驶的移动照明车上，将部队集结时候发给自己的一床新棉被抱了下来，裹在了孩子身上……

当时现场围了很多人，大家看到这种情景，无不落泪。后来大家知道，这位叫肖和的消防战士是正面临退役的四级士官，是消防支队中军龄最长的一个兵，这位老兵在新建小学立了大功，仅他一人就先后救起 45 人。

国家队来啦！我们娃儿有救了！快让让路！让一让！突然，有位在现场指挥的当地领导对围在校门外的家长们高喊起来。大家顿时不由自主地往同一个方向看去，只见一队身着橙黄色服装的国家救援队的官兵跑步向新建小学而来。校门口立即让出一条通道，“国家队”迅速进入现场。领队的刘向阳擦了擦脸上的汗水，把手一挥：快展开抢救！

一时间，队员们冲上废墟，生命影像探测仪、红外探测仪、声波探测仪，还有“搜救狗”——老百姓这样称呼那些灵敏的特种狗，一齐开始忙碌起来。围观的群众和那些揪心的家长脸上跟着紧张和兴奋起来……

“发现目标！”不到三分钟，有队员报告。于是现场的挖掘机等设备被利用起来，包括消防队员的双手，集中在“目标”处……第一位幸存者被救。当受伤的孩子睁着恐惧的眼睛看着围观的人群时，他的家长又笑又哭，不知如何是好。

三个小时过去了，八个孩子被救出。这对现场是何等的鼓舞！

“汪、汪、汪……”灵敏的“专家”又发现目标！救援队指导员杜国平带着队员张文起等飞步过去。他们通过手电筒照射，发现楼板下面有微弱的声音，原来里面有个女孩，而她的旁边还有一个男孩子也活着。

一定要把孩子活着救出来！领队刘向阳经过观察，迅速与大家研究出了营救方案：先把楼板吊起来，然后再视情况营救。

“你们把眼睛闭上！”刘向阳冲底下的孩子高喊了一声，然后指挥吊车缓缓移动横伏的水泥楼板……

再往里面看去，刘向阳他们又高兴又心痛——高兴的是小女孩子的身体露了出来，那男孩也睁开了眼睛看着他。痛心的是，在这两个孩子旁边，拥挤了七八个缠绕在一起的已经都死亡了的学生……这一幕令人触目惊心。

“总理来啦！”突然有人说。

刘向阳他们抬头一看，可不是，就在他们旁边的一堆废墟上，温家宝总理冒雨来到了现场。“报告总理，我是国家救援队的副队长刘向阳，我们已经在这里救出八名幸存者。”

“好。谢谢你们，你们是好样的！希望你们能尽快地救出更多的幸存者。”温总理说着，就蹲下身子，往废墟的下面看……现场的人清楚地看到温总理的眼里一下湿了：“孩子，你一定要挺住，你一定能获救的！”

“总理爷爷……”那个躺在遇难者遗体之中的小女孩轻轻地说。

“总理爷爷好，我很坚强的。”那个被压在遇难者遗体之下的男孩突然这样说了一句。

温总理的嘴顿时一抿，两行眼泪淌到脸颊上。

现场的人都流泪了。

“找个东西给孩子遮一下。”温总理见雨水淋在废墟里的女孩子脸上，心疼地对刘向阳说。马上，有人传过一床被子，刘向阳裹住了女孩的身子。

流着眼泪的温总理这才慢慢站起身，并对刘向阳说：“你们一定要把这两个孩子救出来。”

“总理放心，我们一定完成任务！”刘向阳保证道。

工作人员一直在轻轻催着温总理，显然另有重要的灾情要向他报告。可总理似乎放心不下仍在抢救中的孩子，于是在现场亲自指挥了20分钟。由于孩子周围的废墟成网状，一时难以将孩子马上救出来。最后温总理不得不离开现场，他再次用命令的口气对刘向阳说：“你们无论如何要救出他们。要查一下这两个孩子叫什么名字，将来我要去看他们。”

5月24日下午，温家宝总理再次来到都江堰灾区时，问当时在场的市领导，新建小学那两个孩子救出来了吗？市领导同志回答说，救出来了，现在可能在市人民医院治疗。温总理当场就说，我想去看看那两个孩子。随后，温总理穿好衣服，正准备去都江堰市人民医院，忽然又听说这两个孩子都在四川省人民医院，于是，又直奔省人民医院探视。

温总理来到两个孩子住院的病房时，9岁的赵其松正躺在病床上输液。小其松觉得这个爷爷很面熟，便拿起一个苹果，热情地说：“爷爷，给您一个苹果。”

温总理的脸上顿时出现了笑容，俯下身子，说：“谢谢你，爷爷不吃，你留着吃吧！你还记得那天吗？那天我看到你了。你听见我喊你了吗？我叫你要挺住。我有一张蹲在地上看叔叔们救你的照片，我惦记着你呢！”

小其松眨了眨眼睛，终于想起来了，忙回答：“知道！”

看过小其松后，温总理又来到7岁女孩王佳淇床前。他俯下身子，拿起孩子的小手说："来，摸摸爷爷的脸。"

小淇淇非常聪明，一下就认出了面前的这位爷爷是谁，便十分兴奋地说："总理爷爷，我被救出来的时候没有哭，我做鼻子手术的时候也没有哭。"

温总理的眼睛顿时红红的，他满怀深情地对小淇淇说："对，你很坚强，我记得你，你现在想和爷爷说什么话吗？"

小淇淇那双水灵灵的眼睛转了转，说："我代表新建小学的小朋友感谢温家宝爷爷！"

温总理点着头，双手紧握孩子的手，说："你好了以后，代我向新建小学还活着的小朋友问好！"

嗯！小淇淇开心地应道。

小淇淇和小其松是幸运的。他们是新建小学几百名幸存者中最幸运的孩子，因为他们是得到国家总理的直接关心的幸存者。然而他们还有一百多名小伙伴却永远地不能再做爸爸妈妈的好宝贝了……

大震两天后的14日下午2点左右，另一支现场搜救队又在新建小学的废墟中发现了一名小男孩的遗体。孩子的母亲见到死去的儿子后，号哭一声，便瘫倒在地，当场被救援者一路搀扶着离开现场。孩子的父亲赵建中看起来还算冷静，此前，据说他已经在废墟上搜寻了近两天时间。当救援者把孩子的遗体抬到收殓车前，赵建中蹲下身去，用手帕擦去儿子脸上的灰尘，拿出手机，拍下了儿子留在人世间的最后容颜。然后，赵建中和周围的人一起，平静地将孩子裹入一块军用毯里。紧接着，赵建中用力抱起军用毯，往收殓车走去，所有人都默默地望着他的动作。突然这个一直很镇静的父亲，仰天长啸，那声音撕破已经过度悲痛的都江堰的短暂平静，许多过路的人再一次围到新建小学门口，他们与赵建中一起再一次承受着悲痛……

自12日下午开始，都江堰的哭声就没有停止过。

5月12日，对普通的人来说，没有任何特别的意义，但在医院，这个日子会引发一些年轻的女护士的热情，因为这一天是一年一度的护士节。一百多年来，“南丁格尔精神”一直激励和鼓舞着白衣天使们在自己的岗位上努力奉献着热情与医术。而通常，这一天每个医院都有些特别的活动，这会让年轻的护士们感到格外的兴奋和自豪。都江堰市中医院的女护士们同样关心着这一日子。

上午同往常一样，只是因为这个“护士节”是周一，所以这家日门诊量在八九百人次的县级中医院，这天上午要比平日多一些看病的人。许多一线的医生和护士一直忙到中午才算稍稍松了口气。

这座医院与新建小学离得很近，同在老城区繁华的建设路上。全院只有两座大楼，进院门右手是门诊大楼，与之相对的是“厂”字形的六层楼住院部，门诊大楼和住院楼合围成一个小广场。

因为上午的门诊特别忙，所以到中午后多数医院职工回家吃饭和休息去了。通常下午2点半后门诊部的工作人员才开始重新多起来。住院部大楼里一切正常，有一百多位病人和陪床家属，除值班医生外，最忙碌的要算护士了。而这一天还有一个特殊情况，今天的住院楼护士中，有一部分被副院长胡芸带去参加市里的护理技能竞赛去了——没有人能想到，这些去参加竞赛的护士们是多么的幸运，她们都幸免于难。而留在医院的护士们，几乎全都成了地震的殉葬者……

住院部的五楼是妇产科。2点20分，一例妇产科手术成功做完。几个护士嘻嘻哈哈地要去住院部大楼背后小巷吃麻辣烫，主持手术的吴大夫有点累了，说不想去，留下来处理一些手术室的事。

下午2点半快到了，医院总务科的胡小弟提前几分钟来到办公室，他一看同室的四个人到齐了，他们的办公室就设在住院部大楼顶层的简易房内。这时的胡小弟刚想要做点什么，突然感到整个楼体在猛烈摇晃，地震！快跑！同室的张科长大喊了一声。胡小弟迅速跟着同室的人往房门外奔跑，他是第三个出的门。

出门就是住院部大楼的楼顶，胡小弟奔跑到大楼的中间时，听到走在前面的张科长仍在急促地催他快跑。胡小弟下意识地回头望了一眼，因为后面还有同事。他看到一个离他五六米距离的同事刚刚跨出房门，那房门前原来就有的一条裂缝，忽然张得很大，并迅速倾斜下去，那个同事来不及有所反应，就从裂缝处掉了下去……他惊得不知所措，又回过头看到走在前面的张科长已经进了楼房一端的楼梯口，然而就在这时，整面楼体像抽空似的颓然下坠，且下坠的速度令人难以想象之快，张科长的背影在胡小弟的眼里瞬间消失在一阵扬起来的尘灰中……

胡小弟同时感觉自己的双脚也像被抽空似的伴着涌起的尘灰往下猛坠，如坠入万丈深渊……

大约两分钟后，胡小弟发现自己还活着，只是位置不同了，他的脚下尽是瓦砾和碎片。他从断裂的楼板上站起来，拍拍腿和腰板，没事！毛发无损！可张科长没了，其他几个同事也没了。倒是那个从裂缝中掉下去的同事还有气，只是脊椎骨折了。

胡小弟吃惊地看着自己的脚下原先是六层高的楼房，现在只剩下两层楼那么高的废墟了。他知道住院部彻底完了，那么多病人和陪床的病人家属，还有自己的几十位医院同事也完了……这是地震吗？唐山大地震挺厉害，可也没有听说有这么高的大楼往地下坐的！

他看到了小广场上站着的不少人在喊话，也有人开始哭了。他听到有人叫他的名字。他明白了：自己还活着。

胡小弟认识门诊楼药房的罗昌伟。第一声喊“快去救人”和第一个冲进废墟里的就是他。罗昌伟从废墟里抱出的第一个人是活的，但第二个抱出来的却已经断气了。

后来门诊楼里出来的人渐渐多起来，他们都冲到了已成废墟的住院部大楼……

很奇怪，“厂”字形的住院部大楼，有一面并没有倒塌，只是被扭斜了，像中了风的面孔，很恐怖。那楼上还有50来人，因为没了楼梯，幸存者聚集在窗口处拼命呼救。有一个人情急难忍，一不小心，从松动的窗台跌下，当即身亡。

罗昌伟看到了这一情景，喊人到门诊大厅里拉出一根消防带，试图用简易梯将上面的人救下来，但简易梯子不够高，上面的人没法往下滑。

50多个人更加紧张，大哭小喊，乱成一片。

这时，午休后回来上班的李其林院长，余福德、胡芸、周勇副院长等赶到了现场，救人开始变得有序。很快，成都消防队和武警成都指挥学院的官兵也来了。最终，残楼上面49人获救。

可是，倒塌的废墟里，仍然有大量病人和陪床的家属及医院的几十位工作人员被埋……

此刻的废墟里，到处是血，救人争分夺秒。

“当时我们看到倒塌的住院部大楼，就像一个巨大的坟墓，你甚至都不敢去碰它，因为都是横七竖八的楼板，你不知道动了这一块另外哪一块会再一次轰然垮塌，死的人会更多！所以我看到医院和消防队的几个人在废墟上，只能靠双手抱、扒，或者用简单的木棍铁铲撬。还有不少来帮忙的人，一见楼板下有人叫救命，就小心翼翼地给搬掉压在上面的水泥块，有人还想往缝里塞矿泉水瓶，但也解决不了多大问题。救出一个人非常困难，眼瞅着许多人在里面被闷死了……”七八天过去了，中医院的那堆废墟前，总有一些邻居和围观的人站在那儿向来自各地的记者等介绍些情况。

5点多，下起大雨。人们冒雨把废墟浅部的人都救了出来。没有有效救援工具，深处被埋的人只能等待。人们又想法把瓶装矿泉水塞进缝隙里，希望里面的伤员能够坚持住。

因为有四川省委有关同志的陪同，所以我的采访得到了中医院方面的配合。地震以来，由于门诊部大楼保存完好，因此这个医院的正常医疗工作仍没有停止，他们在院领导的带领下，坚持不分昼夜地战斗在岗位上，化悲痛为力量，为都江堰的抗震救灾贡献着自己的力量。这是一个非常值得敬重的群体。

院办的一位同志向我们进行了正式介绍：12日下午地震后，医院方面迅速组织了抢救，当场救出了几十位幸存者，这些主要都是与倒塌的住院部大楼相连接的那栋危楼上的病人和陪床家属及医院工作人员。但压在废墟里的人却很难抢救。下午5点后，天下起大雨，给抢救带来困难，一些松散的废墟在不断往下坠。后来赶来增援抢救的主要是武警成都指挥学院的数百名官兵，他们在这里一直奋战了八天九夜，直到搜遍了全部废墟之后才撤离的。

温家宝总理是12日深夜到的抢救现场，他在雨中说“决不放弃，全力抢救”的话时，就是在中医院的废墟上。温总理的话，也从此成了整个灾区第一阶段的战斗号令。

这位同志介绍，中医院的抢救工作，主要是在地震后的前三天。除了当地武警和消防队外，国家救援队也都来过现场。“但由于楼房倒塌的情况太严重，几乎每救一位幸存者，都得花几个小时，甚至十几个小时、几十个小时，这也就对整个抢救生命非常不利。”他说13号他在现场就看到武警官兵为救一个幸存者，用了近二十个小时。

“发现一个活人不容易，可要救出一个活人更不容易。在一个大坑上面，当时我们在地面上估计那里面会压不少人，武警官兵便费劲费力用了十多个小时，才挪走了那些压在大坑上的水泥板和砖块。后来他们在里面发现了一名已处于昏迷状态的幸存者，连忙给他戴上一顶安全帽。这个幸存者半坐在一堵矮墙前，背对着搜救人员，左手臂还压在一个已经死去的遇难者身下，抽动不得。而那个遇难的死者身上，又压着大的水泥板。在这个幸存者的正上方，又是随时可能倒塌的一栋悬空楼体。要救这么个幸存者，实在太危险了！那垛矮墙是唯一的支撑体。抢救的消防队员只能轮流下坑，用腰斧将压在死者身上的水泥板块砍成小碎片，再慢慢抽出，进度很缓慢，但也只能如此。而且那个时候，讨厌的余震又不断。这个时候，三名国家救援队的专家到了，他们观察了一下现场，对搜救和营救提出了一些建议。消防队员和武警官兵又经过三个多小时的努力，才把那名已经昏迷过去的幸存者救了出来。我们在他的裤袋里发现了一本教师证，于是便知道了他的身份，是 67 岁的王德祥，小学数学教师……”

王德祥老先生是幸运的，但活着的他内心极其痛苦。因为这一天本是他的生日。为了住院的他能像以往一样过上一个生日，中午，王德祥的老伴、儿子、儿媳妇、孙子、侄儿、侄儿媳妇、二侄儿、二侄儿媳妇一行共 8 人，带着礼物和生日蛋糕等，喜气洋洋地来到中医院为老先生庆贺生日。哪知灾从天降，当时除儿子因为要上班而先行离开了医院外，其余 7 位亲属则全部被埋在废墟之中，永远地离开了王德祥。

5 月 12 日，原本并不太在乎自己生日的王德祥，从今以后，如何愿意再记起这个生日？当他想起这个日子的时候，他又是怎样的感叹与悲伤？

5 月 12 日，你让多少骨肉分离？你给都江堰带来多少痛与悲！中医院最后确认的死亡人数为 160 多人，其中医院人员 30 多名。这是除学校之外，在地震中群体死亡最多的单位之一。

在我记忆中的都江堰，无论是三十多年前第一次看到它，还是大震前一年重游故地时，它都是那样的清秀、美丽，既充满中国传统的农耕风情，又四处散溢着现代的时尚浪漫。然而 2008 年春 5 月下旬的都江堰，则遍体鳞伤，满目疮痍，皆是眼泪和痛楚。

这种沉重令我感到窒息和压抑。

在 12 日至 13 日的都江堰，还有一个地方的抢救更惊心动魄。这个故事在媒体上少有披露，这个故事的细节很特别，然而在我看来这个特别的细节恰恰说明了生命的不易。

在都江堰风景区，有条观光索道上，在地震时悬挂着 12 名台湾游客，另有两名内地导游。台湾游客都是五六十岁的老人，年龄最大的已经 73 岁。山崩地裂后，索道运转完全停止了，悬在半空的被关在吊厢里的十几个台湾游客，惊出一身冷汗后不知如何是好。他们拼命地呼叫，然而没有人回应他们。傍晚时分，才有人过来告诉他们已经通知部队来营救。

我要下去解手！我憋不住呀——一位女游客喊个不停。每个索道上的吊厢装着两人，这位女游客正好与一位男游客在一起。他们虽然是一个团的，但并不太熟悉。现在他们成了险境中的同路人。男的对她说："你就别再嫌弃了，该做什么就做什么吧！"

"去你的……"女游客说完便哭了起来。不想，悬在索道上的几个吊厢内顿时传来一阵高过一阵的哭喊声。

"救命！""快来救命——"

"我要下去！""我要解手——"

女游客们全部哭喊起来。索道开始晃动起来。

"你们别哭喊了行吗？想死就往下跳嘛！"有男游客愤怒了。那悬在半空的索道一旦晃动，随时可能坠入四五十米的山下，那个时候只能是一命呜呼了。

女人们不敢再大声哭喊了，可她们仍在哭泣。"让我死吧——啊呜呜……"突然，又有人放声大哭起来。

索道再一次晃动起来。

“快来人哪——！我们受不了啦！”这回是男人们在叫喊。

“让我去死吧！”“哐！哐哐！”有个吊厢突然发出响声，是一个男游客用脚在猛踢吊厢。他想踢开反锁着的吊厢门档，于是索道摇晃得更加厉害。

“你去死吧！你要再踢，看我扒你的皮！”前后吊厢的游客大骂起来。

“要死我也拖你一起往下跳！”

你们能不能不嚷嚷！有人在规劝，可谁也不听谁的。索道上成了你死我活的争吵之地。而唯有摇晃才能让这种绝望的喧闹声停止片刻。

谁也不想死。但谁都知道，此时此刻谁要稍有不慎都可能将索道弄断，所有的人将粉身碎骨……可是你无法让那些悬在索道上的每一个脆弱的生命安静下来。

一个吊厢里的女游客接通了台湾的手机电话，她向女儿哭诉着自己在死神边上的感受。“快来救救我吧！我、我……”她再没有说出话，一下昏死过去。

“妈咪！妈咪你要挺住——”女儿在手机里呼喊着。手机坠入了几十米的山脚下……女儿与母亲的对话结束了。

“醒醒！你醒醒。你死了我咋办？”一旁的同行者吓得双手猛掐对方的人中。

昏死者回过气来，哭着呻吟着：“你还是让我死吧！我实在受不了！”

所有悬吊在索道上面的人都受不了了。

雨开始落下，而且是倾盆大雨……“怎么还不来人？”“人都死光啦？”有人愤怒而紧张地顾盼着渐黑的天气，索道上的气氛更加紧张。

“哐——”“哐哐”——有人又开始不顾三七二十一地踢着吊厢。

“你们、你们能不能不要踢了啊？呜呜……”女人们乞求地尖叫着，然而“哐当”“哐当”的踢打声依旧。有的人已经开始精神崩溃……

一束灯光射来。

索道上顿时欢呼起来。“来人啦！”“是解放军同志来啦！”“我们有救啦！”“有救啦！”“解放军同志万岁！”这些台湾游客忘了自己在喊什么，但这是他们的真心呼喊——他们把解放军称为“同志”，将一个久藏在心底的声音高声地喊了出来。

来的真是“解放军同志”。他们头上的帽徽上有五角星，不过他们其实是武警消防队员。

“解放军同志，快救我们下去吧——！”有人高喊起来。十几个人一齐高喊起来，将整个死寂的山冈喊得摇摇欲坠。

“请大家务必不要再喊了！索道处在危险之中，不能再加剧震荡了！记住了不能高喊！也不能有任何晃动！”消防队员在下面喊着。

索道暂时平静了片刻。吊厢也不再发出“哐当”“哐当”的踢打声。

突然又有人喊了起来：“同志——我这里有人不省人事了！你们能不能拿点吃的来呀？水——矿泉水就行！”

“我们也要矿泉水——！”

索道上顿时响声一片。索道又开始摇晃起来。

“请大家务必不要再摇晃索道了，这样会有更大的危险！我们正在想办法全力抢救，你们千万要耐心等待……”消防队员在喊着。

索道上又恢复了平静。

“传动系统已经被破坏，又没有电力支持，一时很难救援。”

请求派直升机来支援吧！

“四周都是密林，直升机来了根本无法停留。”

“那怎么办呢？”

“只有等待了……”

由于索道的电力系统被全部切断和破坏，加之吊厢悬在几十米高的半空，消防队员的几次营救均告失败。

12日晚上8点左右，营救暂时停止。

“你们不能走啊！你们走了我们咋活呀？”

“我们是你们的同胞。我们都是拥护两岸统一的良民呀！求你们救救我们！救救我们呀——”索道上又开始剧烈地摇晃起来，说什么的都有，唯独没有听劝的。

“上面的同胞们，请大家无论如何要配合，不能再使索道有任何的晃动，否则后果不堪设想。请大家相信，我们会全力营救你们的，而且我们正向上级请求支援。这次地震非常严重，整个都江堰市都处在紧张的营救之中。但是我们这儿的营救已经得到了前线指挥部的命令，将不惜一切代价营救你们。所以请你们务必配合，一定要保持体力，等明天天亮后我们一定会找出营救办法的……”消防队员们又在喊话。

明天？要等到明天！我的天哪！索道上，又有人开始低泣，有人大喊大哭起来。

场面无法控制。只有听天由命了。

雨，猛烈地下着，将每一个吊厢淋得透湿……“你能不能不拉嘛？”有个吊厢里一对男女吵起来了。男的骂女的不该拉，女的则回骂男的这个时候还穷讲究什么。男人和女人在此时已经不用再分臭的和香的，更不用管那么多脸面了。

生命是第一位的。在生命面前，其余的都将让路。

谁也没有经历过这样的生命——悬在半空之中，随时可能坠入深渊，粉身碎骨……心理素质差的人无论如何也难忍这黑色的一夜。

心理素质再好的人也无法接受这样的恐怖之夜。

这一夜，12 名台湾游客在半空的索道上度过了人生最恐怖的十几个小时。

当第二天黎明时，有人疲倦地睡着了，有人则根本没有合过眼——睡着的人后来说：当时脑子全空了，真要索道一断，就一死得了！”没有合眼的人说：“就怕眼睛闭上的那一瞬，索道断了，所以不敢合眼呀！”

活着太不易！活在死神的手掌之中的那一瞬更不易！

十几位台湾游客各自想了一千遍后悔——后悔不该选择这一次都江堰之游。但也有人想通了：活着真累，不如索道一断，眼睛一闭，求死算了！

然而，东方渐白时谁也没有死。可眼前的情景活着比死更可怕、更难受！

“快来救救我们吧！”

“求你们啦！你们要什么我就给你们什么……”吊厢内的游客不再像前一天那么声嘶力竭，但呼救的声音却更令人揪心。

生命进入最后的绝望时刻时，那种悲切是恐怖的。

上午 9 点左右，几位军官来了。他们是成都消防支队的田政委和公安部的一位副处长。他们询问了现场队友的营救方案后，认为必须改变战术。“现在唯有可能是运用现场现有的一台索道修理滑车，我们可以派一名经验丰富的队员利用这台滑车，慢慢接近吊厢，然后再用滑轮缓降器将游客解救下来。”成都消防支队的田政委提出了这个有效的营救方案。

“我看可以。现在也只有这个方法了。”公安部的副处长和现场指挥员都同意此方案。

“来，你把这三个鸡蛋吃了。”现在就看你了！田政委把仅有的三个鸡蛋，给了一位看上去训练有素的战士。他叫常卫树，特警二中队的士官。大震之后的都江堰食品极度紧张，一线抢救的消防队员基本上都是在饿着肚子的情况下投入战斗的。能吃上三个鸡蛋，这对现场的抢救队员来说，好比吃了一顿山珍海味的大餐。

“保证完成任务！”有了鸡蛋充饥的常卫树向现场指挥员行了一个军礼，便向索道攀进。

此时的常卫树，浑身绑着各种营救的器材，其中最重要的是滑轮缓降器。窄小而笨重的小滑车在索道上每滑动一寸，都需要力气和高度谨慎，因为此刻的索道有随时可能断脱的危险。

第一个游客吊厢已经近在眼前。只见战士伸出右腿，轻轻地开启厢仓外的锁塞，然后将安全绳索套在游客身上，再帮助其通过下降滑轮往下滑去——“成功啦！”

第一个游客安全地降到距离索道四五十米的地面时，现场一片欢呼。

第二个游客以同样的办法获得成功的营救。

“我们有救啦！有救啦！”其余的吊厢内的台湾游客，欣喜若狂地等待着命运之神前来搭救。那一刻，他们的心中，大陆的消防队员是世上最亲的亲人！

“我愿意将自己的女儿嫁给你们中间的任何人！”一位刚刚被救下的女游客，抱住消防队员如此说。

消防队员没有时间回答她的问题。他们继续小心谨慎和紧张地开始救援后面的那些游客。

索道太危险，动作不能重了，而轻了又无法救下吊厢内的人。每营救下一个游客，几乎都要花去两三个小时。

队员们换了一个又一个。吊厢内的游客有些急不可待了，“哐当！”“哐当”——踢打声又起……

“你想死啊？”台湾游客的同行者不干了，骂骂咧咧起来。

踢打吊厢的是最后一个吊厢内的男游客。这是唯一一个里面只有一位游客的吊厢。也许是太孤独，这位游客B先生似乎已经精神崩溃了。无论谁的话他都不听，一个劲地只管踢着厢仓，而且嘴里不停地喊着：“我要出去！我要出去！”他的行为给抢救带来了极大的不确定因素。可，谁也无法制止他的疯狂……

“太危险了！照这样下去，后面的几个吊厢随时可能被他折腾毁了！”

指挥员万分焦急，又无可奈何。

“怎么办？”

“什么怎么办！加速营救！”政委要求队员们尽一切力量全力投入最后的战斗。

此时天色又开始变黑——若不在天黑之前将最后几位游客安全营救下来，便意味着又要让剩余的游客在半空的索道上多待一个夜晚。“这不等于让他们去死嘛！不行，必须以最快的速度把他抢救下来！”现在只剩下最后的一个吊厢了，里面只剩B先生了。不把他救出，就等于送他去死。

现场的人似乎都清楚这一点。

“别踢了！我们一定救你下来！要配合，千万千万！”营救队员不停地喊着。

“你不要命啦！快安静点，解放军同志一定会把你救下来的！相信他们！他们是世界上最好的人！你不要踢了。”那些被救的游客也在地面不停地鼓励B先生。

英勇的战士开始了最后的营救。索道上发出“嗞嗞”的声音，令现场的每一个人都感到极度紧张。

20米、10米，5米……现在离B先生的吊厢只有三四米远了。战士甚至已经可以清楚地看到B先生湿透了的下身，但就在这个时候，B先生又一次疯狂地踢起厢门，而且越踢越猛烈——“我要出去！我要出去！”他嘶哑地叫喊着，听不进战士和现场同行者的规劝。3 米、2 米……战士正准备伸出右腿开启他厢外面的锁销时，突然"哐当"一声，B 先生自己将吊厢门踢开了！

"别动！千万别动！马上救你来了。"战士向他喝道。

可 B 先生看了一眼营救他的战士，然后双腿一跃，纵身向几十米深的山下跳去……

这一幕谁也没有意料到。

这一幕让在场的每一个人感到了绝望的生命是什么样！

B 先生坠落在山坡的树杈中间，当时没有死。队员们立即将他放在担架上，接力般的向山下飞奔——道路已经被地震震坍震没了，只能连滚带爬地往山下走。三公里的山路，他们整整用了一个多小时，所有抬担架的队员浑身上下的衣服全都被划成碎片一般……他们尽自己的可能将奄奄一息的 B 先生送到山下的救护车上，又将其护送到成都人民医院。遗憾的是，B 先生伤势太重，最后死在了手术台上……

"报告总部：12 名台湾游客除一名意外死亡外，其余全部获救……"消防队政委向抗震救灾总指挥部报告道。

"祝贺你们成功！"

"谢谢大陆同胞！"消息迅速传到海峡另一边的台湾，电波里回荡起骨肉同胞间少有的欢呼与浓浓亲情……

这是我们经历的都江堰震中的一幕。它是痛苦中的一出悲喜剧。它因此让我不得不重新审视这个熟悉而陌生的城市。

以前来都江堰，我总是在城里转，并没有注意都江堰市其实还管辖了很大一块地盘。它下辖 12 个镇，其中包括此次地震中出名的聚源。2004 年之后，都江堰下辖 12 个镇外，另保留了两个乡：向峨乡和虹口乡。

不曾想到，这两个紧挨汶川映秀的山乡，在此次大地震中饱受摧残。因道路被彻底震毁切断，到了二十多号，我即便想到虹口乡，仍然无法如愿。

“你想看倒塌的学校，向峨乡必须去。”四川省委的朋友对我说。

“好吧，我们就到向峨去。”我问，“从都江堰到那里需要多少时间？”

“几十分钟就到了。”

果不其然，出都江堰后，经过一段山路，就进入了向峨乡境内。但路非常难走，尽是坑坑洼洼的泥路，由于前些日子下过雨，许多路段的路面像是泥潭一般——我由此想到了这个偏僻山乡在经历地震摧毁后前一两天的困境！

“马上就要到了。”穿越过一片很大的废墟和农舍之后，司机说。

看到了——这就是向峨乡的所在地？

沿着公路形成的一条山乡小镇的“7”字形街道，大致可以看出这个小镇往日的风貌。但呈现在我眼前的却是不见一间完整房子的巨大废墟堆！狭长的，除了中间一条为抢救队伍专门腾出的通道之外，整条约五百米长的7字形小街两边，皆是坍塌的废墟……只有空降兵部队的一台大型挖掘机捣毁那些半塌半斜的残余建筑的场面，似乎还能让人感觉到这个充满死亡气息的山乡还有一丝生命。

陪同我的朋友是四川省委组织部的，他在来向峨前就为我讲了一个感人的故事，当然故事发生在向峨乡。后来中央组织的抗震救灾事迹报告团里也有这个人，他便是向峨乡党委书记罗鸿亮。

下面是罗鸿亮书记的报告内容：

5月12号下午，我正在莲花湖畔的莲月村主持一个村道建设工作会。突然，地动山摇，莲花湖像开水一样翻滚。有人大声喊：“地震了！”我和大家赶紧跑出会议室，爬上湖边的岩石，朝乡政府方向望去，那边已是满天黄烟，什么都看不清。不好，得马上赶回去！我和同事们急忙往乡政府跑。一路上，周围的农房几乎都垮了，水泥路面到处坍塌开裂。乡政府和周边的情况比我想象的更严重：成片的房屋只剩下几栋孤零零地立在废墟中，整个街道变成了一片砖瓦堆！

"罗书记，乡政府大楼垮了，好多乡干部都埋在了底下！"

"罗书记，爱莲社区的房子垮了！"

几个村民跑过来对我说："中学的教学楼垮了！"

我心里一惊，中学垮了？这可是上课时间，几百个学生啊！我火速把在场的乡干部叫过来，主持召开了向峨历史上最短的一次党委会，大家做出了一个生死抉择：先救学生！

乡长付岷涛立即带着一群干部拼命向学校奔去，边跑边对惊恐的人群喊："快去学校，快去救娃娃！"

地震把中学的教学楼全部震垮，废墟中不时传出孩子的哭声、呼救声。已经赶到学校的家长哭喊着，扑在废墟上疯狂地刨找着自家的娃娃。

慌乱中，有群众问："乡干部都到哪儿去了？！"

民政干部罗代强跳上乒乓球桌，大声说："哪个说乡干部不在，我就是乡干部！男人们都站过来！"

慌乱的人群一下子安静了许多。

付岷涛嘶哑着嗓子对大家说："现在只顾自己，谁家的娃娃都救不出来。都到那边去，到呼救声最多的地方去，救一个算一个！"

男人们过来了，女人们也过来了。身强力壮的男人站到了废墟的最上面，其余的人排成两行，把砖头和水泥块不断往后传！十多分钟后，废墟里救出了一个活着的娃娃！但是由于没有大型机械，救援进展十分缓慢！时间一分一秒地过去，废墟中，孩子们的呼救声越来越稀少，越来越微弱，我的心也越来越沉……

怎么办？必须找到救援机械！我们马上派人四处寻找。15分钟后，东林村村主任袁凤群带着自家的两台挖掘机赶了过来！挖掘机进场后，迅速清除了废墟旁的路障，并打通了操场连接校外的通道。怕挖掘机伤到娃娃，木匠任隆富带着几个人，拆掉倒在操场上的篮球架，土法上马，硬是把挖掘机改装成了简易吊车！这两台临时改装的吊车，在最危急的时刻发挥了巨大作用！任木匠指挥吊车吊开水泥板，干部群众立刻跟进抢救。

自救中，我们用手刨、用肩扛、用自制的吊车救出了30名学生；当天晚上，一千多名解放军、武警和消防官兵陆续赶到向峨救援。最后，从废墟中一共救出了68名学生！

前面提到的罗代强，在组织救援前已经看到了埋在废墟里的儿子。当时儿子露出了一只脚，老罗一眼就认出了儿子脚上穿的那再也熟悉不过的鞋和袜子。但为了不打乱救援安排，老罗从来没有向救援队伍表露过自己的孩子还埋在废墟下。三天后，孩子的遗体从废墟中抬了出来。儿子留给老罗最后的记忆，就是废墟里露出的那只脚。他后来告诉我，晚上睡觉就不敢闭眼，一闭眼，儿子的鞋和袜就在眼前晃……

16号清晨，学校救援基本结束后，一部分机械和人手随即转到乡政府增援。但是，太晚了！直到5月17号凌晨，地震发生后的第五天，乡政府废墟中才清理出最后一名干部的遗体，包括乡长助理易大东在内，8人遇难……

32岁的易大东，2007年9月从都江堰市下派到乡里挂职。当时，几块水泥板死死地压在他身上。救援的同事鼓励他要挺住，一有机械和人手马上就来救他，他却用微弱的声音说："不要管我，你们先去救学生……"大东结婚多年，忙于事业，把要孩子的时间一推再推。大东走了，留下了永远的遗憾，但从得救孩子的笑容里，我仿佛看到了大东生命的延续……

乡干部李明，在乡政府大楼完全垮塌的一瞬间，用力把一名来乡里锻炼的女大学生推出了死亡地带，自己却被深深地埋在了废墟里。后来，解放军战士进村入户帮助群众清运财产，来到李明家，问李明的妻子有什么贵重物品需要清理。她说："其他的都不需要了，我只希望能找到丈夫的'优秀共产党员'证书。我要让女儿知道，爸爸是一名铁骨铮铮的共产党员！"

地震后的这些日子，每当夜深人静的时候，我脑海里总会闪过这几个朝夕相处的同事的身影，浮现出他们的音容笑貌。如果早给他们几个小时，或许他们就能活下来。但生死关头，我们别无选择，只能把生的希望留给群众！

这几天到向峨乡爱莲社区的人，都会看到一块爱莲社区党支部的牌子立在废墟旁的受灾群众安置点。立牌子的人是社区党支部书记王婉民。地震那天，她的母亲遇难了，她流着泪朝掩埋母亲的废墟鞠了三个躬，说：妈，女儿不孝，顾不到您了……说完就匆匆赶去疏散群众。第二天，当她再次跑过家门时，家里人已经把母亲的遗体收拾停当。作为女儿，她能做的，只能是最后一次帮母亲换上一双新鞋。5 月 16 号下午，受灾群众基本安置妥当。王婉民带着支部几个人回到原来的办公地点，从废墟里刨出了"向峨乡爱莲社区党支部"的牌子。她把这块牌子再次竖起来，她要让社区的群众都知道，地震没有震垮他们的党支部！

5 月 17 号，胡锦涛总书记到成都察看灾情，指导抗震救灾工作，得知我们向峨乡的情况后，高度评价了向峨乡党员干部危难时刻坚持人民利益高于一切的做法。总书记的关怀和激励迅速传遍了向峨的每个角落。在乡、村和社区党组织的带领下，受灾群众正在走出地震的伤痛，振奋精神、团结一致、共渡难关。现在，16 个受灾群众安置点都插上了鲜红的党旗，全乡 24 个党支部已全面恢复工作，545 名佩戴党徽的共产党员奋战在灾后重建、恢复生产的第一线。545 个党员就是 545 颗种子。这些种子播撒在全乡 59

平方公里的土地上，向峨人民就一定能够重建家园、创造美好的新生活！

罗鸿亮书记的报告内容与他跟我讲的和当地群众给我讲的是一致的。在5月23～24日采访的时候，我受这个乡感动的确实也是这两件事：一是乡干部在自己同事被压在废墟时，首先提出了“娃娃要紧，先救娃娃”；二是在群众处在六神无主、一片惊恐和无家可归之时，爱莲社区的女支书王婉民带着支部几个党员，从废墟里刨出了那块“向峨乡爱莲社区党支部”的牌子，并高高地竖在了废墟之上，让群众能够聚集在他们身边，这是何等伟大的壮举！

向峨乡因一句豪言和一个壮举，将载入汶川抗震救灾的史册，并获得人们永远的记忆。

在同样是生命需要拯救的时候，乡干部们把生的希望留给了学生娃娃，这让到处是学校悲情的汶川地震中亮出了一道崇高的人性光芒。

向峨乡的干部们的行为，在我看来可以比得上黄继光堵枪眼、董存瑞手托炸药包炸敌人碉堡等英勇的行为。因为作为成人、作为天下的父亲和母亲，如果需要做生命的选择，他们都会毫不犹豫地将生的可能留给他们的孩子。

大震之时，在乡干部被埋的同一条街上、仅隔二三百米的向峨中学，当时有400多名学生被埋，罗鸿亮他们选择对了，一句“娃娃要紧，先救娃娃”，让那些无助的孩子和绝望的父母有了一丝希望，即使在灾后的许多时间里，虽然不无悲痛地常常想起自己的儿女死去的那一幕幕悲惨情景，他们仍然不会有太多的怨气向政府和干部宣泄……这是向峨乡干部们做出正确选择后获得的最大安慰。

关于这个问题，笔者不想做深入研究。我只是想补充关于这个乡在此次大地震中失去生命的那一部分痛——生命之痛。

这是主要的。地震灾害之所以使我们流了那么多眼泪，尽管有很多是被抗震救灾的英雄事迹、人性复活以及人与人之间的那种大爱所感动，但我们无法回避那些突然失去生命的事实。

8 万多条生命（其中包括失踪的），在瞬间从我们的身边消失了，有的甚至是整个家庭、整个班级地消失，以及那种妻离子散、家破人亡的悲惨现实，我们不能不关注，不能不做最重要的关注，因为这是生命。

我不得不补充罗鸿亮书记的报告内容，因为他在报告中提到一个叫任隆富的木匠。事实上，这位任隆富木匠是个英雄，因为他最先改装出简易吊车，并在现场连续工作近 50 个小时，他一人至少就救出了 5 个生还的学生。直到 15 日凌晨搜救结束后，任木匠才悄悄拉着遇难的女儿的遗体回家。

“任木匠就是从这条山路上把女儿拉回家的……”一位老乡指着一条崎岖的山路对我说。望着泥泞而狭窄的山路，我不知道任木匠最后是何等的悲伤。据说他在现场没有掉过一滴眼泪，因为他没时间掉眼泪。在解放军大部队没有到来之前，现场没有大型机械设施，一切抢救都是靠双手刨，而横七竖八的水泥楼板组成的废墟和瓦砾，光靠双手刨的结果是，那些原本可以不死的人很快会断气……任木匠的英雄壮举就是他有一套木匠功夫和他善良的本性。

12 日地震发生时，任木匠正和一帮搞机械建设的兄弟在山边吃饭。上午的活忙了些，所以午饭吃得晚，这也使他和几位兄弟幸免于难。地动山摇后，任木匠立即想到了刚刚转到向峨中学不足三个月的女儿。“坏大事了！我娃儿他们的中学不知咋样了？下山！”任木匠凭着平时与兄弟们的关系一招呼，几个泥瓦匠、焊工、割工都跟着他向山下跑——当时山上到处飞石乱滚，十多里路，他们跑了一个多小时。

天哪！塌成这个样儿啊！任木匠跑下山，一看女儿上学的学校一下傻了：整个学校的大楼全部倒在地面……400多个学生娃，活着站在操场一边的没几个。任木匠扫了一眼，那边没有自己的女儿。娃儿肯定被埋在里面……

“快来救娃呀！”有人朝他喊道。

“哎！”任木匠醒了，赶紧朝废墟堆上冲过去。

这时他看到现场抢救的人已经很多，显然有人在指挥——干部和家长们排成三行，从里往外传递废砖块什么的。这能救几个人嘛！

任木匠急了，转身对一起来的几位兄弟喊道：“你们赶快看看哪里能搞得来氧气罐和切割工具。”说完自己则冲上废墟，大声说着：“你们千万要理智，要讲科学！”

那个时候，能讲理智的人少，家长们疯一样地在废墟里到处寻找孩子的呼救声，然后拼命地挖。但当他们发现单凭自己的双手根本不可能救出自己的孩子时，才明白过来：必须有工具，还得有懂行的人指挥。

任木匠的话有人听了。因为他的兄弟不知从何处拿来的切割机对搬动压在孩子身上的断裂了的水泥板起到了很好的作用，而仅凭双手是不可能拉断那些钢筋水泥板的。

“光这还不行，得有吊车！”任木匠发现切割机只能将一些断裂的钢筋切断，但仍然不能将大块水泥板搬走。搬不走墙梁和水泥楼板，就仍然无法救出更多的孩子——他们像肉饼似的被挤压在横七竖八的断裂墙板之间，每延误一分钟就将失去一分生的希望。

“镇上有没有吊车？”任木匠问乡干部。

“只有两台铲车。”

“铲车也要。开来再说！”任木匠说。很快，有人将两台铲车开来了。

“这家伙胳膊太短，吊不到水泥板嘛！”有人看着开来的铲车，很失望。

“有办法。”任木匠真是个能工巧匠，只见他转眼工夫就将铲车改装成了简易吊车。这回抢救现场有人说话——是乡长付岷涛站在废墟上，高高地扬起手，大声说：“大伙儿都听这位师傅的，哪个楼板下发现了娃儿，就赶紧让师傅用吊车啊！”任木匠顿时长了脸，从没当过啥官的，看着现场几百人都瞅着自己，便挺了挺腰板，二话没说，将先改装好的第一辆简易吊车开到废墟上，然后交给了一位一起下山的兄弟，自己则又去改装第二辆铲车……

“我到向峨中学的抢救现场时，就见到那个木匠在全场组织指挥了，问乡里的罗书记这人是谁，罗书记说是个木匠，还懂些机械技术。我一看这人有一套，立即与乡里干部做出两条重要意见：一是抢救中学学生的生命放在第一位；二是现场抢救的指挥权交给这位木匠，他有经验，倒塌的教学楼只能靠机械才有可能救出更多的孩子。后来的情况证明这木匠确实不负众望。”都江堰副市长廖小平大约是12日夜间10点赶到向峨乡的，他这样回忆说。

任木匠指挥下的群众抢救现场开始有序，同时效率也比家长和乡干部们靠双手刨要管用。但简易吊车是用铲车改装的，不一会儿其中一辆吊车的钢绳吃不了劲，绷成两截。怎么办？任木匠急了，说必须换成粗钢绳。乡里没有粗钢绳，得到都江堰去买。

“110马上走一趟！”廖副市长一声令下，警车以最快速度驶回都江堰。“救学生娃用的？快拿走，别说钱的事，快走吧！”货主一听警察救援，挥挥手就让拿走了钢绳。

13日凌晨1点多的时候，也不知任木匠从哪儿弄来了两台正式的吊车，这回他真的成了抢救现场的总指挥了。“这边，这边！

对，往下，再往下一点儿……好，起吊！”

在场的干部和家长们打心眼里佩服这位不知名的木匠，看他沉着和熟练指挥吊车的精气神儿，尤其是当一个又一个生命被他救出时，大家没有不念他是救命恩人的。

雨越下越大，向峨中学的抢救从来没有停止过一分钟。任木匠如何不着急自己的女儿！可现在他的责任太重，在大部队和更多的大型机械设备没有进来之前，他是整个抢救现场的核心人物，他别无选择——救娃儿，救所有的娃儿是他现场的使命！

“他的女娃儿也埋在里面？”慢慢地有人在现场传开了，于是关心这位救命恩人女儿的人也越来越多了。

13 日一天，是抢救人命最关键的 24 小时，所以任木匠根本没有时间去专门寻找一下自己的女儿，他甚至连特意去呼一声女儿的小名都顾不过来。人家其实不知道，他任木匠也是特别爱自己的女儿，和天下所有的父亲一样。

14 日之后，从废墟里挖出来的基本上都已遇难，任木匠的女儿也是 14 日被挖出来的。女儿同样已经断了气……“娃儿，爸爸对不起你！”任木匠用衣角为女儿擦净脸上的血迹，然后抹了抹眼泪，挥挥手让几个兄弟把自己的女儿抬到一边后又继续指挥起现场的吊车——他有生以来第一次担此重任，任木匠不想轻易放弃，他知道在场有几百人看着他，他们中有娃儿同学们的家长，有乡干部，还有市里的领导，他觉得自己在这种场合下不能丢脸，他得尽全部的力量把市长交给他的抢救指挥权用好、用尽！

这一天上午 9 点来钟，任木匠趁有人换他下了吊车，从现场的一位家长手里借了辆三轮车，随后抱起已经没有呼吸的女儿，将她小心地放在上面，向山里的家蹬去……

你怎么又回来啦？有人发现才一会儿工夫，任木匠又出现在抢救现场，便问。

"唉，这里不是还有活的，我哪能顾上死了的？"他叹了一口气，重新担当起现场总指挥……

这是一个平民。不是党员，也不是干部。乡干部在人民大会堂里向全国人民做报告时能提一下他的名字，他脸上就觉得很有光了。

其实，他才应该去做报告。可他没有去，有人提起这事，他羞涩地说：别吓唬我，让我去做报告，非吓得腿肚子抖不可！

向峨中学是此次大地震中死亡人数非常多的一个学校，而且是死亡比例特别高的一个中学，全校 420 多名学生，前后一共获救生还的才 68 人……

老实说，罗鸿亮书记那生动感人的报告和任木匠那独特的英雄事迹，以及后来解放军官兵们的英勇无畏、奋力抢救等在向峨乡这块山乡土地上抗震救灾中涌现出的各种事迹，都令我产生过强烈的震撼。但我仍然无法因此而减轻对这个乡死去了那么多孩子所感受到的深深的痛心！

在我到达这个乡的时候，部队正在用推土机对学校旁边原先是街道的一栋死楼进行最后的推毁，那现场的药水味和尸体味，令人无法解开口罩说话。然而，当我在一位叫唐凤的遇难学生家长带领下，来到那个空荡荡的中学操场中央，回首凝视旁边的那堆如山一般的废墟时，我想我必须摘掉口罩，这样我才能倾听到那些埋在废墟里的稚嫩的灵魂的呼叫声和哭泣声……

"当时我就在这楼的后面的田里干活，突然地动起来了，我不知道是咋回事，想抬起头看看，可双腿站不住，就只能伏在地上。这个时候，我看到儿子上课的学校楼房突然摇晃起来，那个样子从来没有见过，整栋楼像没有下锅的油条似的，朝左右猛地晃动了两下，接着就往中间垮下来，就听到一阵'隆——'的响声，一股很大很大的烟尘就冲到了天上。我一想儿子肯定被压在里面，所以赶紧冲过去。一看当时的现场，吓傻了：土堆里全是娃娃们，有的当场死了，满身是血，看样子是被甩出来的；还有的肠子都露在外面，嘴还能动，可一会儿就不行了。最叫人揪心的是那么多喊救命的娃儿，你不知道救哪一个好了。家长中我是第一个到学校的，因为我的田就在学校的后面，离儿子上课的楼房也就两百来米，而且地震时正好伏在地上，脸对着这幢塌下来的房子，地震弄塌这楼时我看得清清楚楚，想不到楼房塌得那么快。真是太吓人了！”唐凤说这些话时，眼睛直直地死盯着我，怕我不信似的。

“你儿子是什么时候发现的？”虽然我不想勾起这位只有 38 岁的年轻母亲的伤心之处，但感觉唐凤还算比较坚强，便问。

“是第三天了。”唐凤说，“楼房塌了后，我们村上的人都过来了，乡里的人也跟着一起刨，一起挖，后来有人用土制吊车吊楼板，可我们家长还是不停地用手刨，当时约有一个来小时，到处能听到废墟里面娃儿们的呼救声，后来就很少听得见了。所以我们一边喊着娃儿的名字，一边拼命挖。可真没挖出几个来。后来天下雨了，越下越大。我们还是照样挖，第一夜就挖出了好几十具尸体，基本上都是娃娃的。老师也死了有 20 个。我就奇怪，到现在还想不通：我娃儿是初二 (2) 班的，他们的教室是在南头，但最后挖他出来的时候，竟然在北头的地方。都是第三天了，当时我在南头的瓦砾里刨，有人在北头喊说又有一个娃挖出来了，没气了。我跟着其他家长一起过去辨认，一看就知道是我的娃儿，尽管他脸上尽是灰，根本认不出面目，可我是他妈，一看衣服就知道是我家的娃了……娃儿 15 岁了，属鸡的，9 月份是他的生日。”

说到这儿，唐凤低下头，但没有眼泪——眼泪早已干了。“那么多娃儿都死了，好像家长们的心也平和些。我们是农村，一般家里都有两个娃，所以碰上这样的天灾，没啥说的。只是不明白为啥娃儿上课的学校塌得这么个惨法！你看看这栋新楼就没有塌……”唐凤转身指指与变成废墟的教学楼相隔一个篮球场的一幢似乎还没启用的学校新楼，心头显得很气愤，“这回塌得最惨的都是学校，我们想不通！是，我们农村的娃儿没城里的珍贵，可毕竟他们也是父母的亲骨肉呀！”一直平静的唐风，这时变得满腔愤慨。

旁边，一位戴着口罩的中年妇女走到我身边，说：“我的儿子也没了，他也是初二的，15 岁，叫贾叶聪。那天我就在街头的铺面上忙活，突然房子摇晃了几下，塌了下来。还好，没压死人，我心想我运气真不错。可一想儿子在学校，我就慌了。我们都跑到这里来刨，双手都刨出了血，还是没有刨出来……”那妇女伸出双手让我看，十个手指尚能见到伤痕。

“后来呢？”我问。

“我儿子是第二天被挖出来的，早没气了。”

“你们都是不幸的。我为你们失去儿子感到难受……”我不想再多问她们，因为我想到自己也有女儿，想到如果自己也碰上这样的事，我肯定不如她们坚强，我一定彻底地倒下了……儿女的命连着父母的命。天下的父母都一样。

“谢谢你们，我想在这儿单独待一会儿……”我请两位失去儿子的年轻母亲先走，自己则独自站在向峨中学的操场上。

空空的，只剩下一只篮球架的操场上什么都没有，洒满白灰的地面可以说明这里曾经有过的那一幕悲惨的情景——大人、孩子的哭喊，活着的和死去的那一幕生离死别之痛，都在这里演绎……地震初期在报纸和网上流传非常广的一张照片，躺满用雨布和棉被裹着的遇难者遗体的篮球场，就是此刻我所站着的这块操场。300 多个孩子、20 个教师，在瞬间成了遇难者，与我们分隔在生死两重天，这样的悲剧和目睹这个悲剧全过程的那些家长的内心有怎样的创伤，我无法想象。

我觉得从那一刻起，我每天在灾区行走的双腿，变得发软。每天踩在那些废墟上时，我总觉得我的双脚下面还有生命，还有那些仍在挣扎的孩子的呼救声，还有他们不甘离开人世的企求目光……于是我自责自己不应该去踩踏这样的废墟，因为那是孩子们受伤和流血的稚嫩生命，也许我们不去踩踏，他们会“睡”得安宁些……

可我又觉得我应该去每一个废墟看一看，或许在那么多压着的废墟里还有生命活着，他们只是没有幸运地被救起，但他们是活着的，即使十天、一百天以后，他们仍然还活着，我们应该想尽办法去营救他们……

在大震发生的第一时间里，那么多学校的倒塌和倒塌后造成的那么多孩子的遇难，让所有家长和国人不得不去想这是为什么。

学校的建筑质量问题也就被亮在了公众面前。毫无疑问，我们所看到的明显的比较已经证明了一些倒塌的学校是由于建筑质量的问题而造成了不该有的严重后果。而这一问题引起有关部门需要认真思考和处理的事还很多，也会遇到很麻烦的连锁问题。国务院也出台了相关意见，我们可以拭目以待。

而另一个问题事实上也摆在我们面前：那些倒塌的学校班级里，我们常常听到一个教室内的学生总是六七十人，我不知教育部门有没有特别的规定，一个教室内到底应该容纳多少学生合适？六七十人一个教室，这么多人在一起，必定要把教室建得很大，教室越大，楼房的建筑框架就会越大，墙体和框架的承载能力肯定会减弱。许多现场一边是倒塌的教学楼，一边是依然完好无损的学生宿舍楼，这使人不得不想到这个问题的严重性。

第三个问题同样不能遗漏和忽视：汶川大地震的震源在一个巨大的龙门山断裂带上，该断裂带始于汶川映秀，然后朝东北方向逆上 500 公里，其断裂的宽度约 70 公里，一直至青川以北，这也是此次大地震波及的面积如此之大、范围如此之广的原因。强地震是依断裂带的生成方向而走的，所有在这条断裂带上的物体和生命都是此次灾难的最严重的受害者。专家有这样的意见：一些建筑假如顺着地震波的走向而建，肯定会受到严重毁坏。而一些“7”字形或“厂”字形建筑，由于与地震波产生阻隔式冲击，其破坏性也随之增大，这都造成包括学校教学楼在内的一些这样的建筑的毁灭性倒塌。

当然，以上这些解释和观点，都不是问题的根本和全部。我们亲人的生命和那些幸存者心灵所印刻的创伤才是最值得看重的。对人而言，没有比留下生命更重要的事，尤其是对一切逝者而言；对活着的人，他们的心灵世界是否健康、安宁才是根本。

都江堰在此次汶川大地震中并不是受灾最严重的，但由于我们最熟悉它，由于它在第一时间内让我们知道了它，由于我们最先看到了那些倒塌的学校竟然会是在距离成都很近的地方，这个距离就像近在我们身边一样，我们因此感到特别的痛……

第二章　龙门山：天堂与地狱的轮回

几乎所有去灾区采访的人，第一个念头都想到汶川的映秀镇，因为它是震中。但映秀镇在成了灾区的那一刻起，它变得恶劣而神秘，没有特殊的本事你无法接近它。只有空降兵和直升机在天气相对允许的情况下，方可触摸到它。在大震发生的三四天后，只有两支英雄的部队——一支是武警部队，一支是成都军区的陆军部队，在军委领导的“谁到汶川，就给谁立功”的死命令下，才经九死一生的翻山越岭之后到达了汶川，到达了映秀。

然而之后的救援队伍仍然不能开通道路，映秀的进与出，几乎都是靠“空中生命线”——飞机来完成的。

6月10日，在大震之后快一个月的日子，我们从电视新闻里知道了失事的飞机——成都军区某部陆航团的那架在映秀运送伤员的直升机，才在这个地方的一个深山峡谷里找到了残骸……那一刻我为亲爱的邱光华机长及其他十余名机组人员和伤员的牺牲而感到无比悲痛。因为邱光华机长出事的前5天，我们才刚刚到陆航团采访。他是部队首长第一位向我们介绍的杰出的飞行员。我记忆中印象特别深刻的是他比我还晚一年当兵，但他已经是副师职的特级飞行员了。邱光华给人的感觉是不善言辞，可他的飞行技术相当高超。大震之后，他已经飞过了无数次汶川，然而那一天的映秀运送伤员，成了他最后一次在这个地方执行任务的飞行——部队领导那天特别提到了准备让陈林等同志轮休一段时间。可偏偏邱光华在这一次执行任务中出事了……作为曾经是一名军人的我，对他和战友们的不幸，感到极其悲痛……

地震夺走了我们太多同胞的生命。邱光华的这一次牺牲本不该有，但谁也无法猜测命运。

我非常痛恨这样的天灾，然而我们人类无法抗拒天灾，我们必须无奈地接受这种苦难与悲痛。

到达四川的第一天，我不停地翻看地图，可是仍然无法确定哪个地方的灾情更严重、更值得去……想不到的是：在我刚刚经历了一夜的余震恐惧之后，第二天的下午 5 点左右，我被一下拉到了与映秀镇一山之隔的龙门山。

后来我回到北京请教地质专家时，他们才告诉我：其实汶川大地震，震中就是在龙门山断裂带上。“你去的那个地方与映秀事实上都属于震中，汶川的映秀在山的西侧，你到了山的东侧……”专家指着一张地震山脉地形图，对我说，“汶川大地震，如果用我们地质学来解释，其实震起龙门山。”

震起龙门山？

难怪我对当日在龙门山一路上所经历的一幕幕险景，至今想来仍心有余悸！

龙门山地属四川彭州市，与汶川县隔山相望，是此次汶川至青川的数百里地震大断裂带中最靠近映秀的一段山脉。

世界上有过许多著名的大地震，通常人们关注的是人的伤亡数字。其实地震的级别大小和破坏力，并不是简单地看伤亡了多少人。一个城市发生强烈地震，其伤亡的程度肯定比乡村和山区要大得多。而这次汶川大地震为什么说它比死了 20 多万人的唐山大地震更严重，危害更大，首先是它的震级超强，其次是它的范围广。根据地质地震专家在震中的实地测评，汶川地震的震源在龙门山断裂带发生时，其震级应在 11 级左右，这个震级是有一定的科学依据的。因为只有 10 级以上的地震，才能使山体出现严重崩裂。汶川地震震中在映秀和龙门山镇一带，我们从电视画面上所看到的大面积山体崩裂景象，足以说明此次地震发生时的那种力量——“像是地下开了锅似的，轰轰地响。人根本站不住，楼房像纸糊的，数十座山峰接二连三地崩塌下来……”几乎所有在震中经历那一幕的人都用这样的语言讲述着地震时的情景。

然而，没有人真正感受和体会地震使得从来就没有变化过的大山崩裂那一刻的痛楚与悲壮。人和地面上的所有建筑与生物，比起由岩浆铸成的大山，其生命和坚固性实在无法相提并论。但汶川大地震竟让千年峡谷、万年峻峰，顷刻间粉身碎骨，顿失巍然，这是何等的威力与暴虐！

都知道二战尾声时美国在日本的广岛和长崎扔过两次原子弹，其威力令人胆战心惊。专家对此次汶川地震有过一个形象的比喻，说其震中的威力“相当于四百颗广岛原子弹”。四百颗原子弹的威力，有多大？无法想象！我们只知道落在广岛的一颗原子弹就让所有地面建筑成了废墟、几十万人转眼死掉了。四百颗原子弹下，人和动物能活下来的，只能算侥幸。“要不我们为啥叫幸存者？山都倒塌了，崩裂了，我们活下来自然是老天还开着一只眼。”在震区中央，不止一次听老百姓这样说。

有人说，像唐山和汶川这样的地震，人们是可以在一定程度上预防的。这种说法其实在很大程度上只能对生活在城市里的人而言。而对像汶川这样的地震发生地，预防几乎是一种异想天开。这是因为此次汶川地震最强烈的中心地带是在从汶川的龙门山起一直逆向东北方向的百里大断裂带上。在这数百里的断裂带上，均是峡谷险峰、重峦叠嶂之地，地震发生那一刻，如果不是侥幸，人是不可能逃出山体崩裂后如暴雨般乱飞的石头的袭击的，再坚固的建筑也顶不住崩塌的大山的冲击力……

沿龙门山往里走，有一条著名的小龙潭，那里曾经是风光秀美的景区，一条百米下落的飞流从天而降，构成了小龙潭独特的峡谷瀑布之景。据说有很多成都人特别喜欢到小龙潭观赏飞瀑，并在那里纳凉沐身。大地震后，小龙潭成了死路，空降兵也降不了，只能靠部队勇士徒步深入进去。直到大震十几天后，解放军突击队员才进到那里。可官兵们看到的小龙潭早已面目全非——两峰峡谷间的飞瀑没了，甚至簇拥小龙潭的几座险峰也不知消失在何处，只有山体崩裂之后所留下的无数滚落的石头，远远将人的脚步挡住。官兵们试图在这里寻找景区的二十多个管理人员和几十个游客的踪迹，但最后只能分析认为：他们全都被埋在了几十米深的石块下面。

这个结论是可信的。因为只要当时的管理人员和游客没出小龙潭景点的半公里之内，他们的生还几乎是不可能的。从现场看到的山体崩裂是以包饺子的形式将里面的人活埋了……

悲哉!

山的力量太大。而与地心岩浆活动的能量相比，山的力量又实在小得可怜。人与山、与沸腾和活动着的地心岩浆相比，谈何大与小的问题，简直就不是可以讨论的问题!

大震清楚地将一个事实摆在我们人类的面前，喜马拉雅山的地壳运动再次活跃起来。作为山地与盆地边缘的冲撞地带，龙门山断裂带成了此次地壳运动的主要表现者。

龙门山也因此一下成为人们心目中的“鬼门山”。

曾几何时，龙门山还一直被成都人称为夏可纳凉、冬能赏雪的旅游度假首选地。这里既有国家地质公园，又有著名的上书院。尤其让人爱恋的是这里的千峰奇山，它们或苍翠欲滴，或群峰耸立，或奇险峻秀。这里的水，更是或碧绿如玉，或飞瀑若虹，或满流似雪。山谷的清风，挟着雪山的气息轻拂而来，让人吸入一口，便能觉得沁透心脾，不忍吐出。到了秋天，漫山红叶斑斑，溪水潺潺，随处随地，皆是天然油画。即使冬天来到这里，依然可观赏到远近的雪山皑皑的万千气象。所以，四川人把龙门山奉为掌中之玉、天然氧吧，而更多人干脆称其为“人间天堂”。

随着城市人的生活方式开始崇尚自然，龙门山在近几年中越来越受到成都一带市民们的喜爱，据说光龙门山的几条风景秀美的沟谷，每年接待的度假与观光客就达一二百万人次。这一带的农民也因此富裕起来，他们的生财之道就是自己建起的“农家乐”。当地老乡告诉我，很一般的“农家乐”，一年收入在 2 万元左右，这也使得当地农民生活在天堂般的幸福之中。

然而一场突如其来的大震改变了龙门山的一切。

搭车从成都出发，仅几十公里的路程，便进入了彭州境内的山区。沿途满目皆是倒塌的房屋。抬头望去，两边的山谷，成了挟尘走石的猛兽；路边四溢的洪水，成了埋葬生命的掘墓机；谷间的风，也变成了窒息空气的疯狂死神……

往日美丽的山景全然不见，取代的是秃露在外的山体，仿佛被扒了皮的死鸡。滚石挡道，狗在疯跑，猫已腐烂，活着的牛羊在田野里乱窜。最让人无法接受的是遇难同胞留下的遗体的腐烂气味和消毒药水混杂的空气迷漫四周，令你窒息难忍……

小鱼洞是龙门山的门户。这个镇在地震中同样经历了毁灭性的破坏。我没有考查小鱼洞与龙门山之间的关系，是否有“鱼跃龙门”一说？不过我知道到小鱼洞后，再往里走，就十分困难了。

小鱼洞的西南方向是虹口镇，与汶川的映秀离得更近。我后来曾经试图到那里去，但终未成行，因为那里的路事实上在 5 月底之前仍未通行。但我见到了这里的一位英雄……

与虹口相反方向，从小鱼洞再往东北走，便是白鹿镇，著名的上书院便在此处。上书院雅名叫领报书院，据《彭县志》记载，该书院由法国传教士洪广化主持修建，所需大理石、木料、彩色玻璃都从远方运来，整个工程动用民工近千人，历时 13 年

(1895—1908 年)。领报书院修建在“学堂山”半山腰的山坳里，坐西向东，四周九座山峰呈弧形排列，人称“九龙归位”。书院的建筑具有典型的中西合璧之风，既具典型欧洲哥特式建筑特征，又兼有中式四合院落式结构。主楼南北长约 120 米，进深约 16 米，共三层，每层 16 间，层高约 5 米，置内外走廊，底层为储藏室。进正门，穿过二十多米宽、12 米长的门厅，是一个约 60 米长、22 米宽的大天井，天井正面即为其主体建筑——高大挺拔的西式古典风格礼拜堂。礼拜堂钟楼约 12 米高、9 米宽，共四层。在书院四周，有高大坚实的围墙，墙外是众多苍翠挺拔的老柏松和千丈树，四季常青。领报书院曾是当年培养西南神职人员的高等神职学院，最盛时这里云集了近百名高级神职人员。此处不仅具有丰富的历史文化资源，同时又是旅游胜地，故而常年吸引各路游客。2006 年，上书院被列为国家重点文物保护单位。

2008 年 5 月 12 日，这座具有极高历史文化价值的书院结束了它的生命，陪葬的有十几名工作人员和至今未搜索清楚的几十名游客……

龙门山的主脉在虹口与白鹿之上。从小鱼洞出发，越过白水河，大约还有 30 多公里的路程。

原来在白水河上有一座大桥，我去时已经没了，车子是在浮桥上冲过去的。浮桥由解放军“铁军”把守着，除了军队的救护车之外，几乎看不到通行的人。桥头的一位战士过来问我们进山干什么，当听说我是北京来的作家进山去采访时，有些惊诧地看了看我，说：里面非常危险，最好不要进去。

我抖动了一下军装，告诉他：我负有特殊的军事任务，必须进去。小兵斗不过老兵，于是我们从浮桥上急驶而过，车子两边溅起高高的水花……

春天的山区总是雨蒙蒙的，这让我们一路多了不少担忧。开车的省委组织部司机是灾后第二次进龙门山，为了避免随时可能出现的山体滚石，他的车速变得特别快。而我们坐在后座的人由于担心前面的险情，双手紧紧地把着前座的靠背，眼睛片刻不敢离开前方的目标，并随时准备跳车——其实这只是心理准备而已，此刻真的来一次余震，再从山上滚几块巨石下来，我们所有的准备都无济于事。好在一切都没有发生……

但进龙门山的路越走越险，车子只能在乱石堆中穿梭。最令人担忧的是那些已经半掩在公路上的泥石流，不知什么时候“发脾气”，那样的话我们只能“壮烈牺牲”了。

“快到了！”司机告诉我。于是在我们的车子绕过一段山体滑坡之后，我看到一条两边都堆满了废墟的小街，这就是龙门山镇所在地。现在这里已经看不到一间完整的房子。邻山的一边全部埋在滑下的山体里，另一侧的街房原来都是两层小楼，但我能看到的也都是倒塌的瓦砾与废墟了。龙门山镇其实只有一条“L”形街，听说震前这里满街都是本地人开的小饭店。城里人爱在这个小镇吃上一顿纯正的农家菜，然后或继续进山住上几天，或带着轻松愉快的心情回城，因此震前的小镇无论早中晚，都异常热闹，尤其是傍晚，灯火辉煌的小镇街道，宛如一条不熄的彩带，镶嵌在清风习习的龙门山谷，煞是好看。

但旧景不再。龙门山镇在我的眼里仅仅是沿街左右长长的废墟带。在“L”形街道的拐角处，“派出所”的牌子仍醒目地悬搁在瓦砾之上，而民警们工作的派出所房子，只剩下一堆碎砖瓦片……我招呼司机停下，随即站在街头想拍几张照片。而就在这时，我在镜头里看到了一位身着黄袈裟的僧人。

“师父在找什么？”我好奇地上前问僧人。

这是个年轻的僧人。他说他是从龙门禅寺下来的，那里已经没有他的栖身之地了。大震的第二天，他就从山上的禅寺下来，本想到都江堰避难，听说有两位僧友地震那天正好在龙门山镇上歇脚，结果就再没有见到他们的影子。

“是死是活，我想见一见他们，可一直没有找到他们，镇上的人和解放军帮着翻了许多倒塌的地方，也没有结果。我放不下心，所以一直在这里等着机会看能不能见他们一面……”僧人很虔诚地在一堆堆废墟前继续他的寻找。

“你要等到什么时候呢？”街上根本没有行人，如此孤独而凄凉的地方，到了晚上怎么办呢？我有些担忧地大声问僧人。

“听说解放军已经接到命令，让他们下一步清除废墟，那个时候估计可以见到我想见的人了……”僧人说话的声音不大，但因为街上只有我们两个人，所以听得清清楚楚。

我没有想到一位僧人如此执着地要看到他可能遇难的僧友，我没有研究过佛教，也不知这是不是佛界的一种规矩。我只觉得眼前的这位身着黄袈裟的僧人的话，如同在我内心重重地敲了一锤。在那条无人的废墟上，我呆呆地站在街中央，远远地看着僧人向街的另一尽头走去，只见他一边寻觅，一边念经，样子十分虔诚又非常迷茫，但却让我很是感动。

我心想：超然的僧人毕竟也是人。他们的内心情感仍与凡人一样，充满了爱与友善，尤其对生命。

向龙门山镇的里面走，我才发现其实这座毁灭的小镇深处还驻留着两千多名当地百姓。这实在有些不可思议！

一问，方知他们都是宝山村的。“我们的老书记不走，我们也不会走的！”村民们非常坚定地告诉我。

“你们的老书记是谁？”按照重灾区的一般情况，像龙门山这样的地方，所有灾民都会被转移出去，一方面防止山体滑坡再次掩埋人，另一方面幸存下来的灾民也不敢再滞留了。可宝山村的人是怎么回事？他们就不怕？他们的老书记又是谁？他就没有担心过自己的百姓留在这死亡之地的危险？

“你真不知道？”村民们对我有些不以为然，好像我这样见多识广的作家不应该不认识他们的支书。有人看了我的名片，几分惊喜地说：“你也是全国劳模！我们老书记他也是。”

看来宝山村的老书记是位社会主义新农村的领路人了！“老书记叫贾正方，名人，我们宝山村是他一手搞起来的，以前天天有参观的人到我们这儿来呢！”宝山村的村民似乎忘了他们现在是身处绝境的灾民。

“我可以去见见他吗？”

“没问题。他在公司呢！”有村民主动给我带路。

让我意想不到的是：在大震中心地的龙门山、在大山深处和四周皆是废墟的峡谷间，一栋三层大楼巍然屹立在那里，大楼前面的小广场上，一面五星红旗和宝山集团的企业旗帜高高飘扬着……

“这、这楼为什么没有倒塌啊？”在我连连发出惊叹之时，一位戴着墨镜、被人扶着的老人出现在我身边，笑呵呵地告诉我：“我们宝山村不仅村委会的办公大楼没有倒，而且多数农民别墅也没有倒。不信一会儿带你去看看我们村民的家。”

“您就是贾老书记？”我猜到他是谁了。但想不到的是这位已73岁的老模范，原来是个双目失明的残疾人。

老人一听说我是北京来的作家，好像特别高兴似的。“我跟作家蛮有缘的。”老人坐在我咫尺之外，他的第一句话一下就拉近了我们的距离。当听说我写过江苏华西村的吴仁宝时，老人更高兴了，“我和吴仁宝也是老朋友了。他在华西搞得好。我们都是当年学大寨学出来的，我们对大寨都有感情，也都曾帮助过大寨，所以这回大寨反过来又帮助我们了。郭凤莲听说我这边大灾了，前天派人给我们送来20万元捐款。我很感动。农民穷兄弟之间的帮助很重要。”一看贾正方就是位饱经风霜、非常乐观的老人。

“我现在视力 0.03 还不到，基本瞎了，所以坐得离你近一点。前些年成都一位女作家写过我……”老人念叨着一个名字。

“这位大姐这次也是我们作家抗震救灾前线采访团的成员呀。”我高兴地把这消息告诉了老人。

“是吗？”老人显然也很兴奋。于是我们两个完全因灾难而相遇的人一下拉近了感情。

“我这眼是四十多年前刚参加工作，在地质队野外作业时给炸瞎的……”老人快言快语地自我介绍起来。

“你是学地质出身啊！”因为曾经在当年的国家地质部工作过，所以我和这位老人又多了一份缘，“你说这次大地震怎么这么厉害？”

“这一地区是大断裂带，地壳运动一直比较活跃，小震不断，但我没有想到的是这一次原本不占主导的汶川断裂带的活动，一下诱发了龙门山大断裂带的剧烈活动，结果出现了这么大面积的悲剧……”老人仰天长叹了一声，转而又平静地说道，“其实从地质角度讲，这个地区发生这样的地震属于很正常的事情。只是我们对它的防范少了，所以造成巨大的伤亡与损失。”

“为什么别的房子都倒塌了，你的大楼还好好的？”看着老人身后巍然挺立的“宝山大厦”，我早已期待揭开这个谜了！

老人笑了，说：“我是学地质的，当然懂得选址的重要性。你能看得到：虽然我们的楼与后面的山距离不算远，基本也是紧挨着，但这山就是没有崩塌。主要是它的岩体结构和走向并没有与我们的楼成平行，这一点很重要。其二，即使在断裂带上，岩体也有坚固与不坚固之分，而我们选择了前者，这样才没有造成灭顶之灾。我们给村民们新盖的农民别墅也没有倒塌，道理是一样的。但其他村民就没有这么幸运了……”老人带着几分内疚，悲切道，“本来再过一段时间，全村人都可以住上新别墅的，可是地震比我们先行了一步。”

我已经了解到宝山村和宝山集团其实都是贾正方老人几十年创下的伟业。他16岁因公受伤后，从吃国家粮的国家地质队回到家乡，一干就是四十多年。当年的宝山村并没有什么宝，只有一个“穷”字。那时村民一天的劳动值最高时是两角五分，最低的只有六分钱。人均全年口粮仅有70斤。残疾的贾正方自回村当上村支书后，便以非凡的毅力，带领乡亲们艰苦创业，宝山村从此走上一条共同富裕的社会主义创业之路，成为全国远近闻名的社会主义新农村示范村和村民人均年收入超万元、村总资产达40多亿元的富裕山村。然而，大震太无情，顷刻间，贾正方和村民们创下的亿万宝山财富，化作了废墟和烟尘……真是令鬼哭神泣的悲情。

“这场灾难太严重，我们村和宝山集团所属的17座水电站中有14座被毁，以回龙沟为龙头的旅游产业瞬间消失，600多户民房全部倒塌，没倒塌的只有办公楼和30多座村民别墅，全村直接经济损失高达27亿元。可以说，人人都是灾民，几十年的奋斗转眼之间化为泡影，尤其让我痛心的是死了54个人、伤了一百多人！”我看不到老人藏在眼镜背后的那双眼睛，但他的悲沉语气告诉了我这位不屈的老人内心的痛苦。

听我们一个采访团的陈大姐讲，贾正方老人当村支书的头几年，生产大队几乎一无所有，是他带领乡亲们上山砍柴和卖山石换回了一点积蓄，才慢慢有了填饱肚子的基本生活。创立闻名的宝山集团的过程也并非一帆风顺，那时已经半瞎的老贾，整天待在龙门山的回龙沟里，不知摔倒过多少次……“老书记是个乐观派，他说他从来没有怕过自己会摔死在里面，他说他熟悉龙门山的脾气，龙门山上的阎王爷不敢给他安排坟地。这就是我们的老书记！”乡亲们特别敬佩老书记，觉得有他在，龙门山就是他们的致富宝山。“就是大震来了，它龙门山也没有震倒我们宝山村！更没有震倒我们老书记！”乡亲们说的是真的。

大震来临之后，方圆几百里的山里人全都成为灾民，山崩地裂，没有了家园的人，不是死就是想方设法逃到山外，但唯有宝山村的人没有走。“我们全村 2000 多人，除了几个震前震后因为有事到了山外去，没有一个人离开过龙门山。”贾正方老人自豪地对我说。

令人难以置信！

一个四周充满恐怖的天塌之地，竟然有这么一个 2000 多人的村寨，从大震发生起自始至终地坚守在家园，这是何等的豪气！我曾是一个经历过战场考验的军人，但扪心自问有没有胆量在只有废墟、只有死亡的龙门山镇独自留上一两个夜晚？真实的答案是：我没那胆量。事实上只要走过龙门山镇那条已经死亡了的街道的人，我想他基本上会与我有差不多的想法。但宝山村人却出奇地镇静，他们并没有把逃出龙门山视为唯一的生路。他们竟然一天也没有离开自己的家园，这在整个灾区是独一无二的。

他们的理由非常简单：老书记在，我们就什么都不怕。老书记在，宝山村就不会塌，龙门山的鬼神斗不过我们的“瞎眼书记”(贾正方年轻的时候，人家都这么称呼他)。

坐在我面前的贾正方老人是何等的大气，尽管他的眼睛看不到手臂之外的任何物体。

老人平静地向我讲述了灾情发生时他和他的宝山村：5 月 12 日下午地震发生时，他正在驶向成都的车上，地面的一阵强烈晃动，使地质队员出身的他立即意识到：“糟了，地震！”深知地处龙门山断裂带上的宝山村会有极度危险，于是他马上给村干部们打手机询问情况，但一切都中断了……

“赶快调头回村！”贾正方对司机说。车子立即急速向龙门山转回，如离弦之箭。

“什么声音？”无法看到世界的贾正方的耳朵很灵，山间的“轰轰”巨响，令他更加不安。司机告诉他：是山上的石头在往下滑，是路两边的房屋倒塌声……

“严重吗？”贾正方着急地追问道。

“刚才有块大石头差点砸在我们车上。”司机说话的声调都变了。

“别怕！我老贾与龙门山斗了几十年，就没有输过它一回。”

“老书记，这回我们斗不过它了……”司机突然哭了。他看到几具躺在路边的血肉模糊的遇难者遗体……

“别怕！”

“你什么都看不到自然不怕嘛。呜呜……”司机哭得更悲恸起来。

双目失明的老人不再说话了。他的耳边被一阵阵救命声和哭喊声淹没了……他知道这次大地震的严重了。

“快点！再快点！”他着急村里的人和宝山集团下属的那些企业与企业所属的那些旅游景区内的情况……假如地震发生在龙门山，那就麻烦大了！

“嘎吱！”陡地，司机一脚急刹车，惊慌地说：“书记，小鱼洞大桥断了！”

小鱼洞大桥离龙门山镇还有一二十里路，是通往龙门山镇的咽喉，怎么办？贾正方虽然无法看到大桥拦腰断裂的惨景，却已知地震的严重性了，于是果断地对司机说：“把汽车丢了，我们步行回去！”就这样，73岁的他，在司机的搀扶下，向汹涌的河水中走去。

这时，老人听到河道上人声鼎沸，有哭有闹的。原来都是从附近乡镇上逃出来的灾民，他们要到彭州市去避难。“你们还进山干吗？路全堵了，人都死光了，你们还嫌没死呀？”有人在冲贾正方他们骂骂咧咧。

“老书记，你看怎么办？”司机带着哭腔问贾正方。

贾正方在急流中站稳双腿，定定神后，说：“回去！越是震得严重，我越得回去！”说着，他一挥手，“走！”

过河后，已经半身湿透的老人，冒着不停的余震和塌方的危险，一脚高、一脚低地踩着坑坑洼洼的道路，跌跌撞撞地行进在堵满山石的山路上。

“这是一条通向地狱之路。”司机事后说。

而到达家乡——龙门山镇后，贾正方才真正体会到了什么叫“人间地狱”：已成废墟的街景他虽看不到，可扑面而来的呛人的灰尘和一阵比一阵撕心的房屋倒塌声，以及到处哭爹叫娘、呼儿喊女的悲号声，贾正方他感受得真真切切。

“死人没有？有没有啊？”老人急切地问着。

“有！好多好多！”有人告诉他：通往银厂沟和回龙沟的白水河大桥上已经摆放了好几具尸体……

老人执意要上前摸一摸。当他的手触摸到死者身上黏糊糊的血迹时，那双干枯的眼窝里淌下了两行泪水……

回到村里，贾正方把找得到的村党支部委员叫到跟前，这也许是整个汶川灾区紧急召开的第一个村级基层党组织会议，距大震发生仅两个小时。听取幸存的村干部们的简要汇报后，贾正方明白了一个事实：宝山村和村民们已经步入了最危急时刻，必须马上成立抗震救灾领导小组！待安排妥当后，贾正方支着拐棍，站起身，说：“考验宝山人特别是党员干部的关键时刻到了！大灾面前，我们艰苦奋斗、自力更生的‘宝山精神’不能倒！”

此刻的龙门山一带，尤其是已经夷为平地的龙门山镇上，灾民们一片恐慌，失去家园的他们纷纷在寻找逃生之路。成批成批的幸存者拥在镇口的唯一下山通道上。

突然，一个洪亮的声音响起：宝山村的乡亲，你们要去哪里？你们不能走啊！这里是你们的家，还有你们的亲人被困在山上！逃出去只有增加社会的负担，救灾不能只靠政府，还是要自救，要自力更生，才能奋发图强！

是老书记！乡亲们停住了脚步。有人说："老书记，其他地方的人都走了，我们害怕呀！假如再来震一下，我们不是全完了吗？你跟我们一起走吧，老书记！"

"我不会走的！"贾正方用拐棍使劲地在地上敲了敲，说，"我眼睛瞎了都不怕，你们怕啥子？你们真要走就走吧！我绝对不走，还是一句老话：只要人还在，就没有翻不过去的坎！"

乡亲们一听这话，便纷纷停下了脚步。"只要人还在，就没有翻不过去的坎！"这是老书记几十年来常说的一句话，正是这句话，激励和鼓舞了宝山村人跟着他把一个穷山村变成了富裕村。

现在大震固然可怕，可他们更相信老书记的话。

"对啊，老书记都不走，我们干吗要离开家乡呢？"

"对，老书记只要你在，我们大伙就不走了！"

"对，老书记在，我们就不走了！"

震后的龙门山谷间，第一次响起了这气盖大震的英雄豪言。

一位宝山村民对我说："其实，不管地震前还是地震后，贾书记一直都是我们的主心骨，只要看到他，我们就什么都不怕了。"

在贾正方的精神鼓舞下，宝山村很快稳定了下来，全村2000多名幸存者竟没有一人擅自逃离出山，并且在震后十多天最艰难的日子里，他们不仅没有出现新增的伤亡，相反积极展开自救与帮助周边村子的灾民们解脱困境，成为灾区一个最坚强的战斗堡垒。

贾正方的独生子是曾当过兵、有硕士学位的现任宝山村村委会主任贾卿，在大震之后的几分钟内，他从村民手中抢过一辆摩托车，迅速冲进到处是垮塌和乱石飞滚的龙门山中，冒死沿着回龙沟、三河坪等地四处检查灾情，并和宝山集团副总经理赵正祥等一起组织民兵和村民们，在废墟中搜救和转移伤员。他们没有工具，就用手扒；没有担架，就把门板拆下来代替。民兵队长苏永洪在山崩地裂时，赶回回龙沟内的回龙宾馆。当时宾馆一位厨师和一位营销部经理已经死亡，多名工作人员受伤，苏永洪一边指挥一边脱下自己的外衣做成简易担架，指挥幸存者把受重伤的人往村委会抬。而自己又只身在宾馆和附近的“农家乐”进行搜索抢救，前后一个小时内，他就救出了十多人……

到13日，宝山村的2000多名幸存村民都得到了安置，大伙的心也开始平静些了。然而贾正方依然坐立不安，十分焦急，原来在他的宝山集团下属的旅游景区还有一部分游客和村民被困在山中，他们的生命揪着老人的心。从回龙沟里逃出的村民向他介绍的可怕场景更使贾正方心急如焚：几层楼高的大石头，从头顶砸来，整个电站就像落地的鸡蛋一样，被砸得全无踪迹！那四周坍塌下来的飞石，多得像雨似的，落到山里，要不像响雷，要不就像打机关枪一样吓人。现在的回龙沟，连鸟都飞不过，想进山，爬也难啊！

回龙沟是什么地方？回龙沟是龙门山里面的一条风景秀丽的峡谷。而整个龙门山风景区还有一个别称，叫银厂沟。顾名思义，银厂沟是一条盛满人间万物之宝的藏金纳银之沟。据说这里是大禹治水时曾经过的地方，沟内的巨石上至今还留着大禹的足迹。沟内的景色以幽、深、奇、险著称，然而8.0级汶川地震，让发怒的龙门山大断裂伤筋动骨，于是它有些“恼羞成怒”，大发其威。专家估计的龙门山震起之地的震级应在10级以上，便是此理。

龙门山的沟沟谷谷，此时已成与世隔绝的“死亡之谷”！

“明天，我带人进山去救人！”已担任抢险救灾突击队队长的贾卿向父亲请战。

“老书记，你不能让他去送死！现在去太危险了！”村民们纷纷在老书记面前劝说求情。

“现在去才能救人！晚去了还能救谁？”儿子对父亲说。

你们说得都对。此刻进山就等于送死，可救人晚去了也是白去。

贾正方因此什么话也没说，而当他看到儿子义无反顾地带着民兵们进山那一刻，老人站在办公楼前久久不肯离去，他在为儿子送行，并祝他一路平安……父亲相信儿子，这一点已经在之前的几十年里得到了验证。瞎了双眼的父亲能够创下宝山这么辉煌的业绩，假如没有儿子的相助，老人知道也是不太可能的事。

现在，老人还想着另一件让他痛心的事，就是他的回龙沟！他熟悉和了解这条沟，并与这条沟有着深厚的感情。那时贾正方的眼睛没有全瞎，还能看见沟里的风物，所以他心底的回龙沟实在太美太美……

城里人喜欢回龙沟是因为这里的夏季格外凉爽宜人，平均气温只有17.5℃，最高气温也不超过25℃，相对湿度为80%，属最佳宜居气候，是天然的避暑胜地。所以过去贾正方每次碰上游客，他都要亲切地顺便提醒一句：你们早晚可要添加些衣服，夜间要盖棉被，当心着凉噢！这里空气特别清新，是生态环保型景区。山上的植被茂密，森林覆盖率达95%以上，空气中富含负氧离子，所以有“天然氧吧”之誉。其实景区内还是“动物的天堂”和“绿色的植物宝库”。景区内不仅有大熊猫、金丝猴、红腹角鸡、红腹锦鸡、猕猴、牛羚、斑羚等珍贵动物，还有太阳鸟、相思鸟、娃娃鸟、羊角鸡、黄鹰等飞禽，以及珙桐、光叶珙桐、连香树、水青树、领春木、延龄草、千年银杏等珍稀植物。罕见的地质奇观，更为龙门山的一绝，故而素称“地质科学迷宫”。这里有著名的青藏冰盖冰川漂砾，它是20世纪末发现的世界罕见的地质遗迹奇观。贾正方非常自豪的是，这里还有靠他和村民们共同努力建起的我国最长的景区栈道——银苍峡栈道，它傍水依山，曲折蜿蜒，全长 8 公里，堪称我国风景名胜区栈道之最。

“观山水之景色，探山水之奥秘，悟山水之灵气，写山水之瑰丽，其乐陶陶，其趣无穷。仁者乐山，智者乐水，养生避暑到我宝山来！”贾正方非常喜欢一位游者如此赠语。

可现在，天堂变成了埋人的地狱。

龙门山啊龙门山，你这样做，算得了什么本事？贾正方用鼻孔蔑视地“哼”了一声，举起拐棍，对手下的人说：腾出所有空房，接待和安置好灾民与伤员，尤其是外地来这里的游客！

13 日一天，龙门山神像有意与贾正作对，竟然下了一天大雨。民兵们无法进山，只得等到天晴的 14 日。

这一天，贾卿在对汶川和茂县一带山岭十分熟悉的村民黄平宽向导下，带领 40 名搜救突击队员，分成四组，向山里挺进。这支农民自发组织的“敢死队”，没有任何救援工具，更没有一个人戴头盔，他们凭着手上仅有的几根木棍进了山。震后的回龙沟，余震不断，到处飞沙走石，到处是那吓人的“轰隆”和岩石崩塌后落至山底的惊天动地的回声……“当时的情景，像是进了阎王爷的地狱，太吓人！我们走过猴子活动区，在穿越大断崖时，贾卿突然听到头顶有响声，连忙大叫‘快跑’！可还是没能全部逃出险境，有两名救援队员被飞来的乱石砸倒了，受了重伤。”一位搜救队员告诉我。

搜救队没有退却，他们继续冒险向前，到龙门禅寺和半截河电站等地救出一批游客、村民和外单位的职工。其中在半截河电站上工作的 5 名职工并不是宝山村人，他们获救后，跪在地上直向搜救队磕头致谢。

这一天，贾卿和敢死队员们共救出 45 名幸存者。

15日、16日他们继续进山搜救。16日这一天，他们绕过座座垮塌的山崖和堰塞湖，历经11个小时的跋涉，最后来到海拔3500多米高的马鬃岭上，在那里救出了震前上山挖药的7男1女共8个山民。

正是在贾正方领导的宝山村党委的坚强、及时、有力的领导和组织下，在村主任贾卿和村民及民兵们的勇敢无畏的努力下，他们不仅保住了宝山村2000多名村民的自身安全，同时从回龙沟里抢救出了近百名幸存者。

在宝山村采访时，村民们一定要我写一写共产党员、桂花树电站站长干志军的事。没几分钟，一位壮实的汉子站在了我面前。“他就是干志军。”村民们向我介绍。

“没啥子说的，都是应该的。”干志军是个憨厚的庄稼人。但听他讲那天他带领电站的工作人员和两名游客用了17个小时走完平时只需10分钟的回村路程的经历，我心情久久不能平静，因为那是一段惊心动魄的生死之旅——

大震时，干志军正在电站值班，在地动山摇的飞沙走石把电站厂房砸成一片废墟的瞬间，他立即意识到天灾的可怕，于是大声向厂房和周围的山谷内高喊：“快出来，地震啦！”干志军分外着急的是，电站和景区内有许多村民和游客……

这时，41岁的女村民郝晓蓉满面灰尘地从电站厂房的楼道口最先探出脑袋，紧接着55岁的村民谢正清也从乱石堆里钻了出来。快，快到这儿来！干志军刚把两位幸免于难的村民拉到相对安全的自己身边，就听到一声“救命”的尖叫，于是他不顾一切朝乱石翻滚的前面走去。“人呢？在哪里？”大震初时，5米外看不清任何物体。干志军边走边喊，最终将腰部受伤的女村民徐明英抢救到安全地带……短时间内，干志军一连抢救出13名村民并让其聚集在一起。

就在他们准备突围时，有人隐约听到远处传来“救命”的呼叫。“可能是游客，快去救他们！”干志军二话没说，立即带着谢正清等男村民，冲向呼叫的地方。原来在一处山道上，一对年轻情侣中姑娘的腿被石头压住了，情况十分危急。“不要慌，把石头移开就行！”干志军迅速组织抢救，不停地来回从电站厂房的废墟里寻找绳索和木棍，在众人的奋力战斗下，受伤的姑娘得救了。

现在，围在干志军身边的是13位惊魂未定的村民和两位游客。他们有的在痛苦地呻吟，有的吓得直哭叫。怎么办？小电站就在山谷之间，不撤便意味着随时会被天崩地裂的余震卷入地狱……“大家不要慌，现在我们必须迅速离开这里！我是党员，你们都听我的，统一行动，我们才可能有生路！”干志军背起受伤的女游客，然后坚定地对大家说：“好，大家必须以最快的速度，一个跟着一个，沿公路突围！”说时迟，那时快，15名群众紧跟在干志军身后，一边避着满地滚动的山石，一边沿公路向村委会所在地奔逃！但他们马上发现：前面根本没有路！崩裂的山体早已将公路掩埋……而就在干志军他们往回看时，两山之间突然响起惊天巨雷，只见如海啸般的泥石流，伴着轰鸣声，奔涌直下，刚才还是安全地带的小电站，瞬间消失得无影无踪。

“怎么办呀？”死里逃生的几个女村民哭得直跺脚。

“大家别怕，有我在，就有生路！”干志军一边安慰大家，一边探寻新的逃生之路，因为他知道，处在山谷之间的他们，随时可能被崩裂的山体泥石流埋入地狱。“快离开这儿，我们上山！”干志军看到一处山岭尚保持完好，便立即带着大家往山上走……哪知大震似乎欲将他们置于必死之地——当他们爬到半山腰处，这一片的山体也发生了强大的塌坡。快躲起来——说时迟，那时快，干志军拼命地将15名群众营救到一处相对安全地带躲藏起来。

此时，四周已无逃路，到处都是滚石的轰鸣声。

天开始下雨，越下越大。天幕由灰蒙渐渐变成黑色……更恐怖的夜幕降临了。干志军他们都知道，此刻多留在山上一分钟，就等于离死神近了一程。但谁也无法改变天时与天气，夜幕伴着死神从心理上向大家袭来。天气也跟着冷起来。女的在低泣，男的也跟着低泣起来，甚至有人喊起“死了算了”的绝望之声。

大家现在最需要的是镇静！坚持就能有活路！干志军一个一个地安慰大家，并让大家聚到一起，相互取暖，他把身上的外衣轻轻地披在了那位受伤的女游客身上……

13日凌晨5时左右，天开始有了亮光。干志军立即指挥大家开始新的翻山越岭。原来熟悉的山道没了，以前可以随处穿行的山坡也完全变成了可怕的滚石乱飞的泥石流险境。大家不要掉队，我们必须尽快走出大山！干志军背着受伤的女游客，艰难地带领这支逃生的队伍，一步一步地攀越岩体，寻找出路……直至当日9时左右，他们才走出大山，回到村上。

叔叔，我们举行婚礼的时候，一定请你当我们的证婚人！那对遇险受伤的年轻情侣在死里逃生后，跪下向干志军致谢。

从小电站到村庄，平时只有10分钟的路途，干志军和15名大震中的逃生者却整整用了17个小时。事后，脱险的13名村民说：没有志军，我们这些人早已去见阎王了！而干志军在接受我采访时，还带着几分腼腆地说：我是党员嘛，这个时候就得发挥作用！

我是5月20日到的龙门山镇，当天采访了贾正方等人。

这时灾区的山里山外，仍处在按照中央“想尽一切办法先救人”的紧张时刻，然而英雄的宝山村人已经开始了自救之后的重建家园。与贾正方老人握手道别的时候，他对我说：大震时，有人跑来对我说：周围村镇的人，凡活着的都跑了，你老书记咋不跑？我告诉他们：这个时候跑也没有用，而且会给政府带来很大的负担。大灾国难时，我们每个党员、每个公民，都应当为国家想一想，能自救的就尽量自救。过去我们创造的“艰苦创业，同心奉献”的宝山精神，在大震时期和建设新家园中，我想还是用得上。所以我告诉村民们：大灾大难时，最重要的是不要慌，要相信党和政府，相信我们的国家有能力战胜一切困难。在这过程中，我们受灾的百姓起来自救和重建家园，也十分重要。有时自救比等着别人来救助更有意义，也更管用。另一方面我也告诉村民们：咱宝山村在党的改革开放政策鼓舞下，创造了很多财富，地震毁不掉我们所有的东西。只要我们人在，就可以重新建设美好家园。有人问我什么时候再把宝山建成灾前的样子，我告诉他们：给我 5 年时间，我一定要让宝山重现辉煌！社会主义新农村的宝山是倒不了的！

老人的话，令我眼眶一下热了起来。因为在我和他谈话的几十米外就是已经令人无法直视的废墟和死寂的山峦……而这里，双目失明的老共产党员如此坚定地看到了光明的未来。

这是 10 级地震也不能震倒的力量！

这是再妖魔作恶的龙门山所无法战胜的！

这就是我们的龙门山人！

龙门山之行，还有一个人是我不能忘记的，整个龙门山的父老乡亲们也是不会忘记他的。

他就是龙门山镇党委书记刘廷凯。

在我采访他之后的第三天，就从报端知道了因为地震毁坏的严重情况，上级已经决定将共和国行政编制上原有的龙门山镇取消，合并到小鱼洞镇。

这一决定，也许刘廷凯在接受采访时已经知道，或者还不知道，我没有来得及问他这个问题。我们见面是在彭州市的广场上，在那个充满了战时状态的广场上的夜幕下见的面……快到晚上10点，刘廷凯才出现在我的面前。大震以来的这位镇党委书记太忙了，十来天中，他只回过一次家，只睡过几个小时的觉。所以我们的见面一直约了四次才成功。在握手那一刻，我感觉对方有太多的疲倦、太多的悲痛，也有太多的事情正等着他去做……

一个被大震彻底毁灭了家园的镇党委书记，此刻需要想的和做的事，以及随时随地要面对的新情况，紧急而危险，不是用言语能表达得清的。

但我知道，眼前这位英俊的年轻书记，如今在百姓心目中，是真正的英雄，是真正的共产党人！12日在市里开会的他，遇大震后的第一个行动是立即返回生死难料的镇上。在那几十公里的山路上，他真正体会到了什么叫惊恐与悲惨——山石像决堤的洪水四处咆哮奔涌，眼睁睁地看着无数无助的人被吞没在泥石翻滚的洪流之中……硬汉子刘廷凯哭了，哭得死去活来，可谁也没有同情他。于是他擦着控制不住的眼泪，翻山越岭，回到了自己的岗位，在最惨烈和最悲情的废墟上，指挥了龙门山镇1700多名中小学师生及时安全地撤离了危险区，成为整个重灾区仅有的几个没有学生伤亡的乡镇，仅此一举，刘廷凯和他的党委一班人及公安派出所的共产党员们就配得上一尊丰碑。

九峰村是龙门山镇最偏远的村落，又地处大震最危险的银厂沟风景区内。镇党委在，就该让每一个村子、每一户活着的百姓同在！刘廷凯立即布置营救九峰村的方案，并在毫无外援的情况下，迅速及时地组织干部、公安干警向大山深处挺进。

从镇所在地到九峰村17公里，可大震后山路早已阻断。就是爬也要爬进去！刘廷凯咬着牙告诉自己，也告诉进山的党员同志。这时救援的解放军赶到了，刘廷凯他们与解放军会合在一起，组成了一支更强大的进山抢救队。

然而进山的路根本没有！让刘廷凯他们吃惊不已的是竟然会有两座过去相隔很远的山峰因大震山体移动而挤合在了一起……呜呼，没有比这更可怕的大震了！

“前面就是大龙潭，那里有八十多家农家乐，肯定有许多游客在里面。必须救他们出来！”刘廷凯脸色铁青道，随后第一个往前冲。

经过8个小时，克服数百次地动山摇的余震和难以想象的困难，刘廷凯他们挨家挨户、一个宾馆一个农家乐地搜索，14日这一天，他们从大龙潭村营救出了1000多名游客与村民，并让其安全转移。

15日，在刘廷凯带领下，抢救队继续向深山的小龙潭挺进。当日，又在这个村营救出1000多名游客与村民。

此时的龙门山，又一次次发生强烈余震。镇干部和解放军屡劝已经连抬腿都困难的刘廷凯后撤。但他右手一甩，抓起一根树干，站立起来，说：沿途26具同胞的遗体不掩埋好，我不撤！

16日这一天，刘廷凯和几位镇干部，将遇难的乡亲们一一埋葬，并都严格按防疫规范进行消毒处理。之后，他拾起木板，在一个个死者的坟前插上写着名字的简易墓碑。那一刻，刘廷凯再也忍不住号啕大哭起来，哭得山低头、地息声……

大震使刘廷凯洒满汗水的龙门山，没有留下一处完整的绿地好路。但他仍深情而又坚定地对我说：龙门山镇没了，美丽的风景区没了，过去让成都人十分喜欢的882家农家乐和数十家宾馆也没了，但这块土地和在这里活着的人还在，我们因此永远不放弃建设好家园的决心和力量。这个时候，我们共产党人负有特殊使命。我和我的同事们虽然为受难的百姓及这片毁坏的热土感到有些悲怆，但绝不悲哀，对未来我们仍然充满信心和希望！呵，原来刘廷凯已经知道了龙门山镇被撤的事了。

无须我多言。我们都是共产党员，只要活着，就有干不完的事，就有新的任务在等待着。而我们再三握手道别中没有说出口的一句话是：大震永远灭不掉龙门山，龙门山必定在人民手里重新绿起来、重新美起来！

离开龙门山镇那片令人窒息和沉默的废墟时，我请求司机师傅给我几分钟时间，允许我独自在没有人烟却到处飘散着尸体味和消毒药水味的街道上再走一遍……

雨，在轻轻下着，我所听到的似乎只有我自己的脚步声和心跳声。除此之外没有声音，因为这个曾经每天热闹非凡的小镇现在死掉了，活着的人基本走光了（除宝山村的村民），路边的一只死猫（估计原来是有主人的）也已腐烂……废墟里埋着的人不能与我说话，只有雨声伴着我的脚步发出一声呜咽……

我不期待什么，我只想看一看，看一看是否还有什么生命能够向我讲述龙门山曾经的美丽。然而没有谁来讲述——一切成为过去。

突然，我的耳边响起"哐！哐——"的声音。我回头看去，可什么也没有，既无人影，也无敲击声。这是怎么回事？明明是有人在敲击着什么嘛！

细细聆听，仍然没有人，没有声音。我奇怪地继续走路……可刚举步，耳边又有"哐！哐——"的敲击声，那声音脆而低，似乎还能传得很远很远。它不紧不慢地敲击着……

我再转过头，举目眺望四周和长长的成了废墟的街道……仍然没有见到什么。

怪了！我回到车上，忙问司机到底碰到了什么。司机师傅长叹一声后，缓缓地说：在灾区，他也遇见过这种敲击声，这是灾区很多地方的幸存者为了寻找在废墟下的亲人，不分日夜地或用木棍，或用金属器敲击着，目的是想让埋在废墟里的亲人听到后向他们呼救……

原来如此！

我不由得回过头，再向龙门山镇的那长长的废墟之街望去，我想再一次听听那敲击声，并希望它传到废墟之底，传到另一个世界，让那些可能还有生命的人喊出声来，或者让那些亡灵知道有亲人在人间呼唤着他们，想念着他们……

想到这里，我的眼里又溢满泪水。

第三章　红白镇上红白事

来到红白镇。

这个小镇的名字吸引了我。

在大震之前我从来没有听说过它。到达灾区采访时，我看到了重灾区之一什邡市的一份内部材料，说这里有几个学校和工矿企业同样遭受了毁灭性的损失，痛心之余，我想看看红白镇。

我心底有一份存念：中国人的习惯里，把喜事和丧事放在一起称为红白事。那么，这个红白镇的红白事是否也隐喻了什么？

我企图获得答案。

崇山峻岭深处的小镇之行，给了我巨大的震撼与悲伤。

从德阳到什邡，没用一个小时就到了。但从什邡再往里走，我的目光和脚步就变得特别的沉重与缓慢……

第一个看到的是洛水镇，这里有所小学，300多人，大震当天也遭灭顶之灾，300多个孩子只有少量活着和被救。

在我经过的时候，洛水镇已成“落泪镇”——百姓和镇干部不时地流着泪在清理学校和清理自己已成废墟的家园……

再往里走，是蓥华镇。

这里的惨状明显比洛水镇严重得多。沿公路可以看到的是一座据说是震前什邡最为骄傲的大型国有企业——蓥峰化工厂。这是个知名度极高的磷肥加工厂，中国的不少磷肥专家在这里生活和工作着。大震将一栋专家楼震塌后，当时里面埋了三名掌握我国磷肥生产核心技术的国宝级专家，引起中央高层的关注。国家救援队在第一时间以最快的速度抵达这里，想尽一切办法救出了这几名专家，这才似乎让人喘了一口气。蓥华镇虽小，但分量之重由此可见一斑。

我眼里的蓥峰化工厂完全是另一种面目——根本无法看的一堆废铜烂铁：高炉弯着腰倒在半空中，以往长城一般雄伟的各种管道组成的世界上最先进的磷肥加工车间，已被扭成几里长的钢铁麻花……路的另一边，是人民解放军某空降部队的官兵穿着雨衣，在铲填废墟与焚烧残渣及各种碎体——包括人与动物的碎体。

蓥华镇其实已成“落花镇”。

国家主席胡锦涛那天到这里，面对如此重要的国家级重要企业的惨重损失，眼里也噙着泪水。

蓥华镇变成“落花镇”，还有一个原因，这里的一座中学与都江堰的聚源中学等中小学一样，死的比活的要多得多。庆幸的是这里的一所668名师生的中心小学，竟无一人遇难，成为什邡山区唯一一所无伤亡的小学。

但蓥华镇的工矿企业和百姓的损失之惨重，足以让这个小镇四周的野山花倾洒泪雨。

在这个镇上，老乡们指着唯一的一栋依山而建、仍然屹立在那里的小楼房说，这栋房子的主人是本地有名的豆腐王，他做的豆腐卖到成都好多饭店和超市，发了大财。这栋楼是他赚了钱，回家盖的。盖房子时，他对建筑包工头说：你得把我的房子建得结结实实的，任何时候都塌不了。包工头笑着说：老子的技术保证没得问题，不过要是碰到地震，我可保不了你的房子不塌嘛！主人瞪起眼珠子对包工头说：老子就是要你盖栋地震都不怕的好房子嘛！后来这房子修得真是结实，用了近三年时间才盖好。这回大震，周围的所有房子都倒塌了，唯有这栋私人小楼毛发未损。

这算是蓥华镇上唯一一朵没有流泪的野山花了。

过蓥华镇后，再往山里走就非常难了。许多记者和志愿者都被挡在这里。进不进？同行的绵阳本地作家钟亚林问我，天下着雨，还是有很大危险的。

大震后你进过里面没有？我知道钟亚林的老家就在里面的深山里。他是村上唯一走出大山的有出息的年轻人，至今父母和两个弟弟都在山里生活。

已经进过几次了。钟亚林说。

既然你能进，我们为什么不能进？我说这话时，其实还是心有余悸：看看通往红白镇的山路，狭窄而陡险，每走一段，就遇见一处滑坡，地震时滚落的石头横七竖八地到处都是。你无法估计那些已经松动的山体什么时候再滚下巨石……显然走这条路十分危险。这并非勇敢不勇敢的事。

“我们是没有办法。自己的父母亲和弟弟都在里面，所以就得往里走，看看到底怎么样了！”钟亚林其实说的是对的。大震之后，许多地方的路早已断了，但山里山外的人仍然走来走去，他们是在寻找亲人。而对我们这些远方的来访者，冒这种险是否值得，当然另当别论。

掂量了一下，我还是决定往里走。因为我知道红白镇和这个地区的灾情其实一点不比映秀镇轻，其原因一是这里与汶川的映秀镇仅一山之隔，二是里面有我国著名的一个大磷矿——金河磷矿。

因为金河矿的存在，什邡也成了全四川省的县级单位中名列第二的财政富县，而金河矿总部所在地的红白镇，更是因矿而富的山区小镇，大震前一直是远近闻名的富镇。

然而，此次到了什邡后，就听人说金河磷矿在地震中所遭受的损失是毁灭性的，正在矿上工作的人没有出来几个。

“我的老家是红白镇的青牛沱村，就在磷矿上。方圆二十多公里，全是矿山。有一部分没有开发矿区，一个成都老板，蛮有钱，前几年在里面投资了好几个亿的钱，建了一个旅游景区，叫西部惊险欢乐谷。我们什邡政府也给予这个景区很大支持，修路建基础设施，至少也是几个亿。但现在欢乐谷彻底毁了，成了死亡谷……”钟亚林说到这儿，声音变得很低沉，除了欢乐谷，山里还有几百家农民自己办的农家乐也毁于一旦。乡亲们一直引以为豪的由国家投资几亿元建设的巴蜀电站、青牛沱电站等七个一二级电站，这次全被崩裂的山体掩埋进几十米深处，连一块水泥板的影子都见不着了。

大震的威力，令人胆战心惊。

我一时觉得乘坐在群山包围之中的车子，如一叶颠簸在海浪尖头的小舟，充满了险情。

天已经开始下雨，蜿蜒曲折的盘山路，被阴沉的迷雾笼罩着，顿生恐怖——山体滑坡随时可能发生！

要不要往回走？钟亚林在不断提醒我。

走走再说……我犹豫着，又不甘心。来一次太不容易，能够深入重灾区一线也是难得的机会。

车子继续在滚落的山石间穿行。

要不是地震，其实这里的百姓生活相当好。钟亚林谈起家乡以往的日子，内心充满了一种自豪感：“我家所在的青牛沱，就是他们要建欢乐谷的地方，过去风景很美，城里人特别喜欢来。成都的一些文化人每年都要我为他们联络到农家乐度假避暑。我老家的农民就做两件事：要不上矿里做工赚钱，要不自己开农家乐，做生意。两件事都能赚钱，所以很富的。我的二弟过去当生产队长，后来不干了，2000 年投资 900 多万元建了一座三星级宾馆，他的钱就是前些年搞农家乐积蓄出来的。可惜，这次地震他的宾馆全毁了……”

“人没出事？你家人都还好吗？”我问。

“人没事。二弟那天没砸着。我父母也没出事，但房子都倒了。

我们的青牛沱过去是一个大队，现在叫村。下面有八个小组，也就是以前的生产小队。我家和旁边的两个自然村死亡的人不多，但在磷矿上的几个自然村，基本上没跑出人来，全被埋到地下去了！”

“怎么会这么严重？”我感到不可思议。

“矿山塌了。地震来时，十几座大山全都坍塌下去了，其中有两座山峰现在拼成了一座峰……这中间是几个自然村的老百姓和两个电站，还有火车站、欢乐谷，全部埋在里面，谁还出得来？”

我再也不想问什么了。

红白镇、欢乐谷、金河矿……这些美丽的名字，因为一场地震，完全改变了它们以往所有的美好。

也就两分钟时间，几代金河人用了近50年的奋斗成果，现在什么都没有了……见到金河磷矿矿长陈城时，他说的话里字字带着血与泪。

我们的一个岳家山分矿，那里有矿井、办公区、宿舍区，还有化工厂、电力公司、机修厂、汽车运输公司、销售公司等一系列相关企业，还有一家医院、一家派出所，2585名在编职工和500余名外来工人。地震发生后，两山竟然并在了一起，100多米宽的水磨沟转眼竟然没了！当时在矿上71个人，其中包括44名职工、八名农民工、两名正在矿上检查易爆品的红白镇派出所民警和17名职工家属，除了40岁的销售科科长赵兵被强大的地震波从楼里甩到了树枝上幸存外，其余70人全部罹难……你说地震是啥力量？这哪是地震？是给我们矿办丧事嘛！

我们终于到达红白镇。钟亚林指着公路边的一片几百米的废墟，说这就是金河矿原来的总部机关，陈城矿长就在这里办公。

矿和办公楼都已没了，不知陈矿长以后怎么工作。

“唉，我还没有来得及想这些。”陈矿长长叹一声，指指峡谷间到处弥漫着消毒药水和尸体味的已经见不到一处完整房屋的小镇，说："这些天我们都在这里办丧事，啥都顾不上了。"

来到红白镇的第一印象，果真印证了我内心的那份隐约的猜测：大震后的红白镇，正处在悲切的丧事之中……

这是一个簇拥在群峰之间一块狭小地带的山区小镇，通向外面世界的只有一条贴在半山腰上的公路和一条矿山专用铁路线。我们去的那天，小雨蒙蒙，更使得小镇特别压抑，空气里弥漫的各种味道十分难闻，必须戴上口罩。于是白色成了这个小镇当时的一种特别的颜色——与这个刚毁灭的矿山小镇显得似乎特别贴切。

白色象征了一种悲情，是生者对死者的一种悼念与追思的色调。

我的心感到了阵阵的痛楚，这个曾经繁荣热闹的小镇，在我来的十天前就已经完全变了样——所有来去匆匆、忙忙碌碌的人，都在做一件事：为死去的家人和亲友及同事掩埋遗体举行简单的丧事，或者是预防消毒……

我有意在已经变成废墟的小镇街头走了几十米，但随后又折了回来——我感到有种恐惧，因为两边的废墟里没有一点儿声响，而我耳边又感觉有无数死去的鬼魂在痛苦地哭叫着，令人心悸，甚至害怕。

关于红白镇的真实含义，我后来从《什邡县志》上查到，说的是前清时此地有祭太阳的红墙庙宇和齐天宫的白墙庙宇，四周百姓常来此朝拜和贸易，所以习惯上称此地为红白二场。红白二场其实是分隔开的，中间有距离，但依庙宇而兴的场镇相距并不远，据当地人传说，赶罢红场赶白场，一般应赶两场，即赶了红场就得赶白场，或倒过来也行，但如只赶一场会认为不太吉利。

难道上苍就注定要红白镇经历红白两事不成？我心头在想。

红白镇曾经非常美丽，一位在这参加救援的空降兵战友搜索到的一篇游记这样描述道——

过红白镇宜早晚。清晨，燕子涉水穿行的时候，东边金家山的剪影被山后的晨光托起，宛如贴在东边的天空一般。黛色的剪影线条峻拔，刀削斧劈一般，严严地将整个镇挡在了它的阴影里。山梁之上，干干净净的白云飘上来，阳光水一样一点点漫过来，先是一点，后是一片，最后便仿佛听得轰一声响，整个红白镇都沐浴在阳光的雨中了。这时候，便有佛光寺、莲花寺、观音寺的晨钟和通溪河、石亭江的潺潺水声远远而来，市声渐起，红白镇算是从安宁的睡梦中醒了过来。傍晚时分，先是一阵一阵的云从四围山顶一声不响弥漫下来，淹没了峰顶，填满了山谷，山腰的松林渐渐隐去了踪迹，蜿蜒的公路不见了尽头，蓥华山、香炉山、八卦顶……仿佛都消失了一般。暮色四合，炊烟隐约，灯火如星，市声消失，小镇沉浸下来，托起一轮弯月穿云破雾而来。

真是够美！

这个差不多占了什邡市三分之一山区面积的大镇，共有332.93平方公里辖区，下辖6个自然村，38个村民小组，一个居委会，镇内旅游资源、矿产资源、水资源异常丰富。四周景点星罗棋布，最高海拔4984.1米，最低海拔800米，有蓥华山、八卦顶、青牛沱、黑龙池、南天门、太子城、佛光寺等风景名胜和前朝遗迹。红白镇不仅旅游业发达，还有16个开采型企业煤矿、7个磷矿、12个水电站。老百姓在这里安居乐业，总人口达3万余人。

红白镇是这一地区的经济文化和生活中心，全镇辖区内的一半人生活在这里，所以平时非常热闹，人称小成都。然而，震后的红白镇，我所看到的则尽是废墟，甚至连几间房子都难找到，尤其是小镇上的街景，根本见不着半点儿昔日的美意，唯有废墟与悲惨。

退出小镇的废墟，我便来到了红白镇中心学校。这是又一个在地震中惨遭毁灭性打击的学校。

在这里，我看到了一个熟悉的面孔：你是在电视里露过面的那位老师吗？

对，我叫周明……他的名字与我们文学界的知名人士周明一模一样。但红白镇的这个周明要年轻，看上去40多岁。他说他的妻子也是地震的遇难者，他是本地人，从地震那天开始，他一直在这所学校的废墟上。也不知他是来守护那些亡灵还是为了保护现场。

现场塌的也是一栋教学楼。与教学楼紧挨着的是一栋塌了半边的教师宿舍楼。听说该校孟校长的妻子和孙女也被埋在里面……

当时现场的情况到底是怎么回事？周明对我的提问似乎已经不愿再回答了，大概地震以来，问他最多的都是这样的同一个问题，他的眼神告诉我：他很反感这样的问题。

可这是我们这些远道而来的人第一想知道的事。后来我还是从采访空降兵部队的郭晓晔等几位部队作家那里知道了这栋塌残的学校宿舍楼里留下的一个传奇故事——

14日下午，千里奔赴红白镇的空降兵某团官兵们已经全部派出救灾，有老百姓跑到指挥所的帐篷报告，在倒塌的原钢钎厂废墟下有微弱的呻吟声传出，估计有幸存者埋在地下，急需救援。团政治处副主任殷防当机立断，带领留守的机关干部和战士共12人，迅速赶到现场。因为工具全部被执行任务的部队带走了，这12名官兵全靠双手挖掘石块，搬移废墟上沉重的断梁。一只手裸露出来了，轻轻挥动了一下。官兵们士气越发高涨，也越发小心地搬移石块，生怕发生塌方危及废墟下的伤员，最终将一名20岁左右、昏迷中一息尚存的男青年从废墟下营救出来。

当50岁的红白中学食堂职工李克成，于5月17日凌晨被黄继光团的官兵救出时，他在废墟下已被困了106个小时。对于这个靠喝自己尿液存活下来的人，空降兵官兵们将他救出与他自己在废墟里顽强自救的事迹成了红白镇上的一个完美传奇。

事情是这样的：16日晚11时50分，营救官兵完成红白中学教学楼的搜救，转向家属楼。因此前专业人员用生命探测仪没有发现生命信号，直接采用挖掘机推进。当巨大的铲车在高楼倾颓的断壁残垣中撕扯时，一个断水断食近5天、濒临死亡的男性的微弱呼喊竟然穿透了轰隆的马达声。

校长，快来救救我……废墟里，正在作业的挖掘机司机突然听到了喊声，立刻停止作业。再听，这次喊声更大。

下面还有人活着！在旁的司机和搜救的空降兵官兵们几乎同时喊了出来。

搜救现场的机炮连代理排长苏磊事后多次回忆起那个奇迹般的时刻——

16日晚，我们接到任务通知，戴防毒面具和橡胶手套，去红白中学搜救。因为是夜间作业，连长张陆波命令所有新兵留下，所有老兵和党员都上。我们和八连一起挖，八连先挖出了两具遗体，一个教师家属、一个幼儿，我们也挖出了一具，老百姓说是校长的爱人。后来我们挖到一块高墙下面的水泥板时，在水泥板的一个斜角空隙里，探照灯照出一只手挥动的阴影，我们都停住动作，废墟里传来微弱的呼喊声，水泥板上的人立即跳开，大家惊呼着还有活人。我赶忙拿了一瓶水递进去，那只手迅速接了进去。我们立即向上级报告，团长和营长马上一齐赶过来……

红白中学的家属楼原是五层楼，垮塌大半。团长文东确定埋人位置后，看到左侧是一堵裂口的残墙，正上方还悬挂着两根断梁。他命令其他人员全部退到外围，自己带着5名班长前往。在手电筒的照射下，看到在废墟里的一个缝隙间有人在动。

文团长反复查看，确定了5名战士各自的落脚点。为防止战士落脚的地方有瓷砖滑动引起震动，导致再次垮塌，他要求每名战士到踩点位置时，用布垫在脚下。随后，文团长带着战士们用手清理覆盖在压人水泥板上的浮土和废渣。至17日零点，一名男子露了出来，他被夹在一个30厘米宽的缝隙中。

快喊个懂方言的战士来，团长大喊。

正在营救现场的重庆万州籍战士，19岁的牟方富冲了过去：“我会四川方言。”

“老乡，不要慌，我们空降兵救你来了。外面有最好的医疗队，你放心，不要激动。”小牟用方言不停与男子交流，得知被困男子名叫李克成，是学校的厨师。随后，他用矿泉水将李克成嘴唇打湿后，李克成夺过矿泉水瓶一口气喝了一大半。

军医郗二平在一旁嘱咐，不能猛喝水，并让李克成闭眼。因为，李克成在黑暗中等待的时间太长，救援的强光灯可能会刺伤他的眼睛。

李克成的妻子也来到了现场，她已经准备好了替丈夫裹尸的白布，而李克成13岁的女儿却说她做梦梦见爸爸还活着。

文团长亲自指挥，让战士用一根粗圆木顶着水泥板，指挥机炮连和八连的骨干小组轮流下去挖。由于空间太小，不能使用工具，战士们就用双手刨，所有人的手套都磨烂了，手磨破了，但是救援不能停顿片刻。战士们搬开水泥板之后，露出一个挤压着李克成左腿的黄色的柜子，从外面只能看到李克成的右臂和双腿膝盖以下的部位，两只脚肿得粗大，估计是骨折了。文团长指挥战士用圆木把黄柜子顶得松开一点，一边传话让李克成在里面试着活动一下。

当时出现了两种救援方式，一种是从手的方向，有一个缝，必须非常仔细地把缝里的石头掏出来，防止灰尘下落伤害受困者；第二种方法是从脚的部位扩大那个洞口，可以把受困者平躺着托出来。文团长决定采取第二种方案，因为手部的缝隙太小。当时周围的声音很嘈杂，我们扩大洞口的时候，团长时不时敲我们的头盔，嘴里还不断吩咐我们，慢点，轻点……因为担心对幸存者造成再次伤害，废墟下的救援，真是难上加难，必须像外科手术一样小心翼翼，力求精准。

经过询问，李克成的头和上身都没有受伤，只是腿被擦伤。根据位置，只能从腿部往外拉。四名战士抬起水泥板，用木棒支撑住，扩大空隙。

李克成几乎是倒立着被埋进废墟的。17 日 0 点 50 分，在文东的指挥下，一名战士托着李克成的腿和臀部，我从水泥板一侧托住他的背部。战士谢志祥接着托住他光溜溜的腿，惊叫起来："报告团长，他下半身没穿裤子……"

文团长大手一挥："什么时候了，还管这个？"

李克成的妻子在一旁证实，她老公一直有裸睡的习惯。

"你忍住疼，我们把腿往外拉。"我对露出下半截身体的李克成说，但是很快又有了新的麻烦：李克成太胖，胳膊肘被卡住了。战士们让他放开手，把胳膊伸直，他却死死抓住不放，不知道是不是在废墟中憋屈得太久再也不愿意松开这个活命的机会了。

好说歹说，李克成最终还是顺从地配合了。17 日 1 点左右，李克成被战士们抬了出来。

李克成的妻子扔掉了准备好的白布，扑向担架。

"我得救了吗？是解放军救了我吗？"这是李克成在废墟中度过了 106 个小时、4 个昼夜后问的第一个问题。

郗二平立即上前给李克成进行了初步的身体检查，让他吃惊的是，虽然在废墟中度过了106个小时，李克成的身体状况非常好。他意识很清醒，呼吸道没有什么灰尘，只是腿上有一些擦伤，腹胀严重，身体僵硬冰冷。

做了简单的清理，吊上生理盐水和葡萄糖后，救护人员将李克成抬上了早就等在一边的救护车，郗二平随车护送去成都陆军总医院。随着注射液逐渐发挥作用，刚刚获救的李克成居然连续和郗二平聊了一个小时的天，讲述了自己四天四夜的逃生经过：

原来地震发生时，李克成在卧室睡觉，感觉到房子震起来，立刻爬起来向门口跑，门打不开，他又跑向窗户，这时，一个大梁倒下来，撑住了卧室的一面墙，李克成被挡在了大梁和墙面支起的空间里，从墙面的缝隙里，可以看到外面的亮光。李克成开始在身边摸索，他摸到了一个空的矿泉水瓶子，正是这个瓶子，救了他的命。

“我当时就觉得，有救了。”李克成对郗二平说。他想到的办法，是用自己的尿救自己的命，“只要有尿，我就接起来，渴了就喝。”

除了靠喝尿维持必要的水分之外，李克成还非常注意保存自己的体力，他并没有采取不停呼叫的办法求救，而是敲打墙面。“我不能太用力喊，否则会浪费体力，上面的人也不一定听得见。”

对被掩埋在废墟中的人而言，除了缺水和食物以外，恐惧感往往是造成人死亡的更重要原因。

“我坚信我一定能被救出去，我就知道解放军一定会来救我。”李克成对郗二平说，音调越来越高。废墟下面，李克成把自己的精力，放在倾听外面的声音上。

“我能听到我们校长钟思平在外面说话，你们部队来的那天，我也知道，当时我就觉得自己肯定能被救出来。刚才救我时指挥的那个长官，我也认得他的声音，他说话最多，老在这里指挥战士救援。”李克成说。

16 日晚上，他开始觉得担心，因为一辆铲车，碰到了他的脚。由于断路，挖掘机在 15 日晚上 10 点半才进入红白镇，李克成听到了外面轰隆隆的机器声，他在心里默默地骂了一句：“钟思平这个龟孙子，居然要把我给活埋了！”他开始改变策略，朝着外面大喊，“钟思平，救救我！”

就是这一声喊，李克成终于得救了。

你知道自己被埋了多少天么？郗二平问。

李克成想了想：“四天四夜。”

你怎么知道？！

“我能通过缝隙看到外面的亮光，有亮光就是白天，没有亮光了，就是晚上到了，我天天在数。白天我就听外面的声音，有声音过来，我就敲墙，没反应，我就继续等，晚上也睡得很少，基本 20 分钟就会醒一次，但我相信，自己一定会被救出来。”

李克成能坚持一百多个小时活下来，在红白镇会成为一个永久的传说。而我想知道这里发生的更多情况，原因是红白镇死去的 1000 多人没有一个像李克成那么幸运。

这个镇的生命之痛一点也不比映秀镇轻，因此值得记载下来——这是我的愿望。

在一顶帐篷里，钟亚林找来了一位戴着“共产党员服务队”红袖章的中年人。“他是中心学校的副校长，分管初中部，请他跟你说说。”

太好了。

副校长叫程世林，与钟亚林是同乡熟人。他回忆了悲惨的那一幕：

“当天下午，我们学校每周一有个行政会，就在学生公寓的底楼一间小房子里开的会。”程世林指指我身后的那栋没有多少损坏的楼房，说："地震第一次摇晃，我们都没有动。因为过去小地震经常发生。第二次震就不对头了，整个地下都在动，所以我们开会的人赶紧往外冲，正在办公室的教师也都跑到了操场——办公室离操场最近。当时我跑得慢一点，刚出公寓楼，走到那个小台阶时，就觉得地动山摇了，赶紧一边喊着让教师和逃出来的学生卧倒，随即自己也滑倒在台阶上，那时根本站不住。就在这个时候，我看到十几米外的L形教学楼和实验楼，左右摇晃了一下，朝西倾倒了……"程世林老师说到这儿，没有了话。

我看到他眼里噙满泪水——这样的情景，在灾区太多、太多。

太惨了！那真的是惨不忍睹……当时除了一楼有几个孩子逃出来外，其余几百个学生和教师全都被压在里面。有的孩子半个身子埋在水泥板里，半个身子露在外面，看见我后拼命喊："程老师救我！救我！"我和孟校长等冲过去想拉他们出来，可不是那么容易。只好让一部分活着的教师和学生用手刨、用断木棍撬。我就带着几个男教师从倒塌的教学楼后面绕过去，因为地震时，同学和教师在奔逃的时候大多到了走廊里和楼道上，房子一塌，前面根本一点空隙都找不到。我们当时认为后面埋的人会更多，但后面的残墙也横挡着，无奈之下，我们只能采取笨办法，能扒就扒，能刨就刨。过了十几分钟，看到镇上的人也都赶来帮我们了，估计不少是学生的家长，所以当时校园内一片哭喊声。我们活着的教师就负责扛楼板，活着的男同学则负责把楼板下的同学背出来，后来有的女同学也过来扛救出来的同学。还有镇上的干部和群众，一起抢救到晚上六七点钟，这个时间又来了一次大的余震，我们就停了一会，但多数孩子还在废墟里，也不知谁从哪儿弄来一辆汽车，车灯一开，我们就又投入了抢救。一直拼命地抢救，挖出来了二十几个，当时大多数还活着，可由于医生少，治疗不及时，受伤的学生只能靠学生和家长的帮助，做些最简单的擦血和包扎。到半夜，我们发现不少救出来的同学还是死了……有个女孩子叫郑小蕾，初三的，学习成绩在女生中第一名。她腹部受了内伤，救出来后躺在操场上一直在跟老师说话，可到半夜后，她的肚子慢慢地大起来，大得吓人，没办法，最后拉着老师的手，一直不放，孩子太可怜了，是痛死的……一个男生叫汪东，是我把他背出来的，抢救出来时他全身都是血，医生给看了一下，但又被小学部那边叫走了——我们是中心学校，这边是中学部，小学部倒塌的情况比这边还要严重，当时镇医院也塌了，死了几个医生。我们学校出事后，他们多数赶到了我们这里，但由于中学部和小学部都塌了，所以只能兵分两路抢救。第一时间救出来的孩子，一小半最后还是死了。可惜！

大约夜里十一二点钟的时候，有一支部队赶来了，他们是成都军区驻我们这里不远处的一个分队，约一百多人，但他们没有工具，是徒步过来的。他们又帮我们一起救出了一批学生。

老天不作美，当晚就下起了雨，而且越下越大。那个夜晚实在让人感到悲惨：一边是废墟里还有那么多人埋在里头，一边是操场上一个又一个救出来的伤员眼睁睁地在我们面前痛苦地死去……13 号深夜一两点钟的时候，武装部的姚政委又带了一批人来支援，这个时候我们才开始用门板等把重伤员往山外面抬。但一是伤员太多，二是通往什邡的几十里路基本上被滚石堵死了，解放军和民兵只能穿梭石头中间，把伤员艰难地往外抬，非常不容易。

可是第二天，解放军说不能往外面送伤员了，因为蓥华镇那儿的氨气泄漏。直到下午才开始运送，一直到 4 点左右才把伤员全部运走。这个时候部队的救援工作仍在紧张地进行，但埋在楼里的活人不多了，听不到他们的声音。有一个叫方婷的女同学，她14号下午仍在呼叫，被人听到了，教师和家长就拼命清理埋在她身上的废墟，将一块块砖敲掉，打了一个洞，想慢慢把她扯出来。可很不容易，因为她的手被水泥板压住，不好往外扯。我们在汽车灯光的照射下继续抢救方婷，这个时候余震还很厉害。方婷的家长着急了，忙说要不把她的手锯了，医生不同意，说锯了流血太多，还是要死的。家长就哭得不行。有人就说能不能找个千斤顶来，不知是谁，一会儿真的把千斤顶找来了，是汽车上换轮胎用的那种。于是我们慢慢地把压在方婷身上的楼板顶起来，直到把她救出来。这是我们自救出来的最后一个学生……

程世林老师告诉我，他们孟校长的爱人和孙女也在教师宿舍里遇难。副校长钟思平的爱人和岳母也在家里遇难。学校有6名教师遇难，其中有个叫张辉兵的教师，兼教体育课，很壮。地震来后，他自救肯定没问题，因为他班上有4个学生逃了出来。可张老师没有跑出来，他让学生先跑，自己站在教室的门口组织学生赶快从楼梯往下跑。我们挖出他的遗体时，他的手还指着楼梯口的方向。张老师的身上全是血，是被楼板砸的，可他真的如一尊塑像，永远屹立在我们心中……

让我们记住张辉兵的名字吧。

“我们的教师在地震中表现得相当勇敢和无私无畏。我再给你讲讲李德明老师。”程世林老师似乎有些刹不住话了。他说，他的儿子也是这个学校的学生，当时在三楼上课。因为前几天腿受了伤，地震时只能慢慢往下撤。“他们班的任课教师李德明，带着我儿子和其他十几名学生撤到楼梯的柱子下，楼房就开始倒塌，李老师拉住十几个孩子，让他们死死抱住一根柱子，结果这些孩子都幸存了下来。当时我以为自己的儿子肯定也活不成了，看到他在李老师的带领下，踩着废墟走出来的那一刻，我们父子俩抱在一起，直哭……”

谁都能想象那一刻的悲欢情景。

红白镇中心学校初中部遇难的学生数目一直是个谜，镇政府、学校及家长们说的都不太一样。连校长都说有些说不清，因为当时被救的孩子有些被家长领了回去，到我采访的时候还不知这些孩子是死是活。

小学部还要惨！我们在帐篷里又遇见了另外两位小学部的教师，一位叫方全军，一位叫张文。张文是小学部的行政负责人，那天他在中学部这边参加校长召开的行政会，他和程世林副校长等几位领导都在第一时间逃了出来，也目睹了中学部教学楼和实验楼倒塌的那一瞬。“我是小学部的负责人，大震后赶紧往自己的学校那边跑，到那边一看，了不得，房子全塌了！300多个孩子全被压在里面，我的脑袋一下空白……孩子们死得太惨！都才几岁的娃儿嘛！”张文29岁，他用嘴努了一下，告诉我：“方全军老师的儿子也是小学部的……”

“我儿子到六月初八就5周岁了……”坐在一旁的方全军老师木呆呆地诉说着他的那份痛楚，“我儿子很聪明，叫方鸿洋。我们这里都是山，离大海很远，所以我给儿子起了个鸿洋的名字，希望他长大后走出大山，到大洋彼岸去留学，回来为国家做更大的事业。哪知他小小年纪就走了……”方全军擦着泪水告诉我，他带的那个班，33个孩子中，死了13个，是小学部死得比较少的一个班。“五(2)班和三(3)班，估计一个都没能跑出来。”方全军悄声说道。

“我们有位女教师在空降兵挖出她的遗体时，发现她弓着腰，张开双臂，像母鸡护住小鸡那样，怀里拥着三个学生。其中一个死了，两个被空降兵救出。这主要是这位女教师用生命护着的结果。她叫汤鸿，是我的同事，小学部二(2)班的班主任。才26岁，她自己的孩子才七个多月大……”方全军的声音越说越低。

从另外一些教师和老乡那里我知道，从大震发生的那天到我去之前的这些日子里，红白镇上的人做得最多的一件事，是为那几百个遇难的孩子寻找家长和帮助家长辨认他们的骨肉，以及协助他们安葬孩子。

“这是件非常悲痛的事，我们红白镇有史以来没有出现过这种情况——每天都要为那些遇难的孩子出殡送葬……”一位镇干部指了指距离学校废墟不远的一处山坡，说：“相当一部分遇难的孩子和教师埋在那块山坡上。还有一些孩子的遗体则被家长背回了家。有一个学生家在山里头很远的地方，他父亲背着儿子的遗体整整走了两天才回到家。这个孩子家里的房子也被地震震塌了，当时孩子的母亲被压在墙头底下，孩子父亲费了很大的劲也没能一下挖出来，但埋在里面的妻子对丈夫说，你赶快先到学校看看孩子怎么样了，我这边你先不要管，孩子要紧！丈夫就含着泪水放下抢救妻子的铁铲，飞奔下山。他翻山越岭，用了一天一夜时间赶到了学校，可等待他的是躺在操场上的一具已经没有了体温的儿子遗体。父亲二话没说，背起儿子就往家赶，16 日回到家时，他的妻子已经被乡亲们挖了出来，但早没了气息……”面对两具亲人的遗体，这位山里的男人哭得山都在摇晃，那滚滚而下的万千飞石，化作了倾盆泪雨，将整个山村淹没在悲痛之中。

我相信这不是一种传说。我相信老天也在反省自己过分的行为。

当我离开红白镇中心学校的那块曾经放满遇难者遗体的操场，转身向云雾中的那片山坡望去时，我看到那里飘着几缕青烟，于是我朝那边走去……

我去了。

在绿草丛生的山坡上，我看到了无数坟墓——它们各色各样，有的是用石头垒起的，有的是用泥土筑的，也有的是用水泥铸的，但它们一致地都掩着新土，点着依然冒着青烟的香火……

任茂芝、乔雪梅、陈小林、郑海鹰、刘从珠、钟贤琼、宋兴凤……我读着他们一个个的名字，仿佛听到他们稚嫩的琅琅读书声。这让我更感到无比的心痛。

墓地上还有许多没有名字的坟堆。新墓地上还有没有安放逝者的空穴……

没写名的都是些看不清面目的学生。他们在埋葬前，政府专门派人给照了相，留了遗体特征和遗物，等通过技术手段鉴定后，再确认。有的是他们至今还没有亲人来认领，所以……在这块墓地，我意外地发现有两位20来岁的战士在站岗和守护着。

他们如此年轻，却成了这些遇难孩子和遇难老乡的守墓人，让我内心感到一阵敬佩和触动。

“你们在这儿多少天了？”我问。

“从14号开始就在这里。”一位说起话就脸红的小战士回答道。

“天天在这儿？晚上呢？”

“天天在。晚上也在。不过我们一个班的战士轮换着值班。”

“你不怕？”

“没什么怕的。他们比我们还小，大多是我们的小弟弟小妹妹。”

守墓战士告诉我，他们是黄继光生前所在的英雄团的。而德阳就是黄继光的家乡，现在他们到这里执行抗震救灾任务，也算是报答英雄家乡的一个机会。“首长说了，让我们必须完成好任务。”战士坚定地回答道。

也是从小战士的口中，我知道了灾区第一阶段在处理遇难者遗体问题上的一些做法。到15日开始，遇难者的遗体多数已经出现腐烂，这是最容易引起瘟疫和传染病的大问题。抗震救灾总指挥部马上做出决定，对遗体要迅速处理。按国际惯例，一般对遗体有三种处理方法：一为火化，二为土葬，三为焚烧。从防疫角度，火化和焚烧是最好的。但由于离红白镇最近的火葬场在广元境内，路途遥远，而且当时通往那里的山道被堵，而焚烧当地百姓又是难以接受的，所以只能土葬。土葬也带来一个问题：按防疫要求，必须埋在2.5米以下。可尽是山地的红白镇竟然找不出一块可以挖到两米深的泥土地。最后选来选去，就选择了离镇中学不远处的梨岭半山腰的坡地上。其实从公路到墓地没有多少距离，如果是本地人，站在公路上稍稍往后退几步，就可以望见那片墓地。

战士们告诉我，那些用石头叠的，基本上是老百姓自己筑的坟，比较早，大约在十四五号就有人自己动手埋掉了遇难亲人。而比较多的是用水泥筑垒的统一样式的墓。战士告诉我们，遇难者遗体一般先经亲属辨认后，再装进黄色的尸袋，然后挖一个1.5米左右的坑穴，里面先喷洒药水，遇难者遗体放入后再在上面喷洒药水，然后再填土。将地面夯实，最后用水泥浇盖。有名有姓的就在墓前竖块木板做的牌子，上面写上死者的名字。有些遇难者遗体还没有亲人认定，只能先埋，再由遇难者家属通过查看政府给留下的照片和遗物及对DNA标本进行检测的结果，最后确定身份。

“碰到的难题是，我们在掩埋时少了两具遇难者遗体，这让我们部队上下紧张了好一阵子。”小战士说。

“遇难者遗体也会少啊？”我感到惊诧。

“对。因为当时红白镇的山区乡村道路还没有打通，直到20号后我们还不断派突击队进山。听说有个村我们的空降兵战友用了四天三夜才到达目的地。但老乡的孩子在镇上上学，地震后，有的老乡下山比较早，而地震后的前三天抢救现场比较乱。遇难者的遗体放在操场上，有的老乡下山后得知自己的孩子死了，很悲痛。政府这边觉得遇难者遗体已经有人认领了，便忙其他事去了。可回头再进行遇难者遗体处理时，发现少了，其实是被老乡自己领走了。再有的是不少无名遇难者遗体放在那儿，结果老乡从山上跑下来后，自己找，他们认出自己孩子的特征，就擅自把孩子背走了。这就造成遇难者遗体少了。可防疫部门后来在处理遇难者遗体时发现少了就不干了，因为一个遇难者遗体处理不当，有可能造成瘟疫一类的严重问题，于是就派人到处找。可又一时不好找，便派我们部队出面，像大震初期到处抢救遇难者一样搜寻。可费大力了！听说为了找回一具遇难者遗体，我们和地方一共派了上百人次，动用了十几个部门的专门人员进行搜寻，终于在一个山上的老乡家找到了。偏偏这个老乡非要按照他祖上的传统，说要在家放七天，这样遇难者遗体腐烂就很严重了。我们部队和防疫部门做了很多工作才算说通老乡，最后答应我们把遇难者遗体拉回来统一处理。可费劲呢！”战士说。

“是不是处理这类事特别难？”

“当然。”小战士一脸严肃，显得很成熟似的，说，“首长和专家说了，一个遇难者遗体就是一个瘟疫的爆发源，处理不好，比倒塌一栋楼还严重得多。要求我们日夜守护在墓地，就是这个道理。”

原来如此！

看着年轻战士忠于职守，看着四周郁郁葱葱的群山，我放心了不少——我想这些孩子的灵魂会在这里得到安息，尽管他们过早地离开了我们，但等下一个春天来临时，阳光下满山的花儿将盛开放艳，这可能就是他们的灵魂重新与我们见面的时候，而这种见面的形式会每年都一样，并且永久地在红白镇上出现……

离开墓地时，我深深地向埋在这里的孩子们鞠了三躬，也向守墓的战士敬了一个老兵的军礼。

红白镇上红白事并没有完。当我再从山坡往下走的那一刻，我放眼向地处山窝之中的小镇看去，眼前竟然尽是一片片红色的流动着的涌潮——呵，这么多救援队伍和救援军队啊！

看，他们中有穿橘红色服装的消防队员，有战旗猎猎的解放军官兵和各路医疗队……整个红白镇，完全被这些涌动的红色所布满，如一片片不熄的生命之火。

在那片红色涌潮中，我听到了许多关于生命的故事——

红白镇的司法所所长方国华，大震后第一时间就出现在灾情最严重的现场，是第一个在衣袖上佩起“共产党员服务队”红色标志的本地抢险干部。

地震发生时，方国华正在司法所楼下，突然感到地动山摇，瞬间天旋地转，地面上腾起大片灰尘，只见街面上的房屋在不停地摇晃，他马上意识到发生了地震。随之，只见街道四处的房屋开始垮塌，司法所办公楼在眨眼间也轰然倒塌，化为一片废墟，从地层深处还传出了尖厉的怪声，令人毛骨悚然，倒塌房屋的尘埃铺天盖地，四处都是人们的哭喊声、尖叫声、呼救声。一闪念间，方国华首先想到了学校：那里的孩子这个时间正在上课，他们怎么样了？

灾情就是命令！没有任何人的安排，方国华毫不犹豫地拔腿向红白镇中心学校狂奔过去。一路上，他看到逃生出来的群众被地震造成的破坏惊呆了，站在街中发愣……“快到学校救人！”方国华猛喊了几声，随即有群众跟着往学校跑去。

他们来得及时。此刻的红白镇中心学校，放眼望去，教学楼已被夷为平地，楼房垮塌腾起的尘烟弥漫，伴随着呼救声、叫喊声，场面十分惨烈，令人心碎和震撼。篮球场坐着部分脱身的学生、教师，他们一个个浑身在发抖。方国华上前向在场的教师大声说道：“赶快组织人员进行抢救！”然后又迅速跑到教学楼、教师宿舍楼废墟中寻找被埋师生。

一个女学生右手和两脚被压住，只露出头部和左手，满脸鲜血，看到方国华后，摇着露在外面的一只手，对他凄厉地呼喊着：“叔叔救我，叔叔救我！”当时还伴随着较强的余震，方国华全然不顾自身安危，上前用双手迅速掀开压在女学生身上的砖块和预制板，清理掉碎渣，将这位女学生抱到球场。方国华又转身跑回废墟，救起一名男学生。

“赶快！快！快！”方国华像头发了疯的雄狮，一头扎在废墟里拼命用双手刨啊刨……当其他的群众和干部赶来一起抢救时，方国华已经独自救出7名女生和6名男生，另背出两名遇难学生的遗体。

5月13日，伤员需要往外运送，方国华立即向镇领导请战，要求带领部分机关干部抬送重伤员出山。而当时通往什邡的山路已被泥石流阻断，必须从绵竹县的金花镇绕行，但谁也不知这条道路能否通行。“只要能让伤员及时运送出去，就是搭上我这条命也值！”方国华坚定地向领导保证道。

经过四个多小时的翻山越岭，方国华终于打通了红白镇通往山外的通道。一时间与世隔绝的红白镇开始有了生命通道。

兰伟是德阳市的公务员。12日晚7时许，他接到了市委、市政府援助红白镇的命令，连与家人打个招呼都没顾上，就肩负机关干部组组长的重任，带领救援的同志们火速赶赴灾区。深夜11点左右，他们乘坐的车被阻挡在烂柴湾。此时，天开始下起大雨，山坡上不时滚下石块，伴着雨水流淌下的泥浆越积越多，去红白镇的道路完全被阻断。黑沉沉的山坳伸手不见五指，大家面对困难陷入了进退两难的境地。此时，兰伟站了出来，大胆提议绕道而行。“群众需要我们，老百姓等着我们。”兰伟同志的提议得到了全体救援同志的赞同，于是他们弃车而行，穿过泥泞的路面和随时从山上滚下的飞石，于次日4点抵达红白镇。

到达红白镇后，兰伟被分配到红白中学抢救学生。由于受伤人员伤情严重，加之缺少必要的医疗救助设备，给抢救工作增加了很大的困难。兰伟主动提出负责外送伤员的任务。而当时的抢救现场，什么都没有。既无医疗人员，更无担架一类的运送工具，只有人的两条腿。兰伟与运送的干部、民兵把最艰巨的任务揽了下来。

没有担架就用门板，没有止血带撕下身上的衣服做绑带，抢救工作如此紧张而有序地全面铺开了……从红白镇到山外的烂柴湾有 6 公里路，运送伤员必须通过多处塌方和泥石流的路段。

乡亲们都在为兰伟他们担忧。

“怕也没用！伤员的伤势不能等了，必须闯过去！”兰伟带着运送队伍，摸黑向山外挺进。“那一路太险了，简直跟死神碰鼻子！”事后救援队员们说。

途中有处铁路桥桥墩已错位，运送伤员的队伍都不敢冒险前行。兰伟不顾生命危险，主动上前探路，第一个摇摇晃晃地通过了铁路桥，并引领救援组和来往的救援部队通过此桥。

13 日早晨 7 点，红白镇的第一批十多名危重伤员被送到了医院，他们的生命获救了。而运送队伍的同志突然惊诧地冲兰伟说：“你身上、手上和脚上全是血呀！”

可不都是血嘛！兰伟笑笑：“没事，是树杈和石头刮破的。”

他擦擦汗，喝了一口矿泉水，又飞步奔向红白镇……

兰伟也是“共产党员服务队”队员，他袖子上的红袖章在风中随着他忙碌的身影在红白镇的山谷中飘舞着，如一团不灭的火焰，给那些刚刚经历了痛苦的灾民以一份安全与希望……

在我的眼里，红白镇的山谷中闪动着的最鲜艳的颜色要数全国各地前来救援的解放军官兵和那些身着橘红色服装的专业救援队，再有就是身着白色的医务工作者了。

那一刻，我惊奇地发现：这两种色彩与红白镇镇名另一种来历的传说竟如此对应！

听当地老乡说，红白镇之所以有这个名字，是当年有位财主进山发现这里物产丰富，尤其是大量矿藏很容易让人发财，但要在这山高路险的大山深处弄到那些可以换成白银黄金的矿藏非常不易。那个财主进山的第一年就弄到了很多值钱的矿藏，可就在他摆宴待客的那一天，他宅后的大山突然松动，几块大石头砸在他的宅基上，结果这财主的老婆和儿子当场被砸死，而这一天也就成了那财主喜事、丧事一起办的日子。红白镇因此就有了这个名字。”

红白镇啊红白镇，它的名字自古以来饱含了多少幸福与辛酸……我听了这个传说，再看看大灾劫难后的小镇，心头涌起无限感慨。

在飘扬的解放军战旗之中，我看到了一面训练团的旗帜。这是震后第一时间到达红白镇的英勇队伍，他们是成都军区驻扎在紧邻红白镇的九里埂训练团的官兵。他们在当晚接到军区的抢救战斗命令后，立即组织援助红白镇的队伍。红白镇的乡亲们后来才知道，当时官兵们所在的九里埂军营也遭受地震重创。可是训练团当时接到上面的命令是：哪怕只剩一兵一卒也要冲向红白镇！

于是，5 月 12 日深夜，处在绝境中的红白镇乡亲们看到了他们的亲人解放军。训练团的 100 多名官兵为遇难的红白镇学校师生和乡亲争取了最宝贵的第一时间。

5 月 14 日，身着橘红色救援服的浙江省宁波市消防支队 127 名官兵又赶到了什邡，并接受命令向红白镇挺进。由于通往红白镇的道路已经中断，带队的支队长刘维劲决定组成 22 人的突击队，背负 700 多公斤的救援装备，翻山越岭，同时取捷径沿着铁道线徒步前进。然而，在临近红白镇时，长长的一段铁轨下，路基垮塌，从而形成了一个深深的河谷。突击队员们只能在悬空的铁轨上匍匐通过。3 小时后，红白镇内一位自发带领群众在废墟上抢救伤员的退伍老兵看到了身着橘红色救援服的突击队员们时，竟号啕大哭着说：“你们再不来，我们就支撑不下去了……”这是进入红白镇的第一支专业救援队。一时间，突击队员被红白镇的群众簇拥起来，大家奔走相告：“救星来了！”

徒步行进30多个小时没有片刻休息的突击队，立刻分为营救组和搜救组。根据群众反映，金河磷矿职工宿舍6号楼已经倾斜，四楼垮塌后压住了三楼的一位老太太，她的儿子和当地群众多次施救均未成功。特勤大队队长邵雪峰拟订了救援方案，令有着丰富救援经验的消防战士钟长峰、刘向明沿着承重墙向三楼爬去。到了被困老人家门口时，他们用链锯在门框上方锯开一个三角形大洞，然后钻进去察看情况。在角落里终于发现了已经昏迷的老太太。他们随即又在门框下方锯开了一个四方形。两位战士把老太太放到担架上，迅速抬了出来，整个救援过程只用了20多分钟。

5月16日上午，虽然已经过了72小时黄金救援期，但消防官兵没有放弃搜寻幸存者的努力。依山而建的金河磷矿新宿舍区，中间一幢已经完全倒塌，下面掩埋了很多人，虽经生命探测仪反复测试，依然没有发现生命迹象，但突击队员们还是希望出现生命奇迹。救援工作进行到中午时分，地面和残垣断壁突然晃动起来，可是没有一个战士退却。傍晚时分，他们从废墟中挖出了九名遇难者的遗体。凄惨的景象，使这些身着橘红色服装的消防官兵流下了痛苦的眼泪，也使他们更意识到了肩负的责任……

与此同时，另一支同样的救援队伍——河南省消防总队副总队长陈新江率领的郑州、新乡和焦作三市组成的百余名官兵也来到红白镇。他们把救援的重点放在了镇初中和镇中心小学的遇难现场。

16日之后的红白镇中心小学教学楼坍塌的现场，仍有众多小学生被埋在废墟中。官兵们头顶炎炎烈日，脚踩腐臭味扑鼻而来的废墟，没有退却一步，他们启动生命探测仪，打开剪切装备，细心而谨慎地进行着搜救……突然，生命的迹象出现了！官兵们立即从三楼向地板下打出能容纳一人进出的洞口，然后从洞口爬进去，随即官兵们将一个又一个仍然活着的孩子救出——“五个！六个！七个！…八个！…九个！…十个！…十一个……”

那段时间里，连续多日沉浸在巨大悲痛中的红白镇，如重新泛起了生命的希望。尤其是家长和教师们，个个热泪盈眶地高呼起：“解放军万岁！”“共产党万岁！”

红色是生命的象征，白色同样并不一定都代表悲伤与不幸。白色在灾区、在红白镇，我看到它成了另一种生命的象征——代表救死扶伤的崇高天职！

红白镇卫生院院长陈健便是高高擎起这面救死扶伤崇高天职旗帜的旗手之一。

5月12日那一天，陈健正在县城什邡参加庆祝“5·12护士节”活动。地震发生后，他几乎是跑回红白镇的。走到镇卫生院一看，几栋小楼房竟成了一片废墟，再看看镇上，到处被恐怖、绝望、哭嚎和痛苦所笼罩着……从友谊桥至镇信用社不足百米，摆满了伤员和遇难者。

“太痛苦！看到这种场面，我只能强忍悲痛。因为我知道自己是医务工作者，最大的痛苦和悲伤只能先忍着，抢救伤员是第一任务。”陈健说。

令他有一丝欣慰的是，当时卫生院除了两名医生罹难外，全院18名受伤和未受伤的医护人员已经自觉投入了力所能及的抢救伤员的战斗中，他们的白色身影，多少给了那些正在死亡线上挣扎的伤员和群众一份安全感。

然而由于伤员太多，民兵们从倒塌的卫生院库房中刨出的药品很快用尽了，而伤员仍在源源不断地涌来。陈健马上意识到问题的严重性，他决定亲自上什邡一趟，请求抗震救灾指挥部和市卫生局的支援。

“你一个人去？太危险了！”同事们坚决不同意院长的决定。

“不要多说了！现在药品是伤员的生命，你们在现场继续抢救，我速去速回！”陈健说，“你们千万不要把我的行动告诉任何人！”说着，他踏上了仍下着雨的黑色夜幕下的危险之路……

这一路有多少艰难与险境，陈健自己都记不清了。他只记得自己在途中曾有几次是爬着越过石头缝隙与泥石流地段的。当晚10时许，当陈健背着一大包救治伤员的药品回到镇上时，镇领导大感不解地问：“你这是从哪儿弄来的救命药呀？”

“这药是院长用自己的命从城里背回来的！”陈健的同事这才公开了他为什么神秘消失。

几位学生家长一听，激动得跪倒在这位救命恩人面前。

在血洗小镇的灾难时刻，白衣天使让多少父老乡亲感动。

女医生叫陈传英，大震那一刻，她在离卫生院不足500米的家中。地震也把她家的房子震塌了，母亲被埋在废墟之中，而她却往卫生院跑……半个小时后，村民将陈传英的母亲救出并抬到救治现场，这时的陈传英才发现自己的母亲已奄奄一息，于是一边流泪，一边赶忙为母亲输液。母亲说：“英英，我可能不行了，我想和你说几句话。”但女儿却说：“妈，伤员那么多，我现在的确没时间。”说完便匆匆离开。下午4点，母亲呼吸变得急促，对再次来到身边的女儿说：“英英，我不行了……我有一件衣服里还有一些钱，你把它拿过来。”陈传英一听，眼泪便在眼眶里打转，但看着蜂拥而来的伤员，她只得狠狠心说：“妈妈，你要挺住，一会救援队就来，我没有时间和你说话。”

来不及和母亲说话的陈传英，从此失去了最后与母亲说话的机会。噩耗传来，我们的白衣天使伏在地上，抱着母亲的遗体悲恸大哭……

此刻的大山停止了摇动，此刻的天空跟着呜咽。

红白镇的抗震救灾中最值得记录的自然是我军英勇的空降兵部队。

红白镇的红白故事仍在继续。因为红白镇的灾情不仅仅是在镇政府所在地的集镇上，红白镇灾情更严重的还是与映秀、龙门山和汉旺同一条断裂带上的红白山区的大片土地，而这里恰恰又是著名的金河磷矿所在地。这里山高路险，本来进山的路就并不好走，而此次汶川大地震的震源恰恰在金河磷矿的范围之内。

山里的红白之地，成为另一个更加令人难以想象的死亡之地！

那天我在红白镇回程的时候，意外听到一个好消息：15 名金河电站的民工在被困近 10 天后获救！这消息让痛苦了好几天的金河磷矿矿长陈城总算有了笑容。

事情是这样的：因此次地震，直接为金河磷矿建设服务的金河电站包括二级站在内的几个电站完全被崩塌的山体掩埋。其中二级站当时在岗的 34 名职工一个都没出来，连遗体都被掩埋在几十米深的山石之下根本无法挖掘。而当时民工李明富和肖在富则因走在一线电站中油中洞到前池的路上，幸免于难。两人被困在一个岩石下面靠岩缝中渗下的滴水度过了三天。这已经是 15 日了，两人觉得再待下去也只能是死路，于是便朝电站走去，意在寻找生路。到前池一看，情况比他们先前躲藏的地方还要危险。然而让他们欣喜的是在这里碰上了躲在一个山洞里的另一群施工队的民工。

施工队队长刘家元告诉李明富，发生地震时，当场砸死了 4 人，唯一的一名女性崔昌会的腿和腰被砸伤了不能动弹。活着的 18 人只能躲在洞中，可在他们所处的中洞上方是处极其险要的悬崖，既不利生存，又不容易被外界发现。于是大家商量，决定向相对安全一些的前池转移。可这段路得翻山越岭，而且山路早已被破坏，几十里余震不断、皆是飞石的路，受伤的崔昌会怎么走呀?

“你们走吧！我留下……”不想，才30岁出头的女同胞崔昌会这样说。

“不行！把你留下我们还算啥男人！”工友们不干。

“要不我现在就死！”崔昌会火了，要用石块砸自己的头，“你们不出去喊人来救我，不等于也是害死我吗？”

可不是？男工友一想也对，于是他们把仅有的食品——一只苹果放在了崔昌会的手里，然后给她搭了一个简易帐篷，铺上一床醒目的红色电热毯。工友们心里清楚：这可能是他们的生死离别。

“走吧。”崔昌会向男工友们挥挥手，转过脸去……工友们分明看到她的眼泪洒满了胸前的衣襟。

随后，偶然相遇的刘家元和李明富他们开始做求生的准备：对仅有的一袋已经发霉的大米进行了安排——伤员每天吃两顿，其余的只能每天吃一顿。生活用水取岩缝中的滴水。

这里离外界太远，而且山路已被阻塞，靠等救援非饿死不可！必须派人出去求援。李明富和刘队长商量的结果是：先派6个没有受伤的出去探路，寻求外界的援助。李明富和肖在富主动留下来照顾伤员，他们也是留下的14人中仅有的没有受伤的两个。

其实在李明富他们派人争取外援和生死挣扎时，什邡抗震救灾指挥部一直在努力想法子营救金河电站的职工，只是不知里面的情况到底如何，更不知道还有多少人活着。15日，就有27名空降兵在一名镇干部的带领下进入距欢乐谷3公里的地方，见到当地的一名从山里逃出来的村支书。那村支书说，电站完全被毁了，人员生还可能性基本没有，于是救援队只得撤回。16日，李明富他们派出的6人吃尽千辛万苦，到了红白镇。

立即再次进山！指挥部发布命令。于是第二支救援队翻山越岭再次向死亡之谷进军。哪知等他们好不容易到达金河三级电站和二级电站之后，断头崖处横亘数百米的大面积滑坡又挡住了救援队的路。无奈救援队只得再次撤回。

这可怎么办？救援指挥部急得不知如何是好。于是只能请求部队派直升机，而这时到处都是紧急的抢救，直升机何时能去险要的金河谷还是个问题。生命不等时间。19 日早上，又一支救援小分队出发了……

经过整整一天的翻山越岭，生死冒险，晚上才到达欢乐谷。20 日上午，救援队凭着其中 9 名专业登山队员的攀岩本领，终于登上了金河二级电站的前池。

眼前的情景让救援队员触目惊心：十几个受伤的民工，挤缩在一个狭小的洞口中，其中多数伤势已经非常严重，李明富和肖在富则面黄肌瘦得已经不成人样了——他们还承担着一个任务：在洞口看守一个火堆，随时准备迎接救援的飞机……当日下午，飞机真的出现在他们头顶。

21 日下午 3 点，直升机又将崔昌会这位女民工救出。

15 名被困近 10 天的民工，此时全部救出。当他们出现在红白镇时，这个死亡了数日的小镇才第一次爆发出欢呼声……

这次地震，断了什邡的筋骨。什邡市市长李成金告诉了我一组数字：据该市政府公布的最新数字，“5·12”汶川大地震中，什邡市有 6000 余人遇难，300 余人失踪，3 万余人受伤，估计财产损失 889 亿元，是这个县级城市近百年的财政收入总和。

红白镇无疑是我们什邡的一只右胳膊。这只胳膊现在断了，但红白镇的人民在各方支援下没有倒下，他们的生命依然充满了活力，相信红白镇的明天会重新放射光芒。李市长对此充满信心。

陈城，这位大山的儿子，49 年前，他的前辈从什邡城出发，徒步翻越两座大山，行程近百里，来到一条叫水磨沟的山谷里，建设了著名的金河磷矿。当时山上没有一条路，他们便砍掉灌木丛，开山辟路，取名为广青公路，义为广阔的常青之路。山里的乡亲跟着矿山人度过了近半个世纪的平安与繁荣的日子。49 年后，陈城以同样的方式，重走了这段路，寻找被泥石流掩埋的数以百计的金河磷矿遇难同胞，他只看到了塌陷的山谷和依然隆隆作响的山体滑坡……

“建国初期，地质工作者在与汶川一脉相承的龙门山发现了丰富的磷矿资源，紧依龙门山而建的蜀中古县，从此获得新生。1959 年，四川省化工厅决定在什邡建金河磷矿，这是什邡建设的第一个磷矿。时值三年困难时期，苏联撤走了在中国援建的 156 名专家，刚刚获得新生的中国，遭受苦难。没有资金，建与不建，成为难题。为让磷矿建起来，我们的职工，自己把山上的竹子砍了，编成筐，筹集建设资金……困难时期过去后，金河磷矿落成，什邡也从此成为国家著名的磷肥化工基地。”已经失去金河磷矿的陈城矿长，给我念了一段他曾经拥有的矿山的矿史，声调里充满了悲情。

“下一步你该怎样重建这座矿山？”这是我很关心的。它不仅影响到什邡的工业未来，同时更影响到红白镇几万在大震中生存下来的人。

“金河矿还有 5000 余名职工，他们是矿山的生命。另外，整个矿山矿石储量还有 5000 万吨左右，一些矿井井口还在，我们计划借着这次重建，把原来三个分散的生产区和宿舍区合并，重建一个金河磷矿历史最大的生产区，这样更有利于整个矿区的资源配置。”面对 7.7 亿多元的重建资金缺口，41 岁的陈城矿长并不觉得没有希望。他坚定地对我说：“我们现在是一张白纸，只不过把已经走过的路再走一遍。”

呵，红白镇的乡亲们，你们听到没有？

爬起来吧，红白镇！大震压不垮你们，更灭不断你们的生命！你们的未来，只不过是把已经走过的路再走一遍！

再走一遍的路，会更宽阔，更结实。

第四章　撤离死城：生命的撕裂之恸

里氏 8.0 级汶川大地震发生时，全国二十多个省市区有震感，亿万人感到恐惧和不安。令人异常担忧的是，地震中心的数个县与外界顿时失去了一切联系，而地处群山怀抱的北川县城更是成了人们最担心的地方——事后证实，此次大地震中，北川县城遭遇了最惨烈的毁灭，两万余人的小城，当场死亡的就达 1 万多人，整个县城瞬间变成一座与世隔绝的废墟和死城……在这之后的几天里，那些仍然活着的北川人，无论是老人还是孩子，男人还是女人，他们几乎是在无援的绝境中，怀着求生欲望，与死神展开激战，演绎了惊心动魄的死城大撤离悲壮之歌——

历史将永远记住这一页。

到前线采访，北川是必须去的地方。我想亲眼见证一下这个已经死亡了的城市的昨天、今天与明天。

许多过去到过北川的人告诉我，这个小山城很美丽、很漂亮，山清水秀，非常适合夏季旅游和度假，尤其是空气特别清新。这是毫无疑问的，因为这里是少数民族地区，工业比较落后，基本上仍以农耕为主。县城虽然这些年也盖了不少新房子，但大部分属于穷困山区对口支援的项目。工业文明社会里的都市人喜欢到这一类工业不发达但风景秀丽的地方旅游度假。

然而，北川县城因为大地震而不可能在短期内恢复往日的山清水秀了。我进入北川的地界是在灾后十多天的一个日子里。这里的空气已经重度污染，必须戴上口罩，而且最好是双层口罩。从安县的安昌镇一路往里走，便是北川县。大震后的北川县政府办公地址就放在安县，很有临时政府的味道。安昌离北川还有几十公里，是安县的老县城。这是个比较繁荣的山区小镇，我们在街中心的一个地方看到了北川的临时政府办公地——其实只是一个非常小的镇级宾馆，北川震后的所有主要政府管理部门都挤在一楼的一间十几平方米的房子里，安监局、检察院、公安局、国土局……一块块小牌子后面只坐着一至两个工作人员。北川在地震中公务人员死亡超过三分之一，大震后干部严重紧缺是整个灾区的突出问题，北川尤为严重。在这间北川临时政府的办公室里，有些工作人员还是从绵阳借调来临时帮助工作的。“他们没有人了，可工作还得开展，所以我们被抽调来帮忙。”一位绵阳来的女同志介绍说。

亲历毁城那一刻

“那一刻，真的是山崩地裂，天昏地黑，遍地尸体，满目疮痍……”这是一个北川生还者的描述。这样的描述似乎太概念化了，但没有谁能用更确切的语言描述得比这16个字更形象、更真实。

这是瞬间的天灾，这是瞬间的毁灭，这是瞬间的惨烈，这是瞬间的生与死……

那一刻，大震到底是个什么样？一个城市的毁灭又是什么样？毁灭后的城市里的人又怎么样了？中南海在揪心，全中国13亿人在揪心，全世界多数人也在关心和关注……但与北川的所有联系全部断绝，这是前所未有的。

大震这一天上午，北川县县委宣传部副部长郭志武在部里开会，一直到12点40分才结束。刚在机关食堂里吃完饭，听说农民日报和绵阳电视台的几位新闻界朋友在北川，郭志武便赶到新县城一家小饭店陪客人又上了桌。快要结账那一刻，突然饭店内的桌椅摇晃起来……

“地震了！”不知谁说道。

“开啥子玩笑嘛！”同桌的人满不在乎地嘀咕道。因为北川地处断裂带，平时摇摇晃晃的小地震经常有，所以包括郭志武在内的很多人并没在意，而且以为有人在开玩笑，所以小饭店里谁也没有站起身来。

大约五秒钟后，桌子再一次摇晃，这一次不再是一般的摇晃，而是天翻地覆的摇晃，顷刻间整个房屋内所有竖立的东西全都倾倒在地。那一刻，没有人弄清是怎么回事，机灵的郭志武一个箭步冲出饭店，双脚踩到了街头的马路。令他不可思议的是，此刻双脚根本站不住，整个身子好像被一浪高过一浪的海浪折腾着，随即被掀倒在地……他企图奋力爬起来，但怎么也站不起来，如同身在一叶行驶在浪尖头的小舟上……

他只能伏在地面，于是清晰地听到地底下发出“嗡嗡”的闷雷声，那声音令人毛骨悚然。再往四周看去，更是心惊肉跳：几乎所有的房子，无一例外地像一具具纸糊的玩具，被来自地底深处的巨大冲击波左一掀，右一掀，继而轰然倒塌，变成一片废墟……而与此同时，天空倏然腾起一二百米高的烟尘柱，转眼间天地一片灰黑，什么也看不见……这种情形维持了大约两分钟。

“等天渐渐露出一些亮光时，我再一看马路，全都拱了起来，像波浪似的，有的地方裂开了长长的口子，那水泥地就像被扯开了又想重新合上，但又没能合到一起……”郭志武事后描述道。

郭志武从地上爬起来的第一个反应是想看看刚才一起吃饭的几位新闻界朋友怎么样了，可现场一切全变了，变得什么也看不清（事后知道，这几位新闻界朋友除了一位受重伤外，其余都幸免于难）。“龟儿子，你可别吓唬老子！醒醒！你不能死嘛！”这时，他听到有人在身后说话。回头一看，是个满头灰尘的小伙子摇着另一位血肉模糊的小伙子，他躺在地上，一边拍打着对方的脸，一边不停地说着。显然，那人已经永远不可能再回话了。

郭志武觉得自己的鼻子呼吸十分困难，他下意识地用手一抹，结果发现鼻孔里尽是稀泥，再掏一下耳朵，里面同样灌满了湿乎乎、黏兮兮的东西。脚上的鞋子也不知什么时候掉了。郭志武不明白是怎么回事，他更不明白地球到底发生了什么事。“如果说地震，我们北川这一带过去大大小小的地震也经常有，就是唐山那样的大地震也听说过，可我从地上爬起来的那一刻，不知道天地间发生了什么，也不相信这是地震，要是大地震也不会使大地变得像海浪一样叫你站都站不稳，更不可能出现大山崩裂，房子一样的大石头像雨点似的把我们的县城一下给砸烂，给埋在了地底下嘛！所以当时我的脑子里闪出一个念头：这回是地球要毁灭了！我们都活不成了！永远活不成了！太恐怖了！脑子一片空白……”

稍等头脑清醒，郭志武便想起了单位和自己的家，不知怎么样了？家不就在离刚才吃饭的小饭店30来米的地方嘛！于是他转过身看去——哪还有什么家嘛！

塌了！彻底地被埋在了完完全全的废墟里！

郭志武便转过身子，开始朝县委方向走去——县委、县政府和同事们，还有自己的妻子都在老县城那边，他们现在怎么样了？被埋了没有？郭志武的心一下揪了起来，抬腿便往前走。可哪里有路啊！

一片废墟之间，郭志武刚刚迈步，猛地被人死死抱住：“救命！快救救我呀——”郭志武低头一看，是路边的一个人昂着头在声嘶力竭地叫他。那人已经断了双腿，血流如注。郭志武一把将其拖到路中央等待救援，然后继续往前跑。

从北川县城的新城区到老城区，相隔大约500来米，中间是条紧挨着大山的公路。这短短的500米，郭志武看到的、听到的是令他今生不能忘却的惨状——道路已经面目全非，从山上滚下的石头塞满了通道，大的石块有两三层楼高，小的不知其数，由于余震不断，山上滚下的石头仍然不断地在飞坠，不是在路面砸一个大坑，就是引来另一片石流滚动，叫人心惊胆战！

但此刻的郭志武已经顾不得那么多了，他一心想的是单位同事和自己的妻子是否安好，便不顾一切地穿梭在飞沙走石之中。事后他仍然心有余悸地说："我无法用语言来描述这一路的情景。地震时，正值我们下午的上班时间，所以这条路上当时估计有几百人在行走。这一震，多数人被山上滚下来的石头砸死了，平均20来米就能见到一个死人。有的整个身子被石头压在底下，只露出双脚；有的身子露在外面，头却被压在巨石底下……在一块大石头边，有一男一女靠在那里，那女的膝盖以下像被刀切似的没了，男的虽然一条腿被压断了，但还连在身上。我听他们对话道——'你看看，我的腿全都没了，你的腿还都在，比我好。'这是女的在说。那男的苦笑着回答道：'你掉了干脆，不疼。我可疼得要命。'我想那女的肯定要不了多少时间便会死掉，因为她的双腿无法止血，当时根本没有医务人员。一路上，不少被压在大石头底下的人在喊救命，我想救他们也无能为力，后来我知道自己的肋骨其实也断了。那么多、那么大的石头压在他们身上，就是大吊车来了也不一定搬得动……我只能跟他们说，你们坚持坚持，我马上去叫人……可人在哪里？我们县委、县政府的领导们此时此刻又在哪里？我不敢往下想，一心想着赶紧要找到县领导，只有找到他们，找到组织，才有可能迅速组织力量，争取使遇难的群众获救。"

通往县委、县政府的路早已阻断。原来的街道，现在已经被乱石和垮塌的房子堆成二三十米高的废墟，想往前走一步都不可能。郭志武凭着感觉，沿河边的一条小道迂回绕过去。这时，又一阵强烈的余震。躲过山石的郭志武从一间倒塌的房子边捡了一双鞋子穿在脚上，继续往前跑。一路上，他看见几位被大震和余震吓坏了的妇女跪在地上祈祷："观音菩萨，保佑不要再震了，不要再震了……"几分钟后，郭志武终于找到了自己每天上班的那栋县委办公楼，可6层的大楼，现在不见了，一片废墟上依稀可见只剩下五六层的楼层歪倒在那里……

"郭部长，你还活着啊！我们以为你……"郭志武的突然出现，让几位死里逃生的宣传部同事万分欣喜。

"活着！你们也还活着啊！"郭志武看着往日活蹦乱跳、爱说爱笑的同事，此时伤的伤、流血的流血，忍不住和他们抱在一起，痛哭起来。

"大家别哭了！我们去找县领导！赶快想办法救人！"郭志武直起身子说。

"经县长已经在那边开始组织人员了！我们一起过去吧！"有人说。

"经县长还好啊？他们在哪儿？"郭志武的心头一阵惊喜。

"郭部长，你先看看谁来了！"

郭志武顺着一位同事指的方向，见一位女同志正哭哭啼啼地绕过县委大楼的废墟惊慌失措地跑过来。

妻子！是妻子尹秀梅！

"你还活着呀？你看看你的办公室压在了地底下……"妻子飞步跑过来，抱住自己的丈夫，悲喜交加。

"你、你们怎么跑出来的？"郭志武知道搞新闻工作的妻子今天下午正在参加县里的一个"五四"表彰会，那里有几百人正在开会，县里不少领导也在那里，他们的情况怎么样了？郭志武迫不及待想知道。

“县长带我们逃了出来！大家都还好！”妻子边哭边说。

“好，你先照顾好自己。”郭志武安慰一声妻子后，朝几位大难不死的同事一挥手，“走，我们找县领导去！”

妻子“哇”地大哭起来，一屁股坐在地上：“你先去吧！我、我喘口气……”秀梅是吓坏了，刚才她还以为丈夫肯定死了，因为丈夫的办公室已经全部倒了，哪知命大的丈夫在大震时被几个新闻界朋友邀去吃饭了。她太想感谢那几个记者了。

“哎呀——”

“怎么啦？”郭志武刚走出两步，尹秀梅惊叫一声，把丈夫吓了一跳，忙问她干什么？

“你、你看……”妻子指了指废墟里的一个人头。

郭志武仔细一看，是他们的一位遇难的同事，其死状很惨，头被压扁了，脑浆正在往外流……这种情形，郭志武从新县城走过来的一路上见了不少，他似乎已经不怕了。可妻子受不了，普通人都受不了。

受不了也得受。活脱脱的一个城市瞬间变成了面目全非的死城，活着的那些北川人必须面对这极其残酷的现实。

迟开的表彰会　幸存的领导们

此次汶川里氏 8.0 级大地震的持续时间，大约只有十几秒的瞬间。然而就是这一瞬间，北川县城陷入了死亡的阴影。外界了解这个县城的真实情况是在 13～14 日。有消息可查的是，当时从北川方向逃出来的人几乎用同样的话告诉人们：北川县城已经夷为平地，人都差不多死光了！

这并非在散布骇人听闻的谣言。

一个不愿透露姓名的幸存者告诉我：他是在北川打工的，那天饭店的老板让他上绵阳采购些物品。他搭上一辆便车驶出县城，突然大震来了，地动山摇之后，他从车子里爬了出来。回头一看，吓得魂飞魄散——车子被一块山上滚下的石头压个正中，司机和另两个伙计的身子与脑袋全断开了！小伙子爬起来活动了一下自己的身子骨，竟然除了脚脖子扭伤外，其他的都没事。他不明白是怎么回事，想往回赶，向自己的老板报告去不了绵阳了。可没走出几步，往县城的方向瞅了一眼：天啊，怎么全塌了？再近看：路上，死伤者无数，样子都很可怕。小伙子吓昏了，拼命朝绵阳方向走，一路上的惨景和危险又让他心惊肉跳。不知用了多少时间，他摸到了安县的永安镇，这时有一辆疾驶而过的拖拉机拉着几个伤员正往绵阳方向走。车上的人看他走路一瘸一拐的，让他上车，这小伙子就是不愿上。“我再不敢乘车了！一直自己走，走了两天才到了绵阳。”从他嘴里，外面的人知道了北川受灾的一些情况，也证实了北川被夷为平地的某些传言。

小伙子在绵阳九洲体育馆当了一段时间的志愿者。他说他是良心上觉得有些过意不去。如果不是因为我顺路搭车，那辆车也许不会那么巧正好被山上滚下来的石头砸了……原来他是为这自责而不愿披露姓名。

在一路采访中，我碰到过一些这样的人。在大震那一刻，别人因他们而死，而他们现在一想起这事，就感到极其内疚。其实谁也不是先知，地震是个自然灾害，运气和命运属于每个人自己。

但是在北川县城里工作和生活着的人，就没有那么运气了，他们不曾想到灭顶之灾在 12 号下午正值重新上班和上课的那个时间里突然袭击他们……

这一天下午，县里有一个比较大的会议，是“五四青年创业表彰会”。这会原是定在 5 月 4 号那天开的，因为各单位在向县委组织部门报表彰名单时迟了，所以会议一直拖到 12 日下午召开。

会议安排在县委办公大楼旁的县礼堂召开。这座礼堂能坐四五百人，所以县常委会要求：凡在家的县领导都要参加，各单位派出一些代表。其中还有由100多个学生组成的节目表演队，当然县广播电视局和报社也要派一些记者参加。

县委书记宋明同志临时接到绵阳市委的通知，所以他把出席会议和作讲话的事交代给了县委副书记、县长经大忠同志。县委组织部和县团委的同志到得比较早，那些要受表彰的年轻人和有表演任务的学生到得也比较早。下午2点15分左右，会场里已经基本坐满。几分钟后，经大忠县长和其他领导入场，就坐在主席台上。

这个时候有位胖乎乎的年轻人，带着几位县报、县电视台的记者匆忙地进到会场。这胖乎乎的年轻人是县广播电视局副局长何锦。

“我到会场一看，我们有些来晚了，便让记者赶紧准备，自己则去后排坐下。当我坐定往前面看去，礼堂里已经坐满了人，主席台上经县长他们都在。这时，主持人向几个领导点点头，意思是不是可以开会了。经县长轻轻地点了一下头，我想会议马上就要开始了。谁知这个时候大地突然颤动起来，我的一只脚怎么也不听使唤，抬起后刚放下，另一只脚又被抬了起来……当时不知怎么回事。我发现会场立即大乱，一片哭喊声。因为参加会议的有不少是学生娃儿，他们被吓坏了。我从后排看到经县长猛地站了起来，大手朝外一挥。当时很乱，听不清他说了什么。事后听靠近他的人说，经县长当时大喊道：‘让学生娃们先出去，党员干部留下！’那个礼堂只有两个门口，所以往外走的人挤在了一起，但短时间内学生和多数参加会议的人还是冲了出去。我在后面一下出不去，就钻在椅子底下，看着天花板剧烈摇晃。十几秒后当我冲到礼堂的门口时，仍有许多学生和青年堵在那里，哭喊着、拥挤着，我顺手抓住一个女孩，就往外面冲。这时余震来了，又一阵地动山摇，我赶紧一手抓住一根门柱，一手抱住孩子……这个时候四周突然变得黑黑的，大约两分钟，我模糊看到从会场里出来的人多数站到了比较安全的草坪上。这时我看到了县长，他的脸上全是泥尘，其实当时我们每个人部像从泥浆里钻出来的。县委副书记浦方方，满身是血，走路都摇摇晃晃的。他们的身边还站着县委常委、组织部长王理效，县委常委、纪委书记文刚，还有县政协主席杨应庆，县人大常务副主任李春寿。看得出，他们都是最后一批从会场里撤出来的，而李春寿主任则是刚从家里出来准备上班时从倒塌的废墟里爬出来后，自觉围聚到那儿的……借这个当儿口，我往四周一看，这是从来没有见过的场面，就是恐怖片和科幻片里都没有见过的场面——我印象最深的是看到了我们的县委大楼，被从山上滚下来的石头和泥石流埋在了里面……我们全都吓得不知所措，女同志都在哭，孩子们有的甚至在发抖，我不敢朝他们看，只能朝县长他们看，这个时候县长和其他领导最镇定，他们的脸全都板着，其实他们也没有经历过这样的惨景。我相信他们也有些不知所措，但他们的责任好像又让他们马上清醒和反应过来……”

是的，应该说经大忠县长是最清醒和意识到自己在这个时候应该干什么的。

经大忠，羌族，44岁。在汶川大地震中，他可能是肩上责任最重的一位地方官员，因为当时在他的眼里，是成百上千的人在无目的地逃命，平时几个喝了酒吹牛能拧断别人脖子的人，此时趴在地上起都起不来。

怎么会这个样子呢？经大忠用手甩了甩冲过来的团团飞尘，眼珠子里尽是喷涌的血丝。他有些看不清眼前奔来跑去的人是死是活，因为有人跑了几步就跌倒了，有人叫了几声就没声了，还有更多人的身子在废墟里，双手高举着叫喊“救命，救命……”

老天，你是怎么啦？44岁的壮汉子，此刻欲哭无泪。嗓子眼也一下变得很干、很疼。而之后的几天里，这种干和疼一直延续，甚至越发严重，连说话都困难，但他必须说话，必须行动。他是特殊时期的最高行政长官，掌握着十几万灾民的生死命运。

他忙得不可开交，每一件事都与人命联系在一起。他是在以命换命，否则就会死去更多的生命！

经大忠根本不去想也没有时间想自己和自己家人的事。他的眼里只有活人和死人，活人怎么样保证他们不再死去，死人尽量让他们与活着的亲人作最后的告别。这都得由他和县里的领导来处理与指挥。

他原本想与死者一一道别，因为他内心觉得很对不起他们——大震一来，他们就匆匆走了，走得那么快，那么惨！这是他这个当县长的感到最对不住大家的地方。但他发现这事做不到——每天挖出来的遇难者遗体成百上千，根本不可能一一去道别。关键的问题是还有活着的人要去抢救，如果晚一点，他们同样也会死去。尤其是那么多伤员，不及时送到医院，即使费尽力气将他们抢救出来后有的仍然要死掉的，这让经大忠感到每一分钟都是要命的。是啊，时间就是生命，这话放在这个时候的北川，再合适不过。

时间是生命，每一分、每一秒就可能是一条、十条的生命！经大忠每每想到这里，所有的毛孔都迸裂了！

人命关天，过去只是一种比喻，现在这话已经超出了普通意义上的人命关天了。人命对现在的北川来说，不仅是关天，也关地，关系到北川今后千秋万代的事。北川城毁了，但北川的明天不能没有。要有北川的明天，就得把今天还活着的人好好保留和保护下来，否则北川还不断子绝孙？

“出现那种情况，你这个当县长的还不如被大石头压死算了！”经大忠的心火烧得厉害，烧得他心尖儿直痛、直发焦……许多记者曾经试图采访他，都被他有些粗暴地顶了回去，不时扔下一句：“我现在关心的是尽量让北川少死一个人！”

大震后的第四天，经大忠才算第一次正式接受了一位记者采访，回忆起大震第一刻时，他忍不住泪水纵横：“我和几位县领导最后一批从礼堂冲出来后，便带着两个人把县城大部分跑了一圈，当时看到整个县城已经全变了样子，一片废墟，惨不忍睹。我从来没有见过这样的灾难！没法细说……当时我发现县城通往两边的道路都被塌下的山体毁掉了，通讯也完全中断，当时真是叫天不应，呼地不灵。一切只能靠我们自救了。这是唯一的办法。”

城死了。

当经县长清醒地意识到他所面临的是什么的时候，他开始了第一时间内的组织与指挥——嗓门完全变了声调。

“浦书记、老王、文书记、杨主席，还有李主任，我看震得这么厉害，得马上组织力量抢救群众！”经县长叉着腰，对几位县领导说。

“县长你指挥，我们分头把活着的干部全找来，马上行动！”

“对。刻不容缓！”

“另外，赶紧得与外界联系。”组织部长王理效说，“手机也不通了，不知去绵阳开会的宋书记走到哪儿了，我们必须派人出去！”

“这个样子我们只能靠自己了。大家分头行动，先把干部找来，有几个算几个！”经县长果断道。

“好！”几名县领导不顾自己的伤痛和自己亲人的死活，开始第一时间里的第一救援行动。

“何锦，你把草坪附近的干部也给我找来！”经县长见脸上流着血的何锦身体没什么大碍，便命令道。

何锦奉命在混乱的草坪快步走了一圈，找来四五个科级干部，当他回到经县长身边时，连同那些县领导，约有一二十位干部。这时只听经县长大声道："同志们，是党员和干部的，跟我站到一起！大家现在的任务是：全力救人！记住：先去救自己单位的人和群众！听明白了没有？"

"听明白了没有？"经县长重复了一遍。

"听明白了！"话音刚落，在场的干部立即分头行动去了。

"何锦，你的身子结实，你负责去绵阳报信！一定要把这里的情况以最短的时间报告上级！"经县长又对胖乎乎的何锦说。

"好。我马上走！"到底是广电局的副局长，临离开县城时，他让从死里逃生的县电视台记者拍了几组地震毁城的镜头。"光嘴说怕市里的领导不相信，所以我想到这个。"何锦事后说。

"县长，你的爱人和儿子都遇难了……"这时，刚折身要走的何锦，听到有人向经县长报告道。

"你现在别给我说这个！快去干自己的活！"只听经县长大声吼道。

"当时我回头看了一眼县长，只见他板挺着身子，一动不动地站在那儿，像尊雕塑。我的眼泪一下子涌了出来！这是我震后第一次掉泪，我知道许多县领导和干部的亲人都没有了。但在大震的那一刻，他们都顾不得这份悲痛，因为当时有太多太多的遇难群众在等待着他们去组织力量救援……"何锦在接受采访时，说到这儿又流泪了。

从大震的那一刻起，北川其实就成了一座孤城。取得与外界的联系，是确保一批又一批生还者生命的当务之急。而山崩地裂之后的北川，能够与上级和外界联系的唯一途径只有靠人的双腿了，可是此刻所有的山路通道以及道路上的桥梁，或被山体泥石流阻断，或被洪水冲断，加上不断的余震，飞沙走石仍在到处肆虐。要冲出死亡之地，实非易事。接受重任的何锦冒着生死考验穿过一座座飞石滚滚的大山，快出老县城时，他遇见了刚刚从废墟里逃生的县检察院的唐文。

“走，我们一起去绵阳报信吧！”何锦想到出山的路非常危险，随时可能牺牲。如果多一个人，就可以再接再厉，完成县委的重托，于是他对唐文这样说。

“行！”于是两名青年党员干部以其灵敏的步伐，一边躲闪着头顶随时可能飞来的滚石，一边艰难地寻路。然而所谓的路早已没了，他们只能攀山而行，寻找便道出城。好在两人熟悉当地的地形，终于找到了一条从老县城通向外面的生命线。

在老县城与新县城的半道上，何锦他们碰上匆匆过来的北川中学教师吉敏，问他干什么去，吉敏说：“学校让我下城里去看看初中部的学生。”

“你们那儿的高中部怎么样了？”何锦问。

吉敏突然哭了起来：“你去看看就知道了……”

“那你快走吧。我们要上绵阳去报信。”何锦知道不能耽搁每一分每一秒，便跟吉敏老师说了一句后又同唐文飞步向县城口上的北川中学跑去。吉敏老师则往县城里面跑，他进城后看到初中部的学校比城外的高中部还要惨烈：四五百人的学生和教师，只有二三十人活了下来。

大震所造成的毁灭性灾难，是北川人完全意想不到的，许多北川人连想都没来得及想便永远地离开了人世。然而那些活着的人，在最危险的那一刻，他们在县委和县政府的领导下，不仅挺了过来，而且以最快的速度投入了自救，谱写了一曲曲悲壮的生命之歌……

北川中学，近两千名孩子的生死悲情

位于县城边的北川中学，全校有师生2900多人，大震的瞬间，正在上课的两栋五层教学楼垮塌，成为整个汶川大地震中埋在废墟里人数最多的一个地方，而且绝大多数是学生。当时除了三个班在操场上上体育课，其余的十几个班级的学生与教师全都被埋在废墟里……

北川中学从这一刻起，一直牵动着全国人民的心，牵动着中南海的每一位领导的心。

太多、太多的孩子被埋！太可怕、太可怕的倒塌！

"当时我们在三楼，正在上课，发生地震了，我们就往外跳，跳下来了以后，大家就去看。叔叔阿姨，你们知道我们看到什么了吗？五楼高的教学楼已经变成了两三米高的土砖堆了，里面还有一些血肉模糊的手和脚……虽然我们刨出来的是一只只手和脚，但是我们不会放弃，我们在寻找生命的光亮，我们希望我们能救出活的人，因为今后还要他们来建设我们的家乡。"这是5月18日晚上，来自北川中学的学生白琳在中央电视台的演播大厅里向我们、向全国同胞哭诉时描述的那一幕惨景。

在场的李长春同志流眼泪了，刘云山同志流眼泪了，刘延东同志流眼泪了，我们的张锲老作家哭得像个没了娘的孩子……在场的所有人都掉了眼泪，全国人民也在为北川中学的孩子们流泪。

没有比这更悲惨的事了！ 1800多名孩子啊！当时在操场上上体育课的和从教室里逃出来的学生据说总共还不足700个，也就是说，被埋的学生和教师多达1000多人！

大震前的北川中学，是当地最好的学校，很新的几栋教学楼，还有如今仍屹立在废墟之后的学生宿舍楼，都是让当地孩子和家长们感到自豪的地方。

"一切都没有任何征兆，一切都似乎只是一场突如其来的噩梦，一切的一切都似乎被这场天灾毁灭了。"北川中学高二(4)班的杨治军同学后来对一名记者这样说。

所有幸存的北川中学学生都还清晰地记得大震前的学校情景：5月12日14点25分，北川中学南面新修的大操场上，体育教师赵东在给高三(7)班和初三(4)班的孩子们上体育课。空气虽然有些闷，但大家的兴致都很好，叽叽喳喳的声音响彻校园。一道上体育课的，还有高一(6)班的孩子们。

"下节就是体育课了！"听着楼下的嬉闹声，正在上英语课的北川中学初三(3)班的李森民兴奋地想，这是下午的第一节课，坐在教室里，李森民急切地期待着下节课可以好好玩去了。

高二(4)班的杨治军刚刚和自己的同桌陈娅开了个小小的玩笑，心里挺美的。杨治军和陈娅关系很铁，陈娅习惯叫杨治军的小名，杨治军最喜欢开陈娅的玩笑，两个人平时在一起还畅谈过长大后要实现的理想。

新教学楼二层的多媒体教室里，高一（1）班的同学们正津津有味地听唐老师讲艺术欣赏。唐老师用鼠标点击出一幅幅美丽的图片，教室里充满了温馨、艺术的气息。

忽然，大地震了一下，随后震动就平静了。大家都把紧张化作了一场笑声。北川过去也曾有过一些小地震，都是震动一下便停止了。因此，大家对此并没有很在意。然而，这笑声似乎只持续了一秒钟，大地再次摇动起来，像个巨兽开始不停地抖动自己的身躯，整幢教学楼都在剧烈地摇晃着。

"快跑！快跑！"英语教师何海平大声疾呼。

听到老师异乎寻常焦急的声音，孩子们害怕了，拼命向外奔逃。而何老师为了让大家尽快跑出去，自己一个人急忙闪在一边……

当李森民到达楼梯时，房子摇晃得非常剧烈。他犹豫了一下，不知道是该跑下去还是跳下去。但看见后面还有人，他想，不能把路挡住，于是，急忙向下跑去。当李森民跑到新教学楼北面小花园第一个花坛时，他看见所有的人都向最后一个花坛跑去，他也本能地跟着跑。跑动中，李森民回头一望，北面老旧的教学楼开始垮塌了，转眼，这座多年的老楼变成了废墟……他不明白怎么回事，呆呆地看着有几秒钟，但随即被一片哭喊声惊醒了——学校出大事了!

混乱中，杨治军几乎和陈娅一同冲出了教室。然而，当杨治军回头再看时，陈娅已经倒在血泊中。看着她流出的鲜血、被压着的脑袋……杨治军惊呆了!

转眼间，整个校园内，到处都充满了尖叫和哭泣，灰尘铺天盖地，整个教学楼笼罩在一片灰尘下，空气中充满了刺鼻的气味……随后，大地似乎停止了自己的怒气，一切又平静了。操场上一片狼藉，有的同学用手捂住正在流血的伤口，有些人正在那里哭泣，地上有着长长的裂痕，大家心里十分害怕。

震动中，多媒体教室的天花板上的水泥块开始大块大块地下落，整个楼层都在下沉着。高一（1）班的郑友全动作很敏捷，在楼开始摇了几下时，他就躲到了桌子下面。天花板整块掉下时，由于桌子椅子的支撑，没有全部贴在地板上，留下了一定的空间。就这样，郑友全躲过了一劫。

过了几秒钟，他听见身边一位同学的无力的呼救。郑友全开始大声呼喊那位同学的名字，可是，已经没有了回应。郑友全开始害怕起来，接着又呼喊侧面另一位同学的名字，同样没有应答。

郑友全不敢想，也不敢相信这个事实。过了几分钟，他用手摸了一下那位同学的小腿，体温明显下降了许多，他连续做了几次这样的动作，那位同学的体温一次比一次低。郑友全很想救他，可是他所能够接触到的，只有那位同学的小腿以下部分。

在同一间教室里，还有一位很镇定的同学叫席杨。在楼层往下跌落的过程中，席杨紧紧靠附着桌角，仿佛一松手便会被黑暗吞没，然而他坚持着……

“同学们，同学们，不要慌张，不要慌张，一定会有人来救我们的！”唐老师在讲台下，不断地鼓励大家要保持精力，等待救援。

老师的话，使慌乱的同学镇定了下来。同学们纷纷拿出手机拨打急救电话，可是，没有一点儿信号。

时间一分一秒地过去，外面响起敲打砖块的声音，不一会儿，坍塌的教室里出现了一丝光亮。“同学们，有人来救我们了。”一个同学激动地喊道。

顺着光亮，大家开始往外爬，并主动让出位置，让受了伤的同学、哭泣的同学、女同学先走。

通过一个仅有几十厘米的洞口，席杨看见了外面的景象：高耸的教学楼已经不见了，只有一堆废墟，许多人在废墟中寻找、摸索。眼泪打湿了大家的衣袖，大家哭着往外走……走出来后，同学们惊呆了：他们所在的教学楼二层，现在只有七八十厘米的空间，一层则根本就被压在一起了，三层变成了一层。而对面的五层旧教学楼完全垮下去了，只有一层楼那么高。

在外面的班主任看到他们出来，眼泪流出来了，全身都在颤抖……因为大家都害怕，害怕眼前的一切，害怕还有1000多名被埋在深处的同学和老师不能像这个班的这些同学和教师那样幸运地走出废墟……

外界得知北川中学的险情最早已是在13日后，而在这之前的30多个小时里，这个中学的抢救工作基本上都是靠北川人自己的力量。

说来也巧，那天大震时，县委书记宋明同志正在去绵阳市里开会的路上。地震那一刻，他乘坐的车子才出县城20多公里。突然间的山崩地裂和颠簸起伏的公路，使宋明马上意识到这是一场大地震。停停！是地震了！马上回去！宋明命令司机立即往回折。

此时通往北川的公路已无法正常行车，不断有飞石从天而降。司机知道书记心急如焚，凭着熟练和高超的车技，穿石飞坡，几度差点车毁人亡。

“宋书记啊，你快去救救娃们呀！他们全被埋在地底下了……”行至北川中学门口的公路上，几个群众看到宋明，哭喊着将他拉到中学校园内。

眼前的惨景，让县委书记一下子泪流满面。

“估计有多少人被埋在里面？”宋明急切地问正在组织力量抢救学生的校长刘亚春。

“1000多人……”刘亚春沉重地汇报道，并指指身后操场上那些惊恐万分的学生，说，“地震发生时，我们立即组织学生向教室外疏散，但由于大震开始到房屋坍塌才短短十几秒，所以一二三层的学生除了少数逃出来外，其余多数被埋在里面，五层的高三学生多数幸免于难。”

1000多人被埋在废墟里呀！现场的混乱和惨烈，受伤的和被埋在废墟里的孩子们的叫喊声，让县委书记心如刀绞。

“救命要紧！一分钟也不能耽误！是共产党员的站在最前面！”宋明站在一张断了腿的乒乓球桌上，对现场的党员干部大声说。说完又跳下乒乓球桌，与教职员工和那些英勇的高三学生一起投入了抢救战斗。他们唯一的工具是一双手和随手捡起的残棍断棒。

县委书记的到来和身先士卒的行动，鼓舞了在场的所有人，于是一场抢救被埋学生的战斗有序地开始了——

个头矮小的校长刘亚春，此刻扛着一个又一个从废墟里抢救出的活着的和已经断了气的学生，飞步来回在操场与坍塌的教学楼之间，血水、汗水流淌在他的全身。学生和教师们知道刘校长的妻子和儿子已经在遇难者的名单上，其实刘校长也已知道这一切。

副校长张定文正用双手扒着被埋的学生，废墟下的妻子不停地喊着他的名字。“听到了！听到了！等我把孩子们救出来再来救你啊！”张副校长应了一声，回头又拼命去救学生。

校团委书记蹇绍琪在拼命扒废墟时，上高一的女儿蹇韵就埋在下面，一声声“爸爸妈妈救救我”的凄惨呼救没有动摇和停止蹇绍琪去抢救其他孩子的行动……七小时后，自己的女儿被挖了出来，可已经断气……

学校唯一的司机王少春，地震后火速从绵阳赶回学校。他没有先去扒废墟下的女儿，而是立即开始运送受伤学生，从北川到绵阳的救援点，短短的两天时间内一共跑了二十九个来回。然而，他最终同样没能留住自己心爱的女儿……

物理老师张家春，在大震那一刻，他用双肩死死扛住门框，让一个又一个学生从他的臂下穿过。最后关头，他一手推出一个男生，一脚又踢出一个女生。张家春再也没有走出废墟，但教室门外，站着得救的46个孩子……

救自己的子女和救学生都是一样的。在那个时候，只有生命是最重要和最亲切的！

对孩子们来说，他们在大震之前，几乎都是在父母和社会的百般呵护下成长。他们并不太理解生命的重要及其意义。可大震的那一刻，他们又比谁都深刻地理解了生命——

生命是痛苦的。

高一（1）班的同学们在午睡后来到新教学楼的多媒体教室准备上美术课。一切都那么平静，似乎与平时没有任何区别。但谁也不知道，15分钟后，一场突如其来的大灾难竟然彻底改变了眼前的一切。

将近炎夏，天气闷热，让人不由昏昏欲睡，有些同学甚至打起了盹儿。在无人知晓的情况下，死神正悄悄地逼近这群正值青春年华的少男少女。他们都处在人生的黄金阶段，有梦有理想，潜藏在内心的是对美好未来的满腔期盼，尽管对现实有些许叛逆。有一位前线记者记录了这个高一（1）班的大震亲历——

2点28分，就在大家聚精会神听老师讲课时，教室突然剧烈地抖动起来，并且越来越厉害，桌子椅子倒了，电风扇和墙上的音箱也被震落在地。还来不及反应，巨大的天花板就跌落了下来，将他们全部压在了下面。灰尘弥漫，空气令人窒息，更可怕的是，就在刚才墙体垮塌的瞬间，已经有几位同学离开了人世。

有人被卡住了，有人在哭喊，有人在呻吟，狭小黑暗的空间中，到处弥漫着令人绝望的死亡气息！空气，已经越来越稀薄，后排几位同学被天花板牢牢卡住一动都不能动。

但渐渐地，大家冷静了下来。在班干部的组织下，同学们依次呼唤着彼此的名字，通过声音的沟通，确定每个人的状况，大家在黑暗中寻找摸索着对方的身体，确定每个同学的位置，大家手握着手、心连着心，鼓励受了重伤的同学要坚持下去，很多人嘴里不停地重复着一句话：我们永远是好兄弟。就在这样艰险的环境下，大家一起努力想自救的办法。当务之急则是打开一个小空隙，让新鲜空气流进来，如果不这样，许多同学就会因为缺氧而昏迷，生命危在旦夕！大家经过多次商量，终于想到了一个好办法，就是一个同学用脚、另一个同学用日光灯灯管伸到外面，不断敲击以便引起外面人的注意，情况危急，好几个同学已经休克了，几位还活着的班干部一直坚持着联系，以便清楚到底有多少同学还活着，同时大家时刻与那些受了重伤的同学说话，不断鼓励他们要坚强，不让他们睡觉，因为睡觉意味着死亡。一个小时过去了，他们还是没有与外界取得联系，有些同学因为没有正确的自救，就这样静静地死去了。亲眼看到要好的同学流血而死，大家的心都好痛。在自然灾害面前，生命竟是如此脆弱！

由于在废墟里待得太久，很多人的腿脚已经失去了感觉，同学们用各种办法，尽力让手摸到自己的脚，不断揉搓来保持血液的畅通。时间一分一秒地过去，情况也越来越紧急，如果再没人来救他们，将会有更多的同学因为窒息而永远昏迷。皇天不负有心人，就在这时，有人来救他们了。在大家的集体奋斗下，一条生命的小通道终于被挖开了，还是在有序的组织下，一个小时后，没有被卡住的大部分同学都安全离开了废墟，尽管不时还有余震。

来到操场上，所有人都被眼前的景象吓傻了，曾经美丽的校园荡然无存，尘土飞扬，尸横遍野，惨痛的哀号与血淋淋的尸体充斥着每个人的眼球，很多人都因为无法忍受这突如其来的大灾而失声痛哭。

逃出来的同学们并没有因为自己的暂时安全而留下来休息，尽力找到工具后，大家又冒着生命危险，飞扑向废墟堆，不断喊着自己同学的名字，以便营救。余震还在持续，每个人的心都绷得紧紧的，死神丝毫没有离开一步，而大家唯一能做的，也只有在心中暗暗地祈祷：希望被压在废墟中的同学还有救，希望生命之火不熄！但事与愿违，手刨与粗陋的工具实在力不从心，他们见到的很多天花板和柱子，都已经远远超越了他们的营救能力，而就在这些可恶可恨东西的下面，是他们的同学、朋友与兄弟。隔着狭小的缝隙，看到同学被压在下面，血流满面，痛苦地呻吟、求救，他们很想很想去救他们，但是不行，没办法，撬不动石板，最后就只能眼睁睁看着一个又一个亲爱的同学离他们而去……这种生与死的离别，让人痛彻心扉！我的高一（1）班，我的北川中学同学，我的北川中学的老师！”高一（1）班的幸存同学默默地祈祷着，心却碎了：老天爷，你为什么这么狠心，要让大家承受这样的灾难与痛苦？

高一(1)班的幸存者发现，最后他们全班人只有5个活了下来，其余62名同学遇难。

地震之后的那天晚上，天黑了，余震却还在持续，每一次地震，都能听到远处建筑物坍塌的声音，每一次抖动，都让人内心充满恐惧……

无论是懂事的还是顽皮的孩子，大震带给他们的那一瞬间悲惨的记忆将永远定格在他们的生命之中——

初二(4)班全体幸存者回忆：

这一次地震，让所有的人都措手不及，也是这次地震，让我们班上的所有幸存者永远记住了这位伟大的老师——李佳萍。

当地震发生时，我们正在教室上李老师的政治课，伴随着轰隆隆的声音，教室剧烈摇晃，同学们都吓得不知道该怎么办，李老师大吼了一声："快跑！"同时飞快地为我们打开门，拉着推着我们赶快往外逃。当时整栋楼房已经摇摇欲坠，给人的感觉是房子就要跨（垮）了。为了能让更多的同学逃出去，李老师用自己的身体抵挡住已经变形的门框，可一个人的血肉只（之）躯怎么能够承受得住五层楼的重量，李老师被跨（垮）塌下来的楼房压在了下面，房屋倒塌的那一刻，李老师还拼尽全力将一个学生推了出来，学生们安全出来了，而李老师，我们伟大的老师却倒在了跨（垮）塌的房屋下，献出了她宝贵的生命，永远地离开了我们。

我们班所有的幸存同学，向老师表示最深切的感谢和怀念。谢谢亲爱的老师！李老师一路走好！

高三(2)班　胡晓霞：

那是无比平常的一天，却成了每一个北川人心中不可磨灭的疼痛。我们正在上语文课，成都三试的试卷还在手边，正用红笔改错，灾难便以它不可逆转的姿势席卷了北川。一浪强于一浪的激烈震荡，斑驳的墙体，都成了回忆中的一道伤痕，长长久久凝在心上，让人夜夜失眠。

我无法用文字描绘那满目疮痍的景象，泪水是那么廉价地挂在每个人脸上，悲伤和死亡的阴影像是那漫天的灰尘一样笼罩在每个人的心上。废墟的缝隙处有孩子们年轻稚嫩的胳膊和腿，如花的年龄也如花开一般短暂。有孩子绝望而悲伤地叫着："哥哥姐姐，救救我。哥哥姐姐，救救我，救救我……"可是没有办法，在灾难面前人的力量显得那么渺小而脆弱，操场上都是躺着的伤员和尸体，心开始麻木起来，是梦吧？只有在梦里才会这么无助；是梦吧？只有在梦里才会这么无力，可是那一声声撕心的哭泣，那一团团鲜红的血液，为什么那么惊心？……

我亲眼看到身边的一位女孩子生命逐渐消殒的过程，她双腿齐膝盖而断，嘴里一直在流血，她双眼无力而空洞地望着天空，眼角的泪水不断地涌出来，她喃喃地想说什么，但却只有血气上下翻涌，是对亲人的牵挂？是对自身的惋惜？没有人知晓，刹那间芳华消逝得如此令人痛心。

高一(1)班　郭金菊：

我的记忆锁定在5月12日那个下午……我的大脑装满了那天下午的一幕幕，他们永远地装进了我的大脑……我永远地记下我们高一(1)班同学的名字，他们永远在我心里……

尹春陈、李汶健、王号、张露、母莉、六怡雪、张燕、佘冬梅、梁晋菲、王方亮、杨植清、唐玉婷、陈俊、漆正龙、焦松龄、张明、黄兴、李汤龙、赵鸿鸣、董平、李宗跃、王欢、朱付敏、孟丹、何玉琴、夏语、席杨、黄召杨、王晨旭、姜栋怀、王甜甜、顾玉凤、李瑜、赵兴丽、张彪、刘波、邓博、王银萍、杨岗、郭金菊、徐波、邓胜萍、陈佳、王明芳、学艳、张黎、陈琳、王暄齐、朱静、李俊华、林发杰、刘旭良、马武平、周梁、陈东、何江、李朝平、黄圆圆、陈莎莎、吴昊川、陈祥、郑有金。

高二(10)班　赵亚：

5月12号下午，我们正在教室上课，突然之间，教室抖动起来，同学们开始慌乱起来，老师叫我们镇定，不要慌张，随后，抖动更加剧烈，老师让所有同学往外逃，我们的教室在新教学楼的第二层，当我们跑出教室时，房子震得更加厉害。我趴在地上，一堵墙直面地向我打来，浑浊的空气让人窒息，我只看见一缕光线，于是顺着光线往外爬，当我逃出来时，二楼的阳台已经跨（垮）在了一楼，许多同学活生生地被压在了下面，我们大声地哭着，喊着他们的名字，可他们很多都已经听不见了。仅仅几分钟时间，所有的一切都变成了废墟，我害怕极了，心里使劲地重复："这不是真的！大家都还活着！大家都还能逃出来的！"同学们的哭喊声，废墟里虚弱的呻吟声，每时每刻牵动着每个人的心，甚至让我们发抖！

5月12号晚上，那是个漫长的夜晚，我和同学围坐在一起，心被提到了嗓子眼上，我们时刻警惕着再次发生地震，担惊受怕地度过了一整夜！

在得知妈妈已经找不到的时候，我脑袋里一片空白，我不敢相信这是真的，也不愿相信！一切来得太突然，还来不及反应就成了过去……我要学会坚强，学会面对，学会独立，学会生活，同时去帮助更多比我更不幸的人！

初一(1)班　张雪琴：

5月12日下午2点多，一场突如其来的灾难把我吓坏了，地面不停地晃动着，我以为我的生命将要走到尽头，当我逃到学校操场上的时候，我看见地上有同学们的尸体，还有楼房倒塌留下的一片废墟，我当时傻了，泪水已经流了下来，沾湿我的面颊，我想起我的亲人们，我不知道他们是否安然无恙，许多同学和我一样哭了起来……

初一(4)班　邓敏：

地震的时候，那个房屋突然一下子就倒了下来，我们比较晚地往外走，所以我们走在后面的几个同学被压在一个空地，只有脚被压住了，我们便慢慢地把脚移出来，救活了其他三个同学，还有一个同学被一块很大的石块压住了上半身而无法呼吸，我旁边的那位同学急坏了。我就说我去叫班主任，在我还没去叫班主任之前，教我们历史的任老师还在一个个地救我们班的同学，任老师的肩膀也受了伤流了好多血。我跑下楼，楼梯上有一个同学的头被压得都扁了，我当时看了非常害怕。校园里到处都是废墟，我一下子跑到操场上去……一边跑，一边喊班主任老师，我又怕被压在大石块下面的同学会因余震而死，吓得腿一直发抖。

过了一会儿，有一位老师叫我到操场中间去，要我和我们班的同学在一起，我去的时候，看见我们班的同学不是眼皮烂了，就是头被石头砸了，简直全都是伤员。我们班几个个子大的人去救被压在里面的，还救出来了几个，我们几个看见一个就哭，看见一个就哭。

有一个跟我特别好的朋友，她刚在绵阳做了手术，不能使劲，所以她这次被压在了里面，眼睛和头又受了伤，她被抬出来的时候哭得伤心极了，我也哭，我一边哭一边安慰她。等她恢复得差不多的时候，她又想睡觉，但是我们不能让她睡，因为如果她睡着了就可能醒不来了，每次等她快睡着的时候，我就说：你千万不要睡着，睡着了就可能醒不来了，醒不来就不会再看见被压在教室里面的同学了，就不会再看见你爸爸了。就这样，她坚持了一整天。

初二(3)班　杨红：

当时我还在信息室里舒心地上着课，突然，一阵猛烈的摇晃打破了我们每个人的梦。那时，我脑中一片空白，只知道拼命地跑……在一阵混乱之中，我茫然地走在操场上。我很高兴，因为我们班的人都还活着。但这时只听到一阵倒塌声，眼前便什么也看不见了，我埋着头，害怕地蹲在地上。一阵白烟过去后，我抬起头来，我哭了，眼前的教学楼已经是一片废墟……看见一个几千人的学校，现在只剩下几个人了，在一个地面裂了口的操场上，绝望地哭着，那撕心裂肺的痛苦都在这一刻表现在每个受灾的学生的脸上，操场上一片凄惨……

当天下午学生们自行组织，用双手去找被埋在下面的人，我只能尽可能地帮忙。每当出来一个人时，我都会去看，因为我希望那是我姐，当我看着被找出来的死人，我害怕得差点晕过去。从生下来，我从未看到过如此血腥的场面，我从未想过自己美好的家园会变成如此模样……

无数个被救的重伤者，在无法抢救的情况下，永远地离我们远去了……所有的人都没有睡，我们的心中、脑中全是自己的亲人、同学、朋友们以前欢声笑语的样子。我们都睁着眼，看着无数让人辛酸的画面，还带着无数的担心坐在操场上度过了不眠之夜……

初三(6)班　马国江：

当天是一个很好的天气，阳光照在我们的身上，感觉非常温暖。下午，大约2点20分左右，我们班的同学都在操场上高兴地上体育课。突然我看到一个老师很快地从二楼的楼梯上跑了下来，我当时不知道他在跑什么，当跑到第一个篮球架时老师还在继续向前面跑去，我还以为是前面有谁在打架，老师跑去看呢，于是我也随之跑去，我大约跑了有2～3米远时，我只知道自己已经站不稳了，一下子就摔倒在地上，我当时都还没有想到这是地震，我在地上向教学楼一望，只看见一块很大的石头很快就要压在教学楼上，也将要压在我的身上了，因为我离教学楼很近，教学楼离那块大石头更近，当时不是只有那一块石头快要压下来，而是很多块石头将压下来。

那块石头快要压下来时，我没有管自己跑得稳还是跑不稳，当时一切都没有想，我只管努力向前跑去，我跑了只有2米多远，我只是在那里绕了一个圈，然后，就又滚到地上翻了几个滚。我在这一段时间里想的只有一件事，我想学校教室里还有几个班在上课，办公室里还有那么多的老师，这下该怎么办呢？想到这里，我再向上看一眼时，只见小石头已经打在我的脑袋上，然后，我的背上就压了一块石板，我于是双手撑在地上，这块石板是水泥块上破裂了的。我当时以为那块大石头要压在我的身上，我想这下死定了，就闭上眼睛，就像浑（昏）了一样。等了有2～3秒的时间，我再睁开眼睛，我想这下不会死了。可我的呼吸器官已经进入了很多灰沉（尘），呼吸都快要停止了，眼前已经一片茫然，什么也无法看清，我于是就使劲地用右手撑住那块石板，因为我右手的力气要大些，并用左手把衣服拉起来把鼻子捂住。过了一会，灰尘散去了能茫茫然看到眼前时，只看见眼前的房屋一座一座地倒在地上，只听见哭声四处都是……然后，我就用力地动了一下，却又无法动弹，下面上来一个同学，我就叫他来帮我解脱背上的那块石板，他帮我解脱那块石板后，我看见我旁边有一个同学滚在乱石头上，我和帮助我的那个同学去扶他起来，我们看见他流血不多，就先没有管他，因为还有一个老师在喊救命，我们跑过去，问那个老师怎么回事，她先问“你受伤了吗？”我说没有，这个老师的手脚都受了伤，她说，“快喊救命，快……快打电话。”当时到哪去打电话啊！网络全部断线，每个人自己都难保，又有谁来救命呢？结果，老师喊救命不是为自己，而是为了她旁边的一位同学，这位同学的脑袋落了一层灰，还能很清楚地看到里面的骨头，后面有一个大口子，流血很多。又一会儿，眼前的房屋都暂时没有垮。有几个男老师就叫我们赶快离开这个危险的地方，现在我们救自己要紧。我们下去在一个比较安全的地方，只看见四面八方的山石从山顶上哗啦啦的滑下来。

在下午大约6点钟的时候，天气很不好，有雨点下下来，几个老师没有管他们自己的家人现在何处，却又商量着给我们想办法，因为生怕雨来了，四面八方的山滑坡形成泥石流。当时余震不断，到处都可能有石头滚下来，我们长留在那个地方肯定不是解决的办法。后来老师要我们去北川相对安全的地方，那就是任家坪。我们于是就上任家坪，这一段路本来是有公路可以行走的，但当时没有了，就是小路可能都很困难，我们也不知道，于是就去找看有没有人从任家坪下来的，终于找到了一个，他说："还可以"。于是我们就上去了，我们在那一路上看到了很多的死人，有的没有了手，有的没有了脚，有的没有了脑袋，我们看了几个就再也不敢去看了，只顺着有人走过的路，努力地向上跑，当我们跑到目的地时，已经累得不行了。

我们到了后，坐在那里又想了很多很多的事情，想父母，想同学，还想我们今后的路该怎么走，该怎样去面对生活。我们能走出北川吗？走出了北川又该去哪里？父母又怎么能知道我们在哪里？这些问题我们每个人都没有得到解决。晚上，我们同学老师背靠背地坐在地上，一晚上都提心吊胆，根本无法睡也不能睡，因为一晚上余震不断，对面的山随时都在哗啦啦的滚石头，老师就告诉我们随时都要准备跑，这一晚上的时间过得太漫长了……

所有幸存者对大震发生时的那一幕都记得特别清晰，而这中间发生的师生之间、父女之间、母子之间的感人离别，无不令天地动容！

刘全，北川中学初中语文教师，大地震时他正在家里备课，而他的妻子，北川中学政治教师李佳萍，因为正在上课而被埋在教学楼里最终遇难。

灾后有人问在医院养病的刘老师前后过程。刘老师则说了另一件事：5 月 19 日上午，他突然接到个电话，有个学生对他说有遗物要交给他。刘全老师感到很惊奇，说："什么遗物啊？"对方说："老师你过来就知道了。"刘全马上赶过去，找到在医院养伤的那个学生。那是个女学生，她真的向刘全转交了一些他妻子李佳萍老师在废墟里面交给这个同学的遗物。

通过这个转交遗物的学生，刘全老师才了解到妻子临终前在废墟下所发生的一切。刘老师说，大震后前两天李佳萍老师与班里的几个同学都困在废墟里面，他们相互之间还能说话，并且一起鼓舞坚持下去。李佳萍老师像平时一样，以一个政治教员的身份，不时给同学们讲英雄战胜特殊困难的故事。但14日后，学生喊她就不答应了。当时救出来的那几个同学去拉她，拉不动，她没反应了。估计可能是失血过多已经断了气……“她的遗物是在13日的时候交给学生的，她可能知道自己没法逃生了，就把自己身上的手镯和戒指摘下来，交给了一名叫周红的同学，叫她转交给我。同学们后来叫不应李老师了，可大家拿着她的遗物像接受了必须活下去的命令一样，一直坚持到有人来救她们。孩子们很勇敢！”刘全老师说。

“这上面是她的血。”刘全拿着妻子的遗物，双手抖动着，说，“前年，学校放暑假的时候，我们有几个朋友，主要是几个同事组织到西安去旅游，我和妻子也去了，回来的时候说买个东西作纪念吧。当时她看中了一个手镯，我说一百元，可那老板非要两百。两百就两百吧！我妻子一听就犹豫了，说要不算了。我说买吧，反正走了这么远的路程，买一个东西也算有个纪念。就这样她有了一个手镯。回到学校她一直戴在手上，很有些得意。平时我爱人不舍得花太多钱，所以很珍惜这样东西。”

“戒指是我们结婚十周年时我给她买的，她非常珍惜这几样东西，没想到成了她留给我的遗物……”相思之物，怎不叫生者刘全悲恸！

据说，李佳萍老师被挖出来的时候，衣着整齐，面容平静，仿佛睡着了似的。遗体也是在倒塌的教室里面发现的，而不是在教室外面，这就说明当时她根本没跑。而事实上在上课的教师离门口是最近的，他们最有可能逃生。她要跑的话，是一定能够跑出来的。可李佳萍老师和许多北川中学的教师一样，他们把活的可能留给了学生。李老师上课的那个班的生还同学回忆说，他们班共有60个同学，36 个跑出来了，多数是李老师将他们疏散出来的……

在 5 月 19 日“四川在线”上，我看到了一份北川中学学生幸存者名单，我相信这份名单除了个别可能的差错外，基本上体现了此次大震中这个中学的死亡情况。这份名单上的北川中学幸存学生为 1342 人，也就是说，有近 1000 人遇难。这中间，高三的 518 人极为幸运，他们全部幸存。而初一到高二的那些班，除了当时在操场上上体育课的三个班外，所剩无几。

其中高中一、二年级的幸存者情况是：

高一（3）班只幸存 5 个；

高一（4）班只幸存 5 个；

高一（5）班幸存 10 个；

高二（5）班幸存 14 个；

高二（6）班只幸存 4 个；

高二（8）班只幸存一个女同学，叫唐继维。

初中部学生的死亡情况我不想作统计了，他们实在叫人想起来更可怜、更痛心。他们可都是刚十来岁的孩子，他们可都是爸爸的心肝，妈妈的宝贝啊！

有一首《孩子——快抓紧妈妈的手》的诗在灾区和网络上十分流行——

孩子

快抓紧妈妈的手

去天堂的路

太黑了

妈妈怕你
碰了头
快抓紧妈妈的手
让妈妈陪你走

妈妈
怕天堂的路太黑
我看不见你的手
自从
倒塌的墙
把阳光夺走
我再也看不见
你柔情的眸

孩子
你走吧
前面的路
再也没有忧愁
没有读不完的课本
和爸爸的拳头
你要记住
我和爸爸的模样
来生还要一起走

妈妈
别担忧
天堂的路有些挤

有很多同学朋友
我们说
不哭
哪一个人的妈妈都是我们的妈妈
哪一个孩子都是妈妈的孩子
没有我的日子
你把爱给活着的孩子吧

妈妈
你别哭
泪光照亮不了
我们的路；
让我们自己
慢慢地走
妈妈
我会记住你和爸爸的模样
记住我们的约定
来生一起走

在北川中学幸存的孩子们中间也有许多他们自己写的诗歌，同学们用自己的心和灵魂在追忆往日的小伙伴——

我的中学　我的北川
重新坐在这明亮的教室里
再次来感受知识的温暖
身边的课桌缺少了熟悉的身影
曾经的你　音容渺然

我们在心底呼喊你的名字啊
我的兄弟　我的伙伴

在每个与你有关的日子里
想你的时候我把红烛点燃
每当听到那熟悉的旋律
我带着泪光绽出笑颜
祈盼你平安地一路走好啊
我的姐妹　我的思念

你的牵挂也是我的牵挂
我的心愿实现你的心愿
我会照顾你我的父母
也请你庇护咱们的河山
我们一定努力地重建她啊
我的故乡　我的家园

无论你在山之北　还是水之南
不管我走过地角　旅经天边
我都用奋斗来为你祝福
你会因成就为我心欢
因为我们有一个共同的守望啊
我的学校　我的北川

悲情能出伟大的诗篇，汶川大地震再一次证明了这一规律。而现实中的悲切又哪里是诗篇所能承载得下的！

5月12日的下午和紧接着的这一夜，对北川中学的孩子们来说是恐怖、恐惧和极度悲痛的时间。尤其是这一夜，天还下着雨，校园内混乱无比，一具具同学、教师的遗体被搬来搬去，那些受伤者痛苦的叫喊声和家长们撕裂心肝的哭号，叫在场的学生饱受痛楚，悲痛与无奈、焦躁及思念、担心及恐惧无法用语言表述。

这是永难抹去的黑色之夜！

“让孩子们继续留在这里太危险，也不合适。必须让他们随群众一起撤离到安全地带。”县委书记宋明和县长经大忠都是这个意见。

“那就天亮再行动。往哪儿去呢？”刘校长问。

“外面一点联系也没有。我想既然是地震，就不可能所有的地方都像我们这里一样严重。先往安县撤，如果那里也不行，就再往绵阳方向撤！”经大忠县长建议。

“我同意。”宋明书记点头道，并指示，要派党员教师和一些有能力的高三同学领着，必须保证同学们在路上的安全。

“是。”刘校长接受撤离指令。

天，亮得很慢。上午10点钟左右，现场仍在紧张地抢救，操场上的生还者在教师和部分高三学生的带领下，1100多人开始起身，向着山外长途跋涉。

“当时我们的样子很凌乱，大家沉浸在巨大的悲痛之中，因为我们还有许多同学和老师被埋在废墟中，他们能不能出来是大家所担心的，另外余震不断，山路相当危险，我们能不能安全走出去也还是个问题，大家一路上几乎很少说话，像一群孤独的逃亡者……”有同学回忆说。

撤离者最初的目的地是安县的永安镇，因为听说那里有个灾民收容所。但赶到那里才知道，他们的消息有误。怎么办？余震不断，为了不迷失方向，大家商量决定，只能继续沿着大路走下去。只要走下去，就能有活路！师生们都这样想。

就这样，第一批大震余生的北川中学师生互相搀扶着、鼓励着，顽强地走了五六个小时的路，来到了绵阳市的九洲体育馆。而这时，庞大的九洲体育馆人山人海，他们都是来自各地的灾民——师生们身临其境，也第一次尝到了当难民的感受。然而他们又很快看到了许多袖上别着“绿袖标、红丝带”的好人，那一张张温馨的脸，让北川中学的孩子们感到了震后的第一丝温暖与安全……

几天后为保证正常上课，他们又被转移到长虹集团的培训中心，这里条件比较好，能够上课。

我与这些孩子见面是在5月23日。十来天后的北川中学完全是另一个样子——他们正在一个条件比较好的“临时学校”学习。我去那天已是晚饭时间，同学们正在长虹培训中心的空地上吃晚饭。我首先看到的是高三的同学，女同学居多，她们端着自助餐式的铝饭盆，吃得很多，见我们来，脸上也挂满了笑容。我开玩笑说，你们一个人的饭量我要吃三顿。她们便不好意思起来。指指草坪，我说我们坐下来聊聊行吗？她们很愉快地接受了邀请。我问她们家里的情况，她们说她们很庆幸，家里房子塌了，但没有死的。原来她们的家都在农村，“山区的房子比较简易，地震时塌的多，砸死的人少些。城里就不一样了……”

说起学校大震时那一幕，女同学们的脸色变得难看起来。

一位叫母亚兰的女同学显得活泼些，她说，她们几个都是高三(4)班的，北川中学新教学楼共五层，都是高中部的学生。地震发生时他们都在上课。一二层是高一的同学，高二、高三在三四五层，特别是高三，都在五层。地震使整个教学楼全部坍塌，一二层被压在最底下，她们在五层的感觉是当时房子一下往下坠了好几米，等她们从废墟里逃出来的时候，再往教学楼看去，发现只剩了三层。“我们高三共十个班，死得不算多，高一、高二的死得特别多。不能回忆那一幕了……总之，当时现场很乱，我们高三的男同学就去救人了，我们女同学就负责看护抬出来的伤员和同学遗体……”母亚兰说。

我觉得不能再问这些心灵受过巨大悲伤的同学了。从北京出发前参加中央台的那台赈灾文艺晚会现场，有三个北川中学的学生代表参加，他们在现场的诉说和眼泪，已经让国人印象深刻了。那种痛与悲无须再重复，每一次重复，对孩子们来说，等于是挑伤口，让他们幼嫩的心流血……

刘亚春校长几乎每天要接受采访和与各种官员谈话。个头矮小的他，显得非常疲倦，是个不爱多说话的教师。听说我是北京来的作家，他似乎才有了一点想说话的意思。

“地震以后我们的人都很团结，学生也很坚强，大家一般都是通过眼神来传递信息的，或者是拍拍肩膀什么的，很少有人用话来说，不知道说什么。我也不太想说话。”刘校长的开场白让我意外。

“我们现在都是没有家的人，家破人亡的那种。好多教师，家里边都失去了好多亲人，我们大家都在这挺着。有学生在，我们就得挺着。没有学生的时候，大家在一起讲的时候都会哭……”校长开始有些哽咽。

“你们不在学生面前哭？”我问。

“很少。一般不。”刘校长说，“我儿子死的那天我都没掉一滴泪，可我看见学生的遗体时我就哭，不停地哭，眼泪收不住！孩子们有的困在一起，解放军战士把楼板一搬开，就能发现几个、十几个孩子死在一起，有的孩子甚至连一点伤都没有，他们是闷死的……看到那种情景，我能不哭吗？我哭一辈子都觉得对不起这些孩子！有些孩子当时被压在下面还不停地在喊救命、救命，喊我的名字喊校长救救我们，可我搬不开那些压在他们上面的楼板，几天都搬不开，等把楼板搬开时，他们都死了……我不哭行吗？我哭干眼泪都没用，我哭不出声，哭的不是泪水，是血……”

“我也是家长，我一直想拼命去救自己的孩子，但我救不了他，因为有那么多孩子在喊我、在喊救命……有一次一个小孩的遗体挖出来，我从衣服、裤子和鞋子的颜色样式看，从背面看，我认定那是我的孩子。我痛哭了一场，抬出来后我又去看了一下，结果发现不是，但又觉得他就是我的孩子，后来每挖出来一具遗体，我都觉得是自己的孩子，他们都是我的孩子……”

刘校长的话没有半句修饰，但句句痛彻人心。

“他们都是我的孩子！他们都是我们的孩子！”抢救现场的那些分分秒秒里，无论是谁，脑海里都是同样的一个念头。

擂鼓镇是除北川县城之外，离北川中学最近的一个镇。大震那一刻，这个回民居多的小镇同样伤亡惨重。派出所副所长李林国这一天正在与当地一家企业协调工作，不料大震将他们 5 个人砸在里面。李林国是第一个逃生者，他出来时，一只耳朵被切掉了一半，血流满面。可这时他发现其余四个被埋在里面没有出来，便不顾一切地往里冲，硬是将压在废墟里的四个人抢救了出来。这时，有人从北川县城回来报信，说北川中学的教学楼全部塌了。李林国立即想到了自己的儿子李智国。他因此成了第一个赶到北川中学的民警……

他来了！他自己至今都不知道是以什么速度赶到几里外的中学所在地的。

“儿子！儿子你在哪儿？”李林国第一眼看到的中学坍塌现场，令他每根毛发直竖：老天！两座教学楼塌了，塌得像用千斤铁锤砸的纸盒子……1000 多个孩子埋在废墟下，几百个从四面八方赶来的学生家长和干部群众在废墟上面叫喊着、抢救着……

“爸爸，我在这里——”混乱中，疯狂中，李林国突然听到从地底下传出的声音。那是自己的孩子的声音！

“儿子！儿子！你爸爸来救你了！”李林国凭着警察的好力气，拼命地用双手刨着废墟，扔着砖块……一边还不停地对儿子说：“坚持儿子！有爸爸在你就别怕！”

“救命！叔叔救救我——”李林国的手迟疑了一下——他身后的楼板下，有几个孩子在呼叫。

“警察叔叔，快救我！救我——！”孩子的呼救声，撕碎了李林国的心。

我是警察？我是警察！我是人民的警察呀！李林国突然清醒过来。

“警察同志，你快救救我的孩子吧！”一个家长跪在他的面前，双手揪着胸前的衣襟，像是要挖出自己的心肝一般。

李林国愣了一下，朝掩埋儿子的地下看了一眼，然后转过身子，又像疯了似的刨了起来：快点！再快点！把孩子救出来！救出这个孩子后就可以去救自己的儿子了！快快！

一个孩子被李林国刨了出来，还活着。

“这边！这边还有孩子！”又有人来求李林国去刨另一个被埋的孩子。

李林国就又跳到另一堆废墟上拼命地刨啊刨……双手流出了鲜血，指甲断裂了还在刨！刨，不能停下！停下以后就没有时间再去救儿子了！

于是李林国就这样一次又一次地帮着别的家长刨啊刨，一直刨了一天两夜。经他之手，30 多个孩子被救了出来！

14 日早上，他终于回过神，又刨到了儿子那个地方，在群众的一起帮助下，他的儿子终于被刨了出来，可儿子再也不能叫他“爸爸”了……“老天爷哪，你咋这样对我们北川不公啊？你咋对我不公啊！”那一刻，钢铁汉子李林国对天长号了两声，便倒在地上，昏死过去……

他醒来时，县委书记宋明默默地在他肩上拍了拍，什么话也没说。李林国看了一眼躺在他身边的儿子的冰冷的身体，轻轻地用自己的衣服给儿子盖上后，又摇摇晃晃地站起来，重新走向废墟……

正是这样的共产党和共产党员影响下的人民群众临危不惧和英勇顽强的战斗，他们在灾难降临的第一时间，毫不犹豫、不假思索地选择了先救学生，哪怕是亲生骨肉就近在咫尺，仅凭一双双流淌着鲜血的手，在救援部队没赶到前，先后扒出了两百多名活着的学生！

这是奇迹！这是凯歌！是生命的奇迹！是生命的凯歌！

26日那天，我终于到达北川中学原址。尽管十多天过去了，但现场的废墟仍保留在那里。当地的一位群众告诉我：废墟里仍有几百个学生埋在里面，不好挖了……望着这片深埋着没能逃生的孩子的废墟，我无言无语，只能默默地弯下身子，向他们鞠了三个躬。

像见过的其他倒塌的学校一样，我看到这个学校也有一个让人疑惑的现象：在变成废墟的教学楼旁边，有栋很漂亮的学生宿舍楼没有多少损坏地屹立在那儿。另外在校门口的几户农民家的旧房子，同样没有倒塌，这是为什么？我弄不明白。

在那块当时躺满遇难者遗体的操场上，我看到一位拾荒的老太太，正在捡着到处可见的课本和裹尸的塑料袋。她身边有一只没有了主人的猫在惨叫……而靠近校门的显然是学校办公室的房子里，我看到到处散落着的是员工食堂的饭票一类的东西。一间屋子里，有只孤独的狗躺在里面，没有死，但一动不动，它的样子令我伤感：孤独的它也许经历了太多的悲伤，它不想再活在这世上，它是想去陪同那些被埋在废墟里的伙伴？它没有气息儿，只在我临走的时候，翻动了一下眼皮，仿佛是在向我告别，向这个不幸的世界告别……

我不敢多看它一眼。我回到了现实——站在那块宽阔的操场上。我知道，在我来的前几天，这里曾经举行了一次庄严的仪式，有 34 名年轻人在鲜艳的党旗下进行了宣誓，他们用自己的行动诠释了对共产主义的信仰与追求。

这是另一种让人震撼的生命！活着总是美好的——人类总是需要有人活下去，并永远繁衍下去……

有一个镜头我们不能忘记：

14 日上午 10 时许，温家宝总理来到了北川中学，他迅速察看了整个学校的灾情，看着狼藉的校园，看着仍有数以百计的孩子被埋着的废墟，温总理的眼里充满了泪水。

站在废墟的一角，温总理握过宋明，刘亚春等人的手后，用鼓励和期待的目光，向在场的学校师生、北川县干部群众和解放军、武警官兵大声问道："抢救人的生命，是我们这次救灾工作的重中之重，现在要抓紧时间。对于被困人员，只要有一线生还希望，我们就要用百倍努力，把他们抢救出来。……同志们一定要经受住严峻的考验。大家有没有信心？"

"有——！"这气壮山河的回应声，振荡在刚刚经历过劫难的北川大地上。那一刻，没有离开过抢救学生现场一分钟的宋明书记和刘亚春校长的眼泪不由自主地流了下来……

生命的责任

大震的第一时间里，每一分、每一秒，都是生与死的厮杀和拼搏。在城外的中学抢救的同时，被困在北川县城中上万群众的自救战斗更是惊心动魄，分秒必争。指挥这里战斗的是县长经大忠、县委副书记浦方方、县委组织部长王理效、纪委书记文刚等县委班子成员，还有县政协主席杨应庆，县人大党组书记、常务副主任李春寿等领导。

县城被毁的前几个小时，可以说是最危险和最紧急的时刻，不仅每一分、每一秒对那些被埋的群众是关键时刻，而且对随时可能被余震引发的山体滑坡和泥石流吞噬掉生命的几千名死里逃生者来说，也处在极度危险之中。

“必须迅速采取措施让所有活着的群众转移！”几位县领导当即做出决定。

“可现在往外面走太危险了！”有人看着四周仍在不停滚落巨石的山体，担忧道。

“这个时候每一秒钟都极其宝贵！用我们的生命换回更多群众的安全转移，这是我们这些在场活着的党员的责任！火海刀山，也必须冲出去！”经大忠县长铁了心。

“对，必须在天黑之前把在场的所有活着的群众带出去，否则天黑后危险会更大！”组织部长王理效说。

“好，我和王部长带第一批群众先往外转移。浦书记和文书记，还有杨主席、李主任你们在后面继续组织现场抢救和后续生还者的转移准备！”经县长立即布置道，然后命令在场干部，“马上让群众分成五个人一行跟着我们走！老人、小孩和伤病员，要一个帮带一个！现在所有的人跟我们走！”

“走！我们要转移啦——”

“快快，大家相互帮忙，赶紧动起来！”

于是，一场求生大突围开始了！在不停的飞沙走石之中，一支浩浩荡荡的4000余人的生还者队伍，在县长经大忠和组织部长王理效等领导的带领下，踩着废墟，穿越飞石，攀登山道，时快时缓地朝城外大转移。一路上，那些伤员和老人都有县领导和共产党员、干部们扶着，甚至背在身上走！途中，有的领导干部和党员因为让群众躲闪飞来的滚石，几度险象环生。

“太好了！”当宋明书记和经大忠县长在北川中学会合的那一刻，两人的手紧紧地握在一起。患难之中的战友和同志间的战斗情谊，使他们更加坚定了战胜震灾的决心与信心。北川县抗震救灾临时指挥部也在大震之后的第一时间里正式建立。

“现在，抗震救灾工作是全县压倒一切的中心工作，关键时刻，全县人民期待着我们，县委要成为全县人民抗震救灾工作最坚强的后盾，最值得依靠的主心骨。”县委书记宋明在县抗震救灾指挥部第一次会议上，向县委和全县党员干部发出了第一道抗震救灾战斗命令。

同在第一时间里，县委、县政府开始组织抗灾自救，征用周围农户的钢钎、铁锹、锄头、杠子，由幸存的机关和事业单位的青年党员、基层民兵，组成青壮年“抢险救灾突击队”，迅速深入到县城各个角落搜救被埋人员，疏散安置群众。

同在第一时间里，县委、县政府组织幸存的医护人员，紧急救护伤员，并征用客车、小货车、摩托车等交通工具，迅速将伤员转移到邻近的安县和绵阳治疗。

这中间，县委一班人和党员干部始终站在战斗的第一线。县委书记宋明连续在北川中学现场指挥抢救学生三天三夜没合一眼。等救援的部队到达后，他又冒着不断的余震，奔赴那些被困的山区帮助群众自救。他的儿子在大震四天后，才辗转打听到父亲安全的消息。

县长经大忠在大震当天与宋明书记会合后，又与组织部长王理效马上返回县城，当晚又从废墟里带出2000多名被困的群众和伤员。他自己则在失去妻儿之后，又有两位亲人离他而去。

这里我仅用很少的文字来描述县长他们带着生还的群众撤离县城，其实这过程非常艰巨而危险。当时北川县城完全陷入了一片惊慌和逃命的绝境，大震造成的极度破坏已经使整个城市变成了废墟不说，大量的伤亡，血淋淋的场面，不是正常人所能接受的，然而此刻的北川人必须人人面对这样的惨烈场面。有位年轻的妻子，她跟自己的丈夫正准备上班去，她坐在丈夫的自行车后座。地震来时，她和丈夫都倒在地上。当她睁开眼睛时，几分钟前还有说有笑的丈夫，竟然没了身子，脑袋滚在她的身边，嘴巴张着，似乎还想与妻子说些什么……妻子吓坏了，拼命地跑，可没跑出几步，余震再起，一块巨石将她的身子埋在水泥地里，只有一双脚脖子露在外面。

另一个一家三口，大震时刚从废墟里钻出来，想喘口气再往山外逃。结果身旁的楼房第二次倒塌，路过的人眼睁睁地看着这一家三口活活地被埋在里面再也没有出来……

而另一些人是在大震第一时间里，或自己从废墟里逃脱出来，或被经县长他们组织的临时抢救队员救出，可由于现场没有医生包扎，失血过多，一两小时后就死掉了。这一类死里逃生后又断送生命的在大震第一时间里，占了不少比例。

山仍在崩塌，地仍在颤动，余震加之下雨，这是北川县城在大震后的第一夜最痛苦和艰难的一幕——

孩子在哭，老人在哭，找不到主人的猫狗在到处疯跑。倒塌的楼房和断裂的墙，仍不时发生更可怕的第二次、第三次的倒塌……

必须让已经脱险的群众尽可能地撤到安全地带！县委临时指挥部的决定英明而正确。然而县城里到底还有多少人活着，还有多少人需要及时送出去，这是个大问题。

第一批撤出去的大部分是受轻伤和死里逃生的幸运者，他们相对安全和行走方便些。但后面再聚集到一起的大多数是受重伤和已经被埋一段时间后的失魂落魄者。有一个老人任凭县武警中队的官兵劝说，她就是不愿走，跪在废墟前哭喊着要找小孙儿。可小孙儿被埋在深深的楼底下，已经当场死亡。“我不信娃儿死了！不信……”老人哭干了眼泪，还在喊。这一夜，她一直坐在废墟前，烧着纸……第二天有人再路过那堆废墟前，结果发现老人的身子一半露在外面，一半陷在废墟里，她的头被两块水泥楼板压扁了，与心爱的孙子一起进了天堂……

死人太多了！活下来的人太不容易！活下来的人就是北川未来继续存在于这个世界上的命根儿！那些清楚现实的北川人心存这样一个念头：得让每一个活着的北川人尽可能地逃出去！活下去！

可在无援的死城里，要想活下去谈何容易。

这个时候，人的求生本能，中国人在中国共产党领导下的那种坚定、坚信和组织力量，发挥了巨大作用。

西方人总喜欢在发展中国家面前卖弄他们的所谓人权观，他们常常指责别人不懂人权，似乎只有他们才懂得人的生命之重要。然而这次汶川大地震中，中国人表现出的人权意识让他们大大吃惊。事实上他们根本不懂在中国共产党领导下的社会主义中国，人的生命的意识和行为，远远超出了西方人的水平与能力。可以设想：如果这样的大地震发生在另一个只讲求个人的人权重要性的国度，在如此巨大的灾难面前，失去的生命可能就要多得多。因为，在绝境之地，在死城之地，假如没有像北川县委、县政府那么迅速、果断、坚强的组织和指挥现场，大震后的第一时间内还有那么多毫无方向和不知所措的人就会无所适从，就会继续让乱石飞滚的山体崩裂和余震困死在里面……而北川之所以还能够留下数以千计的活人，这与他们及时有效地组织撤离与发挥集体的力量进行自救有着直接关系。

北川县委和县政府应当受到全国人民的尊敬，应当受到人类的尊敬。他们无畏无私、勇敢杰出，才使留存在死城里的生命获得拯救和逃脱。

看看他们当时有序而清醒的表现吧：

由于当天派往绵阳等地的报信者仍没有回音，县委做出决定：在自救的同时，必须用最短的时间，将北川面临的严重灾情及时上报给上级。“派谁去呢？”书记与县长正在商榷，已经忙了一整夜大转移的组织部长王理效带着满身伤痛，主动请缨道：“我去比较合适。让我去吧！”“快去快回！”宋明书记紧紧握住王理效的手说。县长经大忠则拍一拍行将出发的王理效的肩膀，不言中寄托着无限期待。报信的路上，王理效穿越过危险狭窄的山涧河道，穿行于乱石飞奔的峭壁绝路，每时每刻都有生命危险。两个小时后，他幸运地拦住一辆农用摩托，催促驾驶员火速驶向绵阳市委。北川严重的灾情，从此正式上报到了省里和北京中南海，于是救援的部队官兵、消防队员和各色各样的志愿者，纷纷赶向这个被毁的“孤城”，为迅速抗震救灾和抢救被埋人员赢得了宝贵时间。

再看看他们一班人的英勇无畏吧：

县委常委、宣传部长韩贵钧，地震发生后，不顾自身危险，马上组织公安干警到曲山小学东区废墟里抢救被掩埋的学生。县委常委、政法委书记张周凯被掩埋在废墟之下长达三天，获救后的第二天他就带领工作人员，翻山越岭，深入乡镇查灾救灾。县委常委、副县长瞿永安正在成都开会，北川地震后，连夜赶回北川，在得知11个亲人被灾难夺去生命后，他强忍悲痛，不分昼夜地搜救群众、抢救伤员、疏通道路。在绵阳开会的县委常委、副县长王久华，地震后用了30分钟时间就乘车赶到擂鼓镇，然后徒步赶回北川县城，一头扎在抢险工作之中。而最悲壮的，莫过于县委常委、常务副县长杨泽森，地震发生时被埋在废墟里，当救援人员发现身受重伤的他后，他拒绝救助，而是用尽全身力气说：“不要管我，先去救被埋的群众。”两天后，他长眠在县府大楼的废墟之中……

李跃进，北川县公安局副局长，不属于县领导之列，但在大震之后，他成了县抗震救灾指挥的主将之一，他的任务是接受县委的指令，带领一批又一批群众撤离死城。这个任务比平时破案一类的事要艰巨得多，因为人民的生命，北川每一条大震后余留的生命，太宝贵了！这是北川未来的香火。香火不能断，断了北川人饶不了他这个公安局副局长。

大震太无情，让北川县城死去了一半左右的人。他李跃进是公安局副局长，同样没能保护好县城内住着的家人，他的妻子和老母亲至今仍埋在废墟里找不到遗体，只能算“失踪人”——妻子和老母亲是属于明明知道早已在那些废墟里死去的“失踪人”，因为她们无法再从废墟里挖出来，所以暂时还被叫做“失踪人”，而她们是永远地陪葬在这座死城的几千名“失踪者”之一。

李跃进是个 50 多岁的汉子，在公安局干了几十年，平时什么场面没见过？但地震这样的大灾、死伤这么多人的场面他没见过。震后已经有段时间了，这位曾经是铁骨铮铮的汉子，现在也变得非常脆弱和憔悴，眼角里时常含着泪水……中央电视台的新闻里播出了他的事迹后，总有记者和作家来请他谈谈“英雄事迹”，可老李不太愿意谈，或者只会说一句：“都是亲人，那个时候谁见了都会尽力去救援和帮助的。”

老李不愿多谈，是因为他心里其实有太多的痛。这痛与他这样一位公安局领导的身份好像不太相称——人们一般的眼光里，公安局人员都应该是顶天立地的英雄汉子。

李跃进当然是顶天立地的英雄汉子。但这么大的地震面前，他这个汉子也感到恐惧，感到了内心的乏力……

老李的家在老城，他上班的公安局大楼在新城。中间要经过一条断水河和丁字路口。

12 日午后的 2 点多时，他还开着车走在这条路上，一直到了丁字路口。突然，车身剧烈地摇晃起来，摇晃得有些玄乎。车胎掉了？他赶紧减速，但车子还没有停下，他猛然发现他和他的车子已经陷在周围垮塌的房屋里，旁边的高压线怎么成了乱蜘蛛网似的，将他和他的车子全部罩在其中。

怎么啦？束手待毙？哪个敌人敢这样对他？不像是敌人！敌人没这力量和本事，况且这儿也没有什么敌人嘛！是地震？这么厉害的地震？可地震也不会这么厉害呀！老李和许多经历此次大地震的人在那一刻都不相信这是地震灾难。

他惊恐了，甚至非常害怕：世界发生了什么？毁灭？是毁灭！他清楚地记得第一眼看到大震时的一切：地底下的声音就像地狱里的大鬼小鬼从油锅里爬到地面上来了，它们的能量之巨大，可以将整个县城和周围的群山掀来掀去，甚至能够将地面上的任何物体想卷到什么地方就卷到什么地方。你看看那石头，跟几座楼房似的大，却在地魔的兴风作浪下，随意乱滚乱跑，几栋、十几栋楼房像纸糊的盒子，转眼就成了废墟……老李骇然了！惊呆了：那里有他的家呀！那里有他的公安局大楼啊！

那一幕的恐怖，永远定格在老李的脑海之中，他现在不愿意翻开来给别人看……那是他永生的记忆之痛。

又几乎是同一刻，天空发出一道道令人眩晕的亮光，是蓝色的，死光。李跃进赶紧借力打开被卡住的车门。走出车门的他，像一根弱小的草儿，被飓风吹倒在地，他睁不开眼。

这个时间持续了约两分钟——与别的幸存者讲的一样。

待老李睁开眼时，一切都变样了：河堤崩塌了，山路掩埋了，行走的人都成了死鬼和半死鬼，仅有的几条生命在哭喊和毫无方向地奔跑——人们已经不知怎么回事地在发疯和恐怖之中寻找摆脱死神之路……老李直到这一刻，才明白其实人的力量非常之可怜，根本经不起这种突如其来的死神的侵袭。

丁字路口在那一天的那一刻，也成了老李生命的十字路口。往后走，是让死神笑话，因为它们在那里等待着这位北川汉子的拥抱。往前走，死神明明告诉他同样是一条不能活的路——你的城市和家已经被摧毁，你想干什么？

是啊，我想干什么？我能在此刻干什么？老李在半醒半昏中迈开了步子，因为他发现自己的警服和警服上的警号仍然留在身上。033068，这是他的警号，这警服和警号是一个公安人员的生命标志，它是与死神拼杀的力量和本钱。什么都不怕，即使天灭地毁，老李这样想。他这个时候也只能这样想——老百姓简直不可能再有人像他一样理智、冷静了。这是可以理解的。即使他是公安人员，现在哭出声来，趴在地上不敢动，也并不算胆小鬼。谁有本事试一试这样的大地震！谁胆大试一试山崩地裂的恐怖！

但老李想到了自己是局里的领导，想到了整个县城此时此刻必须勇敢站出来与死神拼杀的应该是他和他的战友们，于是，他迈出了摇摇晃晃的步子……

这一摇晃中，他想到了儿子，想到了同在一个县城工作的同一公安局的儿子。儿子在哪里？好像出差了吧？对，可能出差了！老李相信这是对的，儿子出差了，出差就不会死在这个废墟里。老李的心灵上竖起一道长城：他想把儿子隔离在最安全的地带——这是唯一的可能。

有了这一心灵上的长城的慰藉，他老李便似乎有了一种特别的力量，他快步走到那些没有了方向感的人中间大声喊着："大家听我说，我是警察，不要乱跑，都站到空地上来！那里安全——快快！"惊恐的人群好像一下清醒过来，跟着他就往空地上跑，他成了人们挣脱死神纠缠的天神！

安置好一群老百姓后，他便想法去找自己的单位——公安局……

公安局大楼在哪里？这就是我的单位公安局大楼？李跃进不信，但他必须信。因为逃出死亡废墟的战友们站在他面前已经证明他找到了自己的单位。

“局长，你还好啊！我们怎么办呀？”战友们站在他的面前问他。

老李看着自己的战友心痛得很：他们有的断了胳膊，有的没了眼珠，有的头部在流血，还有的甚至拖着已经没气的遗体——那是他和他们的战友……

“去救人吧！”老李只说了这句话，而这句话代表了一切和所有的命令内容。

于是，那些有伤的、流着血的，只要还有一口气的公安干警跟着老李，看见被埋的就去救——要救的人太多、太多……他们都在喊救命、喊警察！

老李和战友们手里没有任何工具，只有双手或者随地捡的断棍与木棒。能刨就刨，能撬就撬，只要把还活着的人救出来就行！

老天无情，竟然还下起大雨，滂沱的大雨。刚才还哭喊四起的县城，渐渐声音少了，呜咽声多了。这让老李更紧张——那些刚才还有气的人越来越少了！

“抓紧时间救！”老李喊着，其实不用他喊，所有在地面的人都在拼命地抢救他们看到的遍地都是的被埋人员……

“局长，我们必须先把已经救起的群众迅速带出去，否则今夜他们很危险！”战友提醒他。

“把群众聚集起来，跟我走！”老李又一次带领那些伤的伤、残的残，但还有宝贵生命的北川人开始了新一轮的大撤离。

半路上，有民警默默地走到他的面前，递给他儿子李宇航的警官证，没错，是儿子的。那位民警告诉老李，说是从你儿子衣服口袋里找到的。老李什么话也没有问，继续领着脱险的群众往山外走。

到了设在北川中学操场上的县委临时指挥部，李跃进告诉局长说，有人见到了他的儿子。

他说话时语气异常平静。局长以为老李的儿子幸存下来了，便随口说了句："你去看一看儿子吧！"

是的，该去看看儿子了。到城里的路平时只需十几分钟，而这一次，老李走了近两个小时。一路上还有那么多刚刚从废墟里逃出来的伤员需要他搭一把手，肩一程路，指一条生路，甚至带出几处危险地。

傍晚时分，老李才走到了废墟里的老城，老城已不在原来的位置，它被山推移了两三百米远，又被山顶离地面六七十米高，再被山掩埋住……

他有家的钥匙，但已经没有家门了。他知道儿子工作的派出所在这座城中的确切位置，可是，城都没有了，他参照什么可以找到儿子呢？

晚霞剩下最后的一线余烬了。这时候，他看到了一辆被砸扁了的警车，他认识这辆车，是局里的一个民警开的，车号是571。他朝着这辆砸扁的车走去，离车大约有十米远的地方，他看见了儿子的遗体！

不，他不想说那是儿子的遗体，他看见了儿子。儿子是那么年轻，才25岁。就是因为年轻，所以他才跑得快，可是，四周全是房子，他无路可逃。他的手高举着交叉地护着自己的头，那是房子垮塌砸向他时的一种本能的自我保护。他看见儿子的前胸全烂了，腰带也断成了两截，他一点一点、一寸一寸地检阅着儿子，最后，他的目光停在儿子英俊的脸和带着血痂的额头上，颅骨很深很深地陷进去了，他轻轻、轻轻地触摸着……

他悲痛欲绝。

他是一个人走进老城的。他无法为儿子做什么，既没有力量把儿子背出废墟，也无力把儿子就地掩埋，他只能看看他，陪他坐上一会儿，说说话儿。后来，他在地上，儿子的遗体旁写上儿子的名字李宇航，年龄，警号。最后，他把儿子的警号从胸前解下来，擦干净，装进自己的口袋里，为儿子整整警容，向儿子默立了一会，折身融进了夜的黑暗中。

自此，李跃进是真正地孑然一身融进黑暗的孤独里了：他的妻子、他的70多岁的老母亲也都在这场大地震中永远地长眠在了北川老城的这片废墟中……

“希望小学”大希望：483个孩子一个没死

“我现在担心的是十里外的希望小学那里不知怎么样了！”县委书记宋明一边指挥北川中学的抢救，一边悄悄将经县长拉到一个废墟边说，“你看看这儿死了那么多孩子。我实在心疼……”书记说到这儿直想哭。可他没时间哭。

“我马上派人过去看看。”经县长铁青着脸，跑到人群里，找到县武警中队的几位同志，让他们马上放下手中的活，立即赶往希望小学。

让我们把镜头拉到离县城十里外的那所希望小学吧。

这一天的大震前一刻，希望小学的教导主任肖晓川正在操场上，他无意识地抬头看了看天气，觉得与以往一样——半阴半阳的天，于是便准备进教室上课。14点28分，肖晓川突然觉得地面在剧烈抖动，转眼间四周一片“劈劈啪啪”的声音。“怎么啦？”肖老师回头一看，学校周围的民房在瞬间全部垮塌。随即又听到

“轰隆、轰隆”的巨响。只见山上的巨石像脱了缰绳的野马，裹挟着树木和泥流，势不可挡地泻往山下……刹那间，尘土飞扬，气流冲天，肖晓川的眼睛被迷住了，难受至极。两三分钟后，他吃力地睁开眼睛一看，自己竟然成了一个泥人，呼吸都非常困难。

“地震啦！”肖晓川清醒过来的第一个反应是大喊了一声。他的心一下悬到嗓子眼，眼睛不由自主地投向自己学校的那栋三层教学楼。

天哪！肖晓川差点没哭出来的是：摇摇晃晃的楼房竟然没有倒……

孩子呢？孩子正在午休呀！肖晓川顿时吓出一身冷汗。

“赶紧让学生到操场上来！快呀——”肖晓川拼命地高喊。

“地震啦！孩子们快出来！”

“快到操场上——”

“不要乱！要有秩序地往外走！”

学校的教师和孩子们这时也都惊醒和紧张起来。整个学校一片呼喊声，但撤离则是非常有秩序的。

“快！快快！”孩子们太小，27 名教师奋勇相助，将一批批孩子从楼上的宿舍拉扯到操场。这个时间很短，短得连教师们都怀疑这是他们的速度吗？像是部队的一次紧急集合，像是英雄的一次冲锋。

“让孩子们手拉着手，按班坐好！”肖晓川一边指挥，一边要求教师，“马上清点人数，看看有没有还在房间里没有出来的。”

“肖主任，9 个班的学生全到了！”

“幼儿班和学前班的孩子都出来了吗？”

“也出来了！”

点人数了吗？

“共 483 个。”

"483？"

"对。483名！"

"一个都没少？"

"是。一个没少！"

"我的老天爷！"肖晓川双手抱头，眼泪夺眶而出，孩子竟然一个没少！

此刻的希望小学，连同附近的几十位老乡，共500多人被突如其来的天灾困在山谷之中。刚刚被大震惊吓的孩子们还未擦干眼泪，一阵又一阵强烈余震"轰轰"袭个不停。孩子们清楚地看着周围无数百姓的土房在倒塌，倒塌之后腾起的灰尘遮蔽了整个天空。

"妈妈呀！""爸爸快来救我呀！""老师！老师——"孩子们大的叫，小的哭，甚至有的想逃离群体。

不能在这里待下去！这样随时可能受到山体滑坡的掩埋！尤其学校边就有一条河道，一旦泥石流堵道，河水上涨，这块操场和学校将会全部淹没！

"太危险了！我们应该马上转移。"教师们向肖晓川建议。

"我也是这样想。"肖晓川说，"现在外面的情况都不知道怎么样，我们只能靠自己了！大家一定要千方百计保护好每一个孩子。我们几个在前面找路，后面的教师带着同学们跟上来。注意：一定要手拉着手！"

不能有片刻犹豫。转移立即开始！

肖晓川和几位年轻的男教师及几位老乡在前面披荆斩棘找路，后面的师生们则手拉着手，向学校背面的一座山体进发。然而余震仍在继续，山谷间不时传来骇人的飞石倒地的轰鸣声……"大家一定要小心！不能掉队！"教师们在学生中不时传话。幼儿班和学前班的孩子根本走不动，他们一边还在哭叫着要"回家""要爸爸妈妈"。教师们就哄他们安静，哄他们"没事没事"。"其实，那个时候连我们这些大人都吓得浑身直哆嗦，孩子们哪见过这么大的地动山摇？再说，当时根本不知道外面什么样，我们每个人心里还在惦念着各自家里的情况，也不知自己的亲人是死是活。总之，都是魂飞魄散。但看到这么多可怜的孩子，我们的心就收起来了，忙着照顾他们。有的孩子实在太小，根本不会走山路。我们就背着他们走……”有教师事后这么说。

大震的第一时间里，在大山的崎岖小路上，在随时可以看到和听到滚石飞舞的泥石流与山体崩裂的山谷间，希望小学的这支近500人的队伍，可以说是浩浩荡荡，他们缓慢地行进着，也不知前面的危险到底有多大，更不知能不能走出山谷，摆脱死神的追击。

走至一处相对平坦的地方，肖晓川让队伍停下。“只有这个地方比较安全些。不能再走了，要不更危险！”肖晓川仔细观察了周边的山形，对教师们说。

“今晚就在这里露天就宿了？”有教师惊恐地看着群峰起伏的大山，担忧地问。

“只有这样了！通知老师：就地宿营！并且要准备今晚可能出现的险情。无论发生什么情况，必须保证孩子们的安全！”肖晓川用了少有的严肃口气，叮嘱他的同事。

“同学们，今晚我们就在这里宿营啦！大家要听老师的话，不能随便走动。更不能离开班级。现在大家按照老师的要求进行就地宿营准备！”教师刚下达通知，孩子们便嚷嚷起来，有的说要尿尿，有的说要拉屎，更多的人说饿了。总之乱哄哄地吵成一片。最让教师们痛心的是那些幼儿班的小孩子，不知哪个先带头说了声要“回家”，于是几十个小孩子跟着“呜呜——”地哭喊着要回家。这下可好！幼儿班的孩子哭喊之后，学前班的跟着又叫喊起来。学前班的没叫停，一二年级的孩子又跟着哭闹起来。三四年级的看着小弟弟小妹妹哭得伤心，于是也不由抽泣起来，到最后也跟着大哭大叫起来。五六年级的孩子本来是以大孩子自居，这回见那么多弟弟妹妹们伤心地哭着，也忍不住地哭喊起来。

“回家！我要回家！呜呜……”

“爸爸！妈妈！快来救我——”

山谷间，那一刻很悲凉。几百个孩子面对阴灰的天空和摇晃的山峦，在孤独和悲切地嘶号着，哭泣着，那稚嫩和沙哑的声音，仿佛是在向苍天乞求，在向死神求饶……那声音，那场面，只有经历过的人才知道什么叫悲痛与震撼！

“孩子们，别怕！有老师在，大家别怕！”

“你们都是好孩子！勇敢的孩子！我们一定能够走出大山，你们的爸爸妈妈会很快来接你们回家的啊！”

教师们一边安慰，一边跟着流泪。

苍天，你有眼吗？你为何要对孩子如此疯狂？

然而，苍天并没有回答，苍天变得无情无义，依旧疯狂与暴虐……

天色渐晚，四周一片惨景与死色。许多孩子害怕得自觉缩团在一起，看着孩子们可怜的样子，肖晓川等教师十分心疼。

“也不知什么时候能够走出大山。我们必须给孩子找些吃的，要不今晚就不能安全露宿。”

“哪儿弄吃的去呀？周围的房子都塌了，再说这个时候出去弄吃的也太危险了！”

“为了孩子，再危险也得去！”肖晓川叫来几个党员、团员教师，让他们迅速到周边那些倒塌的农民家里寻找食品去。“凡是能吃的都找来！”肖晓川说。

“是。”

不多时，几位教师抱来一些从废墟里找到的冷饭剩菜和玉米棒子之类的食物和一些棉被。食物虽少，但孩子分着吃，吃得特别香。这让教师们有了些安慰。但教师和大一些的孩子都没有轮到吃一点东西，此刻他们的心目中，那些低年级的孩子才是最重要的。

大震之夜异常寂寞和漫长。害怕和疲倦中的孩子们刚入睡，天便下起瓢泼大雨。附近的一名家长正好拿来几块油布，肖晓川和教师们便从山腰上折来一些竹子制作成简易帐篷，让孩子们尽量少淋雨……

夜长长，雨漫漫。这个山岭间的不眠之夜，教师们谁都没有合眼，他们像母狮一般，无时无刻不在自己的岗位上保护着这些心灵受伤和精神上饱受惊吓的孩子。

天，终于亮了！孩子却仍然在熟睡。

“不能让他们再睡了。早一分钟走出去，就少一分危险！”肖晓川决定。

“起来吧，同学们！”

“同学们，起来吧！”

学生们一个个被叫醒。“现在重新点名！”肖晓川最关心的是这个，他必须保证孩子一个都不能少。

“报告主任，483 名！一个没少！”

“好！一个没少。现在大家还是手拉着手，继续出发——！”肖晓川一声命令，一支近 500 人的娃儿逃生队伍再次出现在摇晃的大山之中，他们幼小脆弱的生命，因为有教师的存在，因为手拉着手，因此变成了一座坚不可摧的生命长城。这生命之长城，是失去了一半以上生命的北川死城的一支永远生生不息的生命枝杈，并将在这块死而复生的大地上创造新的伟大业绩。

监狱的犯人也是人！救他们！

12 日 14 点 27 分，即大地震的前一分钟。北川县武警中队的营院里静悄悄的，部队正在午休，看守所的监墙上，当班的哨兵正在全神贯注地巡视，中队作战值班室里，值班员张元和值班干部中队长赵德清正在观察电视监控，一切都在有条不紊地进行，窗外还不时吹来一阵凉爽的风……

转眼间，中队长赵德清感到大地在晃动，办公桌上的电话机、暖水瓶被重重抛出，发出破碎的声响。他敏感地意识到大地震发生了，拼命大呼一声："地震了，快撤！"

值班员张元快速反应，"嗖"的一声第一个蹿出门外，随后他吹响了紧急集合哨。

"紧急集合，不带装备！"中队长赵德清站在院子里发出大震后的第一道命令。

正在午睡的战士听到紧急集合的哨音后，快速抓起衣服冲出宿舍。就在战士们冲出宿舍的那个瞬间，只听"隆——"的一声巨响，战士们回头一看：天，营房垮塌了！

要命的事还在后头。

这时，营房的地面却在剧烈地晃荡着，让人站不住……"快趴下！"赵德清又一声疾呼。

15 名训练有素的官兵"唰"的全都就地卧倒。顷刻间，天旋地转，昏天黑地，四周尽是"隆隆"的惊天巨响。赵德清他们不清楚外面到底是怎么回事。现在，他最关心的是自己的战士和看守所的安全。

"立即清点人数！"

"报告中队长，除副指导员贾达国带领 14 名战士外出执行任务和在家的一名领班员及正在执勤的两名哨兵，其他官兵都在位，一个不少。"

"好！大家都看到了：这是一次非常大的地震，现在我要求……"赵德清一边在向官兵们提要求，一边想着副指导员贾达国和 14 名战士现在不知怎么样了。贾达国他们的任务，赵德清是知道的，他们是去参加县里的“五四青年创业表彰大会”的。

事后知道，副指导员贾达国带领的 14 名战士在县委礼堂参加会议，当地震发生后，这 15 名官兵迅速安全地撤离了现场，并且随即参加了现场的抢救，在无任何准备的情况下，靠双手从垮塌的县委办公大楼内救出了 4 名干部。之后他们又在县长的统一指挥下参加了更紧张的抢救工作。

现在，我们还是把目光转回到北川县看守所。

大地震突然来临的那一刻，大地开始剧烈摇晃，一时间，天昏地暗，地转天旋。地震了！正在担负看守任务的领班员李伟迅速做出反应，高声对一号哨兵熊毅、二号哨兵刘洋大喊：“地震了赶快报警，赶快撤离！”李伟边跑边喊，剧烈的晃动，几次将他重重地摔倒在地。顷刻间，耳边传来房屋倒塌的声音，眼前尘土飞扬，一片混沌。站在监墙哨楼上的二号哨兵刘洋感觉到哨楼晃动得越来越厉害，“嗖”地拿起手中的枪，快速冲出哨楼。他前脚刚迈出哨楼，身后的哨楼倒塌了，李伟也跟着倒地。大约一分钟后，李伟从地上爬起来，看到监区一片狼藉：监墙倒塌了，监房倒塌了，哨楼不见了，高压电网断裂了，看守所羁押的人犯生死不明。就在这时，刘洋也从废墟里爬出，手里紧紧地抱着枪。两个死里逃生的战友见面后说的第一句话是熊毅呢，一号哨楼已经扭曲变形，门打不开了，熊毅被困在里面。刘洋急中生智，用枪托将一号哨楼的门砸开，将熊毅救出。

危急关头，三名经历过生死考验的战士没有忘记自己的职责，没有走下哨位，没有丢失枪支，没有顾自逃生。领班员李伟下令：迅速按照发生自然灾害处置预案行动，决不能让一名人犯脱逃，赶快搜救人犯。熊毅负责察看险情和警戒，刘洋和我一起去监区救人，各就各位，立即行动！俨然一名气度非凡的指挥官，面对复杂的战场形势，他镇静自若，胸有成竹。这就是忠诚，这就是素质。监房已全部倒塌，毫无自救能力的人犯们歇斯底里地呼喊着，仇恨的情绪集聚着，一旦将他们解救出去，在这个特殊的时期，会出现什么样的后果？

怎么办？救不救他们？

还用说，他们也是人，救！

李伟毫不迟疑地冲向倒塌的废墟，边救人边考虑着下一步的行动。

“救救我—”

“大哥，快先救我！”

被吓坏了的人犯们喊着李伟。

“不要挤，都会救你们的！”李伟大声说着，一边将手伸向那些无助的人犯……

一个，两个，三个，人犯们一个个被救出。

“轻伤的跟我上！你们也别闲着！救人要紧！”李伟对那些没有受伤的人犯一挥手，然后自己先冲到了危险的废墟之中。

那些人犯先是愣了片刻，随即善良的人性之火在他们的身上猛地复燃起来。他们顺从地跟着李伟，自觉地加入到了救援的队伍中。

李伟见此景，内心一动：是人性的回归，还是人性的觉醒？但他没有更多的时间去想这类问题。眼前，只有一件事：救人！“你们要特别注意搬动石块和残墙时的动作，千万不能再伤着人！”李伟对那些参与抢救的人犯说。

“快救我——哎哟！”一名重伤的人犯被救出时，血流不止。李伟猛地撕扯下自己身上的衬衣，迅速为其包扎伤口。

“里面的人快不行了！怎么办？”跟着李伟抢救的几个人犯惊恐地叫着。就在这时，支援而来的中队官兵赶到，他们迅速与李伟等并肩战斗，冒着余震和随时可能被埋的危险，及时将所有在押人犯救了下来。经清点：25 名在押人犯，重伤 4 人，死亡 8 人。

“县城都毁了。这里不安全，我们必须把人犯全部转移到安全地带。”赵德清说。

“可往哪儿转呀？万一路上出意外，人犯们跑了怎么办？”有人担心起来。

赵德清的目光扫了一眼自己的战友，同时也扫了一眼在场的人犯，然后坚定地说：“转移是为了大家的生命安全。如果谁想这个时候逃跑，那才是真正的死路一条！”

现场暂时一片死寂。

“现在我宣布：全体在押人员，暂时在营地休息，不得走动，违者责任自负！中队的同志请注意：迅速组织力量探清转移的路线，一旦可行，立即执行撤离转移！”赵德清宣布命令后，即派人前往通向绵阳的方向探路。

“经县长和公安局的同志，已经探出一条撤离群众的路，现在他们已经开始安排活着的人在往外撤。我们是不是马上行动？”探路的人回来报告道。

“立即行动！”赵德清手一挥，于是全副武装的官兵押着 17 名幸免于难的人犯开始向城外进发。

在纷乱和仓皇的撤离人群中，在押犯的这支队伍有些引人注目，可似乎在那一刻，大家都不再仇视，平起平坐，甚至一路上有群众主动帮助那几个重伤的人犯翻越挡路的滚石。而几位没有受伤的人犯，则去帮助同行的几个步履艰难的老人和孩子上路。他们相互之间表现的人性之善，在大灾面前变得极其自然。

16 时 35 分，押解人犯转移的官兵行至北川中学门口时，听到倒塌的校舍里传来阵阵哭天喊地的呼救声。

“你们快去救孩子吧！我们保证不跑！快去吧！”人犯们突然停住脚步，对押着他们的武警官兵们说。

“救人要紧！”指导员钱永存果断地下令留下 4 名战士配合两

名公安干警看守人犯外，自己则带领8名官兵迅速冲进中学校园，参与第一时间的紧张抢救。

眼前的凄惨让钱永存和战士们大惊，甚至一时不知从何着手——太多的被埋者！太多的孩子在死亡、在呼救……

“救命啊——”一个清晰的求救声从战士们的脚底下传出。士官班长张辉循声蹲下身子。他使劲搬开一块楼板，又招呼身边的战士王雄雄帮助，两人接连搬开两块水泥板，当他们合力搬开第三块水泥板时，一块砖头从头上掉下来，正好砸在张辉的手臂上，顿时血流如注。“别管我！”张辉一手挡开要护救他的一名群众，奋力与战友扛起水泥板……那个被困的学生被指导员双手抱起，“哇”的一声哭出了声。

“继续抢救！”指导员指挥着战士们，与在场的数百名当地干部群众和学生家长们拼命地抢救着。

19时03分，刚刚完成县委礼堂救援任务的15名武警官兵也赶到了北川中学增援，这一夜他们与县委书记宋明组织指挥的抢救队伍，一起从倒塌的废墟里救出了被困学生42名……

第二天，武警官兵们重新整装出发，押着17名人犯，冒着一路艰险，安全地到达绵阳。

几天后，一位外国记者在绵阳的临时看守所看到了这群从死城中走出的人犯，奇怪地发现，他们住的地方是“灾区最豪华、最安全的地方”。

“你们没有想过半途逃跑？”外国记者问在押犯。

“我们为什么要逃跑？有武警看着我们，比哪个地方都安全。政府给了我们第二次生命，我们再跑干啥？”在押人犯们这样回答外国记者。

后来这件事还登在了外国报纸上。

悲情中的悲喜剧：2 岁女孩扒拉出 3 岁伙伴……

13 日，武警消防员在北川县城将一名被困在幼儿园废墟中的男孩儿救出。男孩儿伤势较轻，眼角有擦伤。他看到武警官兵后，亲切地叫着“警察叔叔”，望着对自己进行简单救治的护士喊“阿姨”。周围的救援人员都因孩子的乐观而高兴。这时，一位在旁边工作的志愿者听到男童的声音后停下了自己的工作，突然用哽咽的声音叫了一声“儿子”，那孩子欢欣地叫了一声“爸爸”。

爸爸？这是你爸爸？在场的人无不惊奇。“是我爸爸。”孩子说。

原来，这名志愿者正是受伤男孩儿的父亲。他在自己孩子生死未卜的情况下，毅然参加了救援行动。他抱住儿子，哭着诉说着：“我以为自己找不到亲人了，所以才作为一名志愿者留在城里的，我一直觉得这样会感觉自己像是跟孩子在一起，或者救了别人的孩子就等于在救我自己的孩子，哪知我真的找到了自己的孩子……”

悲情中也有悲喜交加的事。

宣传部副部长郭志武也告诉了我一件死城里的传奇事：他的一个亲戚的孩子也在县城幼儿园。这个幼儿园共有 52 个孩子，由于地震造成幼儿园后面的山体滑坡，巨大的石流将整个幼儿园瞬间推出一百多米，难以想象那一幕……所有家长都知道自己的孩子不可能活着了。然而，偏偏有几个稚嫩的生命留了下来。其中三个孩子存活的情景令人不可思议：郭志武的亲戚在废墟上寻找自己的孩子时，发现一堆废墟上有一个 2 岁多的小女孩正在用小手刨什么，于是飞步上前抱起那小孩子，结果发现，小女孩的身边还有一个 3 岁的孩子露出了头颅——而这正是郭志武亲戚的小宝贝。这个 3 岁的孩子是那个 2 岁的小女孩用小手刨出来的……神奇的事还有：在幼儿园的废墟上寻找的人在废墟的一个不注意的地方，竟然见到了一张未损的小床，上前一看，小床上竟然躺着一个熟睡的孩子！抱起来一看，小娃娃安然无恙！

奇不奇你自己去想。

郭志武还告诉我一件事：在县委大楼后的一座五百多米高的山峰上，那一天有位老农赶着一头牛正准备回家，突然山崩地裂。那座五百多米的山峰，瞬间像掉了坐垫似的滑向地面，整个山体朝县城、朝县城边的一条河道倾斜而下……那赶牛的老农只觉眼前突然一晃悠，双腿“呼”地软倒在地。等他清醒过来时，发现自己竟然在河沟沟里，回头一看：老牛同样安然无恙地在那里吃着河滩上的嫩草！老农再回头看看周围，冷汗顿时湿透了全身：县城咋全塌了？

13 日和 14 日，是北川县城的最紧急的抢救时刻。按照专家对人的生命的通常测验，一般人的生命在废墟里能够坚持 72 小时，也就是说过了这个时间段，除非特殊条件，很难有生命成活。

采访那些生还者，他们都告诉我一个情况：一些大震时倒塌的楼房和废墟之中，开始几分钟或十几分钟里，许多人并没有死，但相当多的人没有多少时间就被闷死了。他们主要是被弥漫不去的尘埃堵住了呼吸道……而另外一部分遇难者，则是在大震瞬间身体受伤导致外出血和内出血，他们的生存时间一般不过一夜。

抢救越早越能逃离死亡，这是死城留给北川人仅有的短暂时间。没有工具，没有人手——县委为了不让生还者在死城内继续面临余震和泥石流等危险的侵袭，多数活下来的人被及时撤出了县城，并有组织地向绵阳方向转移。留在县里进行抢救的都是党员干部和一些年轻人及志愿者，他们难以完成大规模的搜索。因而那些仍然被埋在废墟里并依然活着的生命，他们全靠自己的能力和 13～14 日先后赶到的武警、解放军官兵的抢救了。

他们是死城的最后撤离者。他们的生死面临着更大的困难和考验。有几个人和几个场景永远无法在人们的记忆中抹去——

一个是 3 岁男孩，他叫郎铮。

5 月 13 日凌晨，解放军某部时天聃政委，带领一营官兵率先到达老城区幼儿园展开救援。

“叔叔，救救我！”一级士官陈德勇循着声音钻进废墟里的一块红色铁棚盖下，发现一个小男孩被两块巨大的水泥板夹在中间，他的脚被卡住了，身上还包裹着午休时的被褥。这个小男孩就是郎铮。

“我要妈妈、我要奶奶！”孩子忽然哇哇大哭起来。陈德勇一边安慰他，一边和战友们用手抠开小郎铮头部四周的瓦砾，又找来木棒、钢钎，把他身边的水泥板一点点撬开。陈德勇趁机抱起了孩子，另外两名战士护住他的头——小郎铮终于被救了出来！

战士们赶紧用一条止血三角巾，将受伤的小郎铮牢牢固定在担架上。“快送医务站！”官兵们刚抬起担架时，一件意想不到的事情发生了：躺在担架上的小郎铮，忍着疼痛慢慢抬起右臂，向救出他的解放军叔叔敬了一个礼。

他的这一“生命的敬礼”感动了全中国。小郎铮代表了北川孩子的那份可爱与早熟。

另一个北川孩子叫宋馨懿。

她的故事是从 5 月 13 日凌晨开始的。刚刚赶到北川县城的解放军某部红军团的装备处长伍太国带领修理连官兵正在城内搜救幸存者。“叔叔，救我出去！”突然有个稚嫩的声音将他们吸引过来。

“是个孩子！你叫什么名字？”解放军官兵惊喜地发现废墟里有个孩子。

“我叫宋馨懿。”

“你妈妈呢？”

“妈妈在这里。”小女孩告诉解放军她与妈妈在一起，但妈妈已没有气息了。

“赶快抢救！”伍太国命令道。

官兵们立即投入战斗。但废墟的活动性非常厉害，大家只能轻轻刨着瓦砾。当官兵们一层层扒开废墟时，顿时被眼前的一幕震撼了：馨懿的双腿上压着一名年轻女子，她一手护在馨懿的左腿上，另一只手则扶着身边的一个年轻男子。

“他们是我爸爸妈妈！呜……”女孩子哭了，哭得无比伤心。原来，是爸爸和妈妈用双臂搭成的生命屏障，才使她幸免于难。

官兵们感动得个个流着眼泪。带队的伍太国处长哽咽着下达命令：“一定要想办法救这个小孩！”

于是，8名战士用铁镐戳，用钢钎撬，用手拽，始终没能搬动压在馨懿母亲身上的混凝土石板……天渐渐黑了下来，大雨像发了疯似的，一个劲狂泻不止。“饿吗？”馨懿点点头，战士王肃满把牛奶喂到她嘴里。“我们来讲故事吧。”雨夜中，战士们开始搜肠刮肚地轮流讲故事。他们怕她熬不过这漫长的雨夜……

天亮了，雨停了。5月14日一早，他们和大连专业搜救队一起齐心协力，终于将小馨懿抢救出来，官兵们抬着担架，快速向山上的救护车冲去。

“前面的人，让开，让开！”他们边跑边喊，抬着小馨懿向山上的救护车一路飞奔。这时，恰遇温家宝总理来北川视察灾情，温总理急忙与随行人员一起让开一条生命通道。这个感人瞬间被永远定格下来，成为人人称颂的经典。

小馨懿，一个可爱的孤儿。如今很多有爱心的人士都想收养她，而她见了那些关心她的人就叫“爸爸”“妈妈”……

李月，11岁的北川女孩。她已经是懂得长大后自己想干什么的孩子了。她想成为一名舞蹈家。可是，大震使她这一愿望不能实现了。

5月13日凌晨，某部参谋长颜俊安带领一营的官兵首先进入北川县城新城区曲山小学展开救援。

“救命！”一个小女孩在呼喊，她就是李月，其左腿被教室的后墙死死卡住。官兵试图搬走她身上的水泥板，但没有成功。然后在墙上打洞，预备将女孩的腿挪出来，可还是不行。

至 14 日中午，已过去二十多个小时，孩子的生命非常危险。

“要人不要腿，截肢！”参谋长颜俊安提出了这个最有效却最残忍的建议。

要命还是要腿？李月听解放军叔叔在商量这个决定，便随口冒出了一句话：“叔叔，我喜欢跳舞，长大后要跳芭蕾。”

官兵们愣在了原地，参谋长颜俊安更想扇自己耳光，心里是说不出来的滋味。最终，官兵们默认了李月的要求：她还是个孩子，她的路还很长！截肢的建议被否定。

可他们仍然没有别的办法能将小月月救出。时间一小时，一小时在过去。孩子的生命还能维持多久？

5 月 15 日，海南消防官兵来了！海军总医院来了！昆明总医院来了！这雄厚的实力，让现场的人有了些许安慰。

这时，距离李月被埋已七十多个小时！频繁的余震随时可能发生，危在旦夕的楼板每分钟都可能塌下来。

专家们最后研究的结果仍然是：只有截肢，才能救出孩子！

李月哭了！所有的救援人员哭了！

炮营营长陆益斌用雨衣紧紧裹住李月，遮挡住她的视线，他不想让幼小的李月见到那残酷的瞬间。

医生开始动手。他们的手都在抖动，眼泪流在了锯子上……

终于，上午 11 点 30 分，手术结束了。李月终于被解放军战士抱着从黑暗的废墟里出来。一缕阳光照射在她的脸上，孩子的下肢用厚厚的白纱布裹着——她的左腿没了，但她的生命从死城里获得重生。

绵阳市抗震救灾指挥部透露：至15日，重灾区北川至少有700名被埋群众成功获救。他们在死城里与死神作了最艰难的战斗。他们最终成为生命的胜利者。

宋明书记和经大忠县长站在县城外的公路上，已经不愿多看这座曾经让他俩热血沸腾、期待好好干一番事业的城市。他们的内心有太多的悲伤与痛苦。

尸体与各种消毒药水的气味弥漫着这个已经死去的城市。但他们不甘心，也没有放弃。因为亲人解放军和武警及国家救援队，还有许多知名不知名的志愿者都在废墟里搜索与寻找着生命的种种可能与奇迹。

死城不死

这一天是5月16日，距毁城已经是第四天了。北川县毛坝小学四年级学生魏鑫钰和她的两个小伙伴却遇到了奇迹——

“地震发生后，我们一直找不到孩子，魏鑫钰的妈妈天天以泪洗面，我也始终不愿相信女儿会这样消失了，所以抱着一线希望到城里去看看。”16日这一天，魏鑫钰的父亲再次来到女儿就读的学校教学楼前，一看早已成废墟的地方，父亲的心都碎了，他情不自禁地大声叫喊女儿的名字，一遍又一遍。没想到奇迹真的出现了——老魏竟然隐隐约约听到了女儿的回答。“一开始我以为听错了，便继续喊，这次才确认真的是女儿在回答我。”父亲魏鹏不由得泪流满面，急忙喊来现场的救援人员。

救援队员发现，与魏鑫钰一起活着的还有两名同学。她们是怎样度过这四天四夜的死城生活的？小魏鑫钰被救后告诉大人：她们三人被困的几天里，都是在黑暗中度过的，可她们没有怕过，相信有人会来救她们。特别是小魏鑫钰表现最突出，不断地寻找话题和两名小伙伴说话，鼓励她们坚持。被困的空间特别小，三人就挤在一起，一动也不能动，虽然没有食物，但她们咬着牙坚持了下来。“当我听到爸爸在叫我时，我心都要跳出来啦，所以就拼命地喊了起来。”小魏鑫钰的这一喊，喊出了三个生命的奇迹！

获救后的那一刻，魏鑫钰说自己不饿，而等到清洗消毒后，她忽然开始猛吃东西。“我们都不敢给她太多东西吃，怕一下子撑坏了她。”医护人员说。但孩子吃得特别香，魏鑫钰说：“我真的太饿了！”她天真的样儿让谁看了都会开心地笑。

同是 5 月 16 日。

海南救援队在这座死城里同样创造出一次成功救出三名被困者的生命之歌。

这一天的上午 9 时 10 分左右，海南地震紧急救援队的一个搜救小组行进到北川县信用社附近时，几个当地群众指着那座面目全非的信用社七层大楼现场说：昨天他们听到过楼底下有呼救声。海南搜救人员一听，便立即用生命探测仪对现场进行了搜索，但遗憾的是废墟内已无任何生命迹象。

9 时 36 分，又有群众反映北川县国税局昨天有呼救声。搜救人员前去确认，但遗憾的是同样显示已无生命迹象。

10 时左右，搜救小组侦察员在北川县麒麟街一座宿舍楼废墟内终于发现了两名女性幸存者在向地面发出微弱的呼救声。

“立即投入抢救！”海南救援队员们一阵兴奋。他们迅速做出部署，一边对被埋者进行精神安慰，一边报告总部申请人员及装备增援。

这个时候，死城内的空气已经很糟糕，到处弥漫着遗体腐烂的刺鼻气味，但丝毫没有影响救援队员的救人心切与干劲。搜救队员经仔细侦查，初步判断幸存者被埋压在距外墙约 8 米远的深处，被倒塌的屋顶和地板夹在中间，内部空间十分狭小。

此时的北川，余震仍然十分频繁且震级较高，房屋二次垮塌的风险非常大。被埋人员的生命已经非常危险，等重型机械设备来抢救已可能性不大。搜救队员们便决定冒险依靠手中轻型装备挖掘。经过近两个小时的艰苦挖掘后，一个长约 9 米、仅容一人匍匐进入的地洞深入到废墟内部，接近一位年纪较小的幸存者。当救援队员出现在这位被埋人员前面时，她异常激动地不断说着："快点挖，快把我救出来！"救援队员则安抚她要稳定情绪，保持体力，同时又以科学安全的方法继续掘进。

约中午 12 时，名叫席丽的 28 岁女性在被困 90 多个小时后，成功被救出废墟。周围赶来的灾民们一片欢呼。

抢救另两名被埋者的战斗仍在继续，而且要比抢救席丽难度更大。其中一名叫张燕的 36 岁女性，她被一扇防盗门和一具遇难者遗体夹在中间，只有脑袋露在外面。搜救队员竭尽全力试图攻破防盗门的阻挡，但手中的电动剪扩器此时却耗尽了电池。抢救队员忙换成手动液压钳……经过不懈努力，坚固的防盗门上被打开了一个可供人爬出的洞。可抢救队员马上又发现，由于受到遇难者遗体腿部的阻挡，张燕不管怎样努力就是无法钻出防盗门上的洞口。两条早已僵硬的腿，像一道栅栏挡在了生和死之间。

怎么办？要救出张燕，就不得不将遇难者的双腿切除。面对不幸死者的躯体，救援队员们于心不忍。经过权衡，在排除了其他营救方案的可能性后，救援队不得不决定对遇难者的双腿进行截肢。随队的海南附属医院骨科医生张英在废墟中找到两把破旧菜刀，冒着腐烂遗体内可能存在致命炭疽杆菌的危险，用简陋的工具艰难地完成了截肢手术——现场可怕又奇臭。但为了群众的生命，海南救援队员们顾不得这些，他们与在场的消防战士一起，一个接一个地躺在洞穴内，接力一样地将张燕从死城的废墟里抬到了有阳光的地面……救援队员看了一下手表，时间为 16 日下午

2点40分。

海南救援队这一天战绩辉煌：

下午3点08分，在北川县职中救援的另一支海南救援分队传来喜讯：14岁的刘正喜也被他们成功从废墟中营救出来。

生命的奇迹竟如此闪耀！

死城不死！

这对那些从各路赶来北川的救援队员们来说，是最大的鼓舞和力量，并成为一条信念。

17日上午，是江西消防部队赴北川突击队搜救工作的第二天，他们有些着急，因为还没有搜救出一个幸存者。然而这又不是着急能解决了的事——此时的北川县城，除了军人和搜救队员外，基本上看不到什么人，只有极度难闻的气味。搜救的希望已经十分渺茫，然而江西消防部队的官兵们却丝毫没有放松每一处可能的生命存在。他们开始向老城区进发。

9时许，搜救突击队员分成两组在老城居民区进行搜寻。当萍乡消防支队司令部参谋叶斌和战友在两栋倒塌的居民楼搜寻时，突然隐约听到有人在喊“救命”的微弱声音。

“有情况！”叶斌当即向正在现场指挥的省消防总队领导作了汇报。正在指挥部开会的省消防总队副政委徐国龙闻讯随即赶到现场指挥，在观察现场后立即决定：马上用生命探测仪确认幸存者的具体位置。

“在六层楼房内的二楼！”幸存者的位置很快被确定。然而救援却碰到困难：楼房的下面两层已经下陷到地下，因此生还者实际上可能在地面一层，是现场的最底层。队员们一边呼喊着，一边用手敲打墙壁，寻找的结果与判断的相符。

接下去是如何营救的问题。

由于这名幸存者就在两栋房子之间的空隙，指挥部制定了两套方案并决定同时实施。一套方案：幸存者所处的空间很小，很难使用大型设备进行营救，因此，利用手掏碎石的方式，挖出洞来，将幸存者救出；还有一种方案就是在幸存者上部的废墟用设备挖出一个洞救人。

营救开始。而此时与幸存者的聊天是营救的重要组成部分。交流中，营救队员们知道了这名幸存者叫陈先贵，今年 37 岁，是一名货车司机。地震发生的 12 日，他老婆在菜市场卖菜，儿子在北川中学读书。“不知娃儿和他妈咋样了？”陈先贵在里面自言自语道。他主动告诉队员们，12 日当天，他正在家里，突然觉得楼在动，便意识到是地震了。于是他就从六楼往下跑。当跑到二楼的时候，楼就坍塌了。陈先贵说，在被困的这几天时间里，他一直告诉自己，一定要活下去，一定会有人来救的。“你们现在真的来了！我太感谢你们！我的命真大！”陈先贵的脸上露着笑意。

营救非常艰难，用了近 12 个小时后，被埋了 118 个小时的陈先贵被成功救出，并立即被送到绵阳中医院救治。

生命再一次在死城里复活。

19 日，大地震已经使北川县城死亡了整整 7 天。

7 天，一般认为这是生命的极限。然而我们的国家地震救援队仍然在这座死城里创造了一个生命的奇迹：19 日上午 10 点左右，他们在北川县城的菜市场附近的废墟中成功救出了 61 岁的李宁翠老人。她在废墟中整整被埋 164 个小时……这位老人后经绵阳第三人民医院医生们的全力抢救，身体恢复了健康！

又是一个生命的世界奇迹！

死城，你在中国人民的顽强生命力面前，还有什么能够吓倒我们的呢？

第五章 进军汶川：生命永存悲壮

进军震中

汶川大地震从开始的第一时间里，最让人担忧和揪心的是震中的汶川怎么样了！

汶川无消息。无消息的汶川让中南海、让13亿中国人揪心。从5月12日下午地震消息在电视媒体上播出后的那一刻开始，汶川成了全球关注的焦点……然而汶川一直没有消息。

没有消息的汶川让总理温家宝急得直挠头，让每一位中国人感到地震的破坏性已经超出了我们所能想象的严重——还有什么比这更令人心急如焚的呢？

“不惜代价弄清汶川情况！”

党中央和前线指挥部下达了死命令——十余万人的生命牵挂着13亿人的心。

没有比这更重要的事！

从都江堰，到北川、青川所已知的地震受灾严重性，更让人担忧震中汶川的命运！

然而汶川就是进不去。

所有通往汶川的路全部被堵死。天下着雨，即使不下雨，飞机也难以穿越那些崇山峻岭；无线电早已被彻底摧毁；水路也被崩裂的山体切断……汶川成了与世隔绝之地。

这就是汶川大地震最初几天、十几天内最叫人不可知的担扰和恐惧。

汶川一定要进去!

于是进军汶川便成了一部最悲壮的抗震救灾史诗——

马尔康，阿坝藏族羌族自治州首府。

5 月 12 日 14 时 28 分，强烈地震发生时，正在阿坝军分区蹲点的四川省军区副司令员李亚洲少将根据震感的强度，立即意识到灾难的严重性。

同时，这场强悍的地震发生的第一时间里，中央军委在胡锦涛主席的亲自指挥下，已经吹响解放军和武警部队各路大军向震中汶川进军的号角!

而走在最前头的一位将军是李亚洲。这个身材敦实、性格爽朗，有着 36 年军旅生涯的军职领导干部，有多年养成的处理应急突发事件的能力。

李亚洲将军明白：救灾和打仗一样，快速反应是第一。于是他立即指示阿坝军分区领导：马上召开紧急会议。

这是一次最为紧张、即兴、简洁、明了的会议——大地震与一场突发的战争来临毫无差异。

简短交代和动员后，李亚洲宣布立刻启动应急抢险预案，并要求立即命令军分区独立营、医务人员和应急民兵集结。

“喂，是营长吧，我是军分区作战值班室，根据首长指示，现命令你营立即集结到军分区大院。”

仅在地震半个小时后，阿坝军分区独立营 85 名官兵、十余人的医疗小分队、200 多名应急民兵就已全部集合完毕，机动车辆准备就绪。

地震发生的那一刻，还有一支队伍客居马尔康——那是武警某师参谋长王毅带领的部队，此时他们正在马尔康驻训。

不管客居不客居，军队有句俗话：训练场如战场。

地动山摇之后，王毅本能地做出的第一个反应就是紧急避险，下令部队迅速撤离营房。

震感如此强烈，震中在哪里？

作为部队指挥员，王毅脑海中闪现的第二个念头是带领部队抢险救灾。他见部队安然无恙，立即集合队伍，向部队下达命令：按照一级处置方案，做好抢险救灾的应急准备。

此时，王毅看了看表，时针指向14时56分。

此时，距离地震发生只有28分钟。

在相差不到两分钟的时间内，两支队伍已经整装待发。

上级的决策并没有让这两支待命的队伍等待多久。

李亚洲副司令的队伍仅在半个小时后，就接到四川省军区的命令——不惜一切代价，到达目标震中汶川！

15点25分，李亚洲的队伍出发，目标汶川。

将军明白：他们走进的是一场在某种程度上比枪林弹雨更为激烈的战斗——除了刚刚发生的天摇地动外，他们对自己的“对手”一无所知。但，军令如山！更何况，人民在受难，子弟兵责无旁贷。他们必须全力以赴。

李亚洲他们出发不到一个小时，王毅参谋长也接到了师长沈涛、政委何建国下达的向汶川开进的命令，指示他带领670名官兵赶赴震中汶川实施救援。

16点20分，马尔康下起了大雨，王毅参谋长率队伍冒雨向汶川开进。

马尔康距离汶川只有200公里，正常情况下，最多不过4个小时的车程。

两支队伍的心情都非常急切，都全速摩托化开进。

他们知道，和时间赛跑就是和生命赛跑，提前一分钟到达，就可以多挽救几条生命。

不管是李亚洲副司令的队伍，还是王毅参谋长的队伍，他们或许都没有把进军汶川之路想象得太严重，他们想得更多的是到达灾区后如何抢救更多的受伤群众。

殊不知，曾经熟悉的美景全部不再，处处暗藏杀机。

进军汶川之路，不仅仅只是艰辛之路，甚至成了生死之路。

此时的汶川已经山崩地裂！这仅仅是表象。有这样的比喻：汶川地震以犹如400颗广岛原子弹同时在10公里深处的地壳中爆炸的能量，排山倒海奔涌而出！

地震的中心汶川映秀镇：地震波最先袭击此处的地面——转瞬之间，一幢幢大楼在巨大的颠动中轰然倒塌……

随后，强烈的地震波以每秒3公里的速度，沿着脆弱的龙门山断裂带，向东北方向撕裂开去。

与此同时，地震波沿着龙门山，向西南奔袭，一直到达几百里之外的青川……

在巨大的能量波下，汶川四周已经在不断地扩散中山开石裂、摧枯拉朽，留下的是一片惨不忍睹的废墟和满地伤痛。

陆上走不了，可先从空中介入。

地震发生后，成都军区空军党委就立刻召开了紧急常委会，成立抗震救灾指挥部，在部队营区空地上迅速搭建临时指挥所，机关各部门迅速入驻。成都军区副司令员、成都军区空军司令员方殿荣下达命令，要求各所属部队进入抗震救灾紧急状态，命令航空兵某运输师进入一等待命，随时准备投入抗震救灾。担负运输机保障任务最重的成空某机场，立即启动应急保障机制，通信、机场各种保障设施始终处于完好状态。

就在李亚洲副司令的队伍和王毅参谋长的队伍向汶川出发之时，成都军区某陆航团团长余志荣与战友乘坐两架“黑鹰”直升机直飞汶川。

这是一次非常危险的航行。当直升机接近汶川时，如注的暴雨，厚黑的浓云，飞机根本不可能降落。

指挥员命令机组：重新调整航线。

“黑鹰”迅速爬高了近2000米。

仍然飞不出云区，舷窗外只有白茫茫一片。

余志荣很清楚，汶川县城处于大山谷底，地形十分复杂，稍有不慎就会机毁人亡。此刻他比谁都着急，但他还是表现得相当稳重。其实余志荣的老家在震中汶川县的龙溪乡联合村，飞机从他老家上空经过，他真想下去看看亲人，他们还在吗？但余志荣知道，每个人都有家，但军人自有军人的天职，祖国这个大家庭此时更需要自己。5月12日以后的每个日夜里，余志荣穿峡谷、斗险情、抢时间，硬是把1000多条生命从死亡线上拉了回来。他带领的这个团在这次救灾中创造了数个“第一”，也创造了数个“最多”。直到5月18日，失去联系6天的家人终于传来了平安的消息，他一直悬着的心才终于落地。

随后，两只“黑鹰”强行向前摸索飞行了十多公里，仍然见不到一丝光亮，只好遗憾地结束了当天的勘察飞行。但他们带回的都江堰的资料，为组织抢救赢得了宝贵时间。

恶劣的天气成了“黑鹰”的拦路虎。

地面部队同样受阻！

此时，人挤人的车队在地震余波中像玩具一样驰行。王毅觉得有劲使不上，他急得眼珠子都快要弹出来了。

土地爷才不管你，照旧发他的淫威！

老天爷跟着起哄，大雨倾盆……

天开始黑了。李亚洲和王毅他们意识到问题的严重性和目前形势的严峻性。

他们既要求驾驶员提高车速，又提醒驾驶员注意安全！

坐在指挥车上的李亚洲副司令和王毅参谋长一边注意观察道

路，一边指挥车辆前行。

车轮转动在加速，他们的心跳也在加速。

时针指向 20 时。又是一阵大雨来临，并且不可遏制地越来越大。

此时，李亚洲副司令的队伍快抵达米亚罗。然而，就是这个曾经风景如画的地方，塌方将前面的道路阻断。

队伍无法前进！

李亚洲跳下车，搬起一块石头，一挥手，说："就是用手刨，也要刨出一条路来！"官兵们第一次见自己的副司令表情如此狰狞。

所有的人立即行动。搬石头铲泥土，奋战近一个小时，一条可以通过车辆的道路被挖出。

"上车！赶紧出发！"

山里的夜晚，特别得黑。车队紧裹在黑暗里颠簸，艰难、小心地前行。可是当车队行至离汶川还有 90 多公里的古尔沟镇时，再也动不了了！

时针指向 21 时。

不是震中的古尔沟镇也不成样子了：大片的塌方和泥石流将道路阻断得没商量；大雨催化着塌方和泥石流，将情况变得更糟糕。

李亚洲一面命令部队加紧抢修道路，一面冒雨步行前往现场查看。

看到道路损坏严重，无法短时间抢通，李亚洲的眉头皱得更紧了：汶川大地震如此剧烈，灾情如此严重，肯定会有大批部队和救援物资需要运抵灾区，道路中断，无疑卡断了灾区人民的生命线！

无论如何要抢修出一条生命线！

李亚洲决定：立即组织当地民兵抢修道路，先从古尔沟向理县贯通，待抵达理县后，再组织民兵从理县向古尔沟抢修。双向全力以赴，一定要为救灾部队的到来争取宝贵时间！

“时间就是生命，我们一刻也不能停留！”

一贯决策果断的李亚洲又做出了一个他从军36年来最为果敢的决定：步行，不管前面是乱石，还是泥泞。

徒步走进汶川！谈何容易？且不说这近100公里的路程，就说这夜、这雨、这飞石、这见不到底的深谷。走这样的路需要体力、勇气、精神。但这一切，李亚洲举重若轻，他又是一挥手，操着浓重的四川话说：“莫得啥子不得了，跟着我走就是！”

队伍根本不需要动员。当李亚洲走在队伍的最前面，全体官兵都明白了他的决心。李亚洲一个大步迈出，全体官兵迅速跟上。

夜越来越黑，雨越下越大。

黑暗中，人的听觉变得更敏锐。山体滑坡的声音背后，还有山体内部的喘息与共鸣。江水在耳边咆哮、怒奔，就像在与山争执。沿着被震塌的山路而行，脚下悬崖空谷回响着呜呜风声。有的路段，官兵们只能从公路防护栏外面仅一尺多宽的边缘通过。但大家还是能够敏锐地判断余震抖落的石头、石块和泥石流。这声音让人把心揪到嗓子眼。

李亚洲他们刚刚小心地爬过一片塌方，身后突然一阵隆隆巨响。半步之遥的身后，又是一股泥石流倾泻而下。

有人被气流冲倒，有人被飞石击中，李亚洲也重重地跌倒。谢天谢地，没有人员伤亡。

大家扶起李亚洲，将军还是呵呵一笑：“从哪里跌倒，我就会从哪里爬起来。”

可用电筒回头一照，大家都一身冷汗，泥石流已经淹没了他们刚才走过的地方，若慢半步，可就全军覆没了。

特别的意志力，特别的艰难，已经让官兵们没了恐惧和畏惧。

要命，电筒没电了。在这黑茫茫险象环生的地方怎么走？

途中遇到的老百姓也多次警告说前面危险，李亚洲仍不改初衷。

“汶川情况未明，我们必须马上赶到。”李亚洲说，“部队急行军不能歇，否则一坐下就不想走了。”

越接近震中区，危险当然就越大。

一次余震中，一块乱石飞来，擦着李亚洲的帽檐掉在他的脚下，把后面的人吓了一跳。不少人觉得在黑夜里走太危险，建议就地找个安全的地方休息，天亮再走。

“若是真正的战争，能允许半途而停，条件转好再出发吗？”李亚洲鼓励大家继续前行。

李亚洲和王毅的部队几乎是从同一个方向向汶川疾进。

而此时，受命指挥麾下部队参加救灾的成都军区某集团军军长许勇，几乎将手中的灾区地图划破，一道一道的红线划过，哪一条才是通向震中汶川可能的路线？这位曾经在枪林弹雨中经受过战争磨砺的军长，这位曾经在国防大学学习深造的现代指挥员，深深知道，部队早一分钟到达灾区了解灾情，党中央、中央军委就可以早一分钟制定出决策方案，灾区人民就可以早一分钟获得重生的希望。

责任、使命、良知、义务加在一起，如火焚心！

不能就这么等下去！

派出部队徒步进入震中区！

许勇当机立断下达了这道命令。

接到这道命令时，奉命奔赴汶川灾区抗震救灾的该集团军红军师炮兵团正开至都江堰。

许勇军长强调，先遣队要不惜一切代价，以最快的速度、最早的时间到达，迅速查明灾情。

22 时 08 分，炮兵团副参谋长杨卫东带领 21 名战士，组成先遣队，携带少量水、干粮和一部卫星电话，冒着滂沱大雨，徒步向映秀进发。很快，他们就消失在浓浓的黑色雨幕中。

于是三支队伍从两个方向向震中汶川挺进。

杨卫东的突击队行进 7 公里后，到达进山路口。

为确保人员安全，杨卫东将队伍分为三组：一组带路，一组随行，一组收尾，沿岷江左岸攀行。

此时，震动的山体不断出现泥石流滑坡，巨大的石块轰隆隆往下滚。

没有指南针，没有开路工具，没有照明设施，杨卫东带领突击队攀着山体，抓住公路边的栏杆，顶着强烈余震艰难前行。到达紫坪铺电站后，电站职工告诉他们，山路早已被震毁，要继续前行，必须翻过电站的拦水大坝。

最高处 156 米，总库容量可达 11.12 亿立方米，经历了 8 级地震的大坝似乎依然稳固，就像用一种岿然挺立证明着“人定胜天”的偶然。

稳固也罢，危险也罢，这种情形之下的杨卫东几乎没有经过思考，就带头快步向大坝上爬去。但刚一到大坝边，让人望而生畏的情景就显现在眼前：

大坝的围墙上布满常见而有效的防护——满是固定着的碎玻璃，根本无法攀爬。

三级士官张成勇用手电照了照，发现围墙外就是悬崖，看不到底，根本走不过去！

天色一片漆黑，脚下的泥泞道路虚虚实实。但是灾情、命令、责任让突击队员们无暇考虑困难。

“同志们，咱们今天就要拼命往前冲，一定要第一时间赶到灾区，大家别怕，跟着我！”说完，杨卫东深吸一口气，猛然跨步抱住围墙拐角，手指紧紧抠在砖块缝隙间。

随即，杨卫东伸出左脚探了探，一脚果断踩下去。万幸的是，脚刚好卡在墙边的一块大石头里。他将另一只脚顺势往前一跨，悬在半空中的身子霎时敏捷地翻了过去。

胆大心细，沉着冷静。22名军人终于先后翻过大坝。脚底踩到了泥土，大家才感到了刚才那一幕的惊险。

接着杨卫东命令全体队员："不要松劲，继续赶路。"

小分队风雨兼程，继续前行。

前面说到，李亚洲的队伍与王毅的武警部队在同一方向向震中汶川疾进。

就在李亚洲的队伍离开古尔沟镇4个小时后，王毅的队伍于13日深夜1时也到达这里。到此时，这支队伍已经快速行进9个小时了。

这是马尔康通往汶川的唯一通道，不过这一关，他们就无法到达震中汶川。

4小时前发生在李亚洲他们身上的一幕，此时又翻版在了王毅他们身上。

严重的山体滑坡堵住了前进的道路，被砸烂的汽车横七竖八地翻在路边，像被捏瘪了的易拉罐，遇难者的遗体惨不忍睹。

由于当时已是深夜，是连夜前进，还是天亮再走，艰难的抉择摆在了参谋长王毅的面前。

王毅意识到，前面将是一条险象环生的生死之路，会有无数的塌方、断桥和泥石流，但他更想到，这又是一条十万火急的救命之路，它连着无数废墟下的焦急、渴望和呼唤！连着党中央和全国人民揪着的心！他们只有一个选择，那就是：以最快的速度、用最短的时间赶到汶川！

生命大于天，使命重如山！

关键时刻，王毅果断决策：决不半途而废，徒步进军汶川。

让我们对解放军和武警部队官兵顿生敬意的是，三支队伍，不管是指挥者，还是普通士兵，在生死时刻表现得都是如此果断、勇敢，体现了军人本色。

王毅决定，车辆和重型设备留人就地看管，现有人员分成两个梯队，第一梯队 200 人由党员和骨干组成突击队，携带必需的压缩干粮、水和抢险工具，徒步前进，不惜一切代价，排除一切困难，以最快的速度到达汶川；其余官兵合成第二梯队，就近转入理县抢险救灾，随后开赴汶川。

巾帼不让须眉！官兵们争着要上，10 名女兵一听没有她们，就跟王毅急了：参谋长，我们也是战士，受伤的群众更需要医护人员。

王毅同意了女兵们的请求。她们大多是医护人员，抢险救灾现场，她们是不可缺少的重要力量。

但她们能经受得了这非同寻常的考验吗？

突击队迅速完成编组，王毅对突击队员们说："关键时刻、危难关头，要豁得出来、冲得上去。就是爬，也要爬到汶川；就是倒下，头也要朝着汶川的方向！"

"5 人一组，10 人一队，拉大距离，快步前进！"走在队伍最前面的王毅不停地下达命令。

此时，路上到处都是塌方，70% 以上的路面损坏，桥梁全部被毁，加之连续的大雨，救援人员迎着 6 级狂风，每前进一步都十分困难。

伴随着频发的余震，顶着不断滑落的巨石，穿着被大雨淋透的衣服，突击队员们艰难地向汶川开进。

这里太危险了！

这里已经无路可走了！

在刚刚地震过的山坡上，官兵们一边用铁铲清障，一边艰难地前行。震后的黑夜里充满着莫名的恐怖，大雨还在下，雷电带着骇人的巨响撕破天空，耳边不时传来山体滑坡的隆隆声和巨石滚落到河心的巨大撞击声。大雨浸泡后的山坡又陡又滑，稍不留神，就会失足跌入脚下的峡谷。

“注意安全！每小组最后一名战士负责观察地形，小心山石滑落！”为了鼓舞士气，王毅始终走在队伍的最前面。

“参谋长，快跑！”在通过一处危险路段时，走在他身后的通信参谋何亚国发现一块大石头滑落下来，大声疾呼。

王毅闻声猛地向前跨出一步，就在同时，一块大石头从山上滚落下来。

王毅回头一看，石头的落点正是他刚刚停留过的地方。又一次死里逃生。

有惊无险，大家的手里都暗暗地捏了一把汗。

冲过这个险段后，王毅让部队慢下来喘口气。

这时，王毅想应该给老婆孩子留句话，就在手机里给女儿写了一条短信：“女儿，爸爸正在去汶川的路上，走的时候没来得及告诉你们，如果爸爸回不来了，你一定要坚强，要替爸爸照顾好妈妈。”

“快跟上，不要掉队！”夜幕中，突击队员们每组一把手电筒，在微弱的光亮下踏着泥泞勇敢地前进，没有一个人叫苦，没有一个人退缩，没有一个人掉队。

就在王毅他们到达古尔沟镇后 15 分钟，即 13 日深夜 1 时 15 分，一条信息让人们兴奋起来。

通过近 11 个小时的努力，四川省阿坝藏族羌族自治州政府副秘书长、州应急办主任何飚与汶川县委书记王斌终于通过卫星电话取得了联系。

王斌哽咽地报告，汶川县威州镇、绵虒镇农民群众的房屋大部分倒塌，汶川县城部分房屋倒塌、大部分房屋出现险情，县城3万余人在避难场所不敢回家。地震震中的映秀、漩口、卧龙三镇至今仍无一点信息，通信、交通完全中断。

王斌还报告，汶川急需通过空投方式解决帐篷、食品、药品和卫星通信设备，急需医务人员空降到现场抢救受伤群众。

幸存的汶川县委书记王斌在电话中艰难地传出了一线生的信息，让大家感到了汶川的脉动。但这脉动太微弱了，且稍纵即逝。此后，又是漫长、绝望、不安的寂静，寂静得令人窒息。

此时此刻，三支队伍在与死神赛跑。

面对艰难，杨卫东带着突击队风雨兼程、继续前行。路上到处摆着被巨石砸得面目全非的汽车，杨卫东不小心撞在一辆车上，车灯随即闪烁几下。借着灯光，他看了看表，此时已是13日凌晨3时。

出发5个多小时了。杨卫东决定先向指挥部汇报一下情况。

“与团首长、军首长联系，向他们汇报情况。”杨卫东命令通信兵。

“报告，没有信号。”

“继续与团首长、军首长联系！”杨卫东继续向后传话。

“报告，还是没有信号。”

随后，他们又多次用携带的卫星电话与指挥部联系，却始终无法联系上。

没有信号，只有不停地前进。

而自打杨卫东带着突击队向汶川疾进后，军长许勇几乎是在指挥部里数着时间过，时间论秒计算。他心急如焚，已经整整5个小时了，居然还没有突击队的任何消息。

雨越下越大，山上滚石飞落，地下泥泞陷脚。

不久后，杨卫东他们到达白云顶隧道口。隧道口困着50多人，其中还有外国游客。

“跟着解放军走！”沿途有很多向都江堰方向行进的受灾群众，一看到解放军，大家立即转向跟随。

惊慌失措的受困群众对杨卫东他们的出现喜极而泣。

对于群众的请求，杨卫东是无法答应的。因为突击队的任务是继续、继续、继续尽快赶路。当队伍前行至第二处隧道口时，杨卫东发现一块空地，有几个施工棚，相对安全，便劝说大家留下，等待救援。

杨卫东带领突击队继续疾进。

地震摧毁了公路，也摧残了群山，昔日满山翠绿，现在满目疮痍。那山，像被巨手撕扯过一样，裂变成绿、黄、灰组成的杂糅图案。

突击队继续前行。战士们脚上血泡累累，好想停下歇息，但他们知道，一旦停下，也许再也站不起来。战士们相互搀扶着，谁走不动了，大家就冲着他猛吼：“加油，冲啊！”

前方又是一个隧道，隐约能看见上方“友谊隧道”几个字。隧道两壁开裂、公路七拱八翘，余震又袭来，洞顶不停塌方。从长长的隧道中穿行，战士们随时可能遭遇塌顶被活埋，但此处不能翻山，隧道是通往映秀的必经之路。

“就算牺牲在里面，也得给我冲！”杨卫东一声大吼。为避免伤亡过大，队伍被迫分散。靠着微弱的手电光，伴着身后不断的塌方声，战士们一个接一个跑进隧道。

突然，隧道里传来巨大轰鸣声，隧道内再次严重塌方……

此时，时针指向13日凌晨3时50分。

李亚洲副司令带着他的队伍历尽险途，最先突进30多公里。浑身湿透、满身泥浆的他们到达了理县县城。

这时的李亚洲顾不得换下湿透的衣服，顾不得擦去脸上的泥水，立即召集当地军地领导了解理县受灾情况，安排部署当地民兵投入救灾工作。同时，他命令迅即组成两个抢修道路的民兵突击队，一路向汶川开进，一路折回古尔沟方向进行抢修道路的战斗。

凌晨 5 时多，天色微亮，将军才坐进车里休息。省军区政治部干事谭万洪给他端来一碗方便面，过一会儿来取碗时看见，李亚洲副司令已端着方便面睡得很香很香……

渐渐地，天空开始显现亮色，大雨也收敛成淅沥的中雨。

13 日清晨 6 时，李亚洲率领队伍继续出发，再次徒步向汶川行进。

13 日清晨 6 时，杨卫东率领的突击队已经到达寿江大桥。桥已断裂，沿途道路塌陷更是严重。找了一个空旷的地方，杨卫东让通信兵打开卫星电话与部队联系。可联络了 20 分钟，毫无信号。

就在即将灰心的时候，气若游丝的信号传来一点根本不能听清楚的声音。而这似通非通的信号根本无法汇报这一路所见的严重灾情，根本不能告诉指挥部这一路的险象环生！

同样，指挥部除了知道了突击队基本安全之外，没得到任何有价值的信息。

指挥部焦急万分！

突击队理解指挥部的焦急，就像指挥部理解突击队的危险一样。这一夜，谁都无眠。

13 日早上 7 时，温家宝总理来到都江堰抗震救灾指挥部。汶川那边有没有消息？总理第一句话就这么问。

帐篷内一片寂静，无人回答。

温总理的眼神里平添更多忧郁，眉头更加紧锁。

现在，全国人民、世界人民，都在关心着汶川。

更让人揪心的是，汶川及周围的茂县、北川等地，一时间皆音信全无。

两个小时过去了，四个小时过去了，十个小时过去了……

那里的灾情究竟如何？

几十万受灾受困群众的情况到底怎样？

救援何时才能抵达汶川？

然而，时间一分一秒，慢得揪心。时间一分一秒，快得心悸！

突击队没有消息传来，汶川依旧静悄悄。

情势严峻！

越来越严峻！

5 月 13 日 10 时，成都军区抗震救灾联合指挥部。

"带上精干人员，不惜一切代价，再向汶川进军！"成都军区司令员李世明对着电话大声命令。

电话此起彼伏，因为通信困难，所有的参谋人员都在声嘶力竭地对着电话喊话。

"不管将军还是士兵，告诉大家，谁先到就给谁立功！"李世明的嗓门也越来越大，"焦点在汶川，制高点也在汶川，关键的关键在汶川，你们要连夜出发，进入汶川！"

军区司令员急了。这样的动员是少有的，因为他刚刚接到中央军委一次又一次的催促：必须在 13 号当日到达汶川——这是死命令！

上将无退路。

于是一声高过一声的将令火速往下传，于是一支支精兵如风般疾驰。

联合指挥部的电话几乎在同一时间响起。

空中、陆上、水上，三军部队一个个抢险计划纷至沓来。

中午，军委副主席来到指挥部，对部队的指示依然铁板一块：没有第二种选择，必须多方向疾进，以最快速度、不惜一切代价抵达重灾区！

两架“黑鹰”再次冒雨起飞，在雨雾中向汶川飞去。到了汶川上空，依然是能见度低，依然是找不到降落点，但陆航官兵并没有放弃。他们明白，一箱箱灾区群众急需的食品、通信设备等救灾物资已运抵凤凰山机场，承载着受灾群众的热切盼望。

而此时，指挥部里，眼睛里布满血丝、但精神却处于高度亢奋的许勇，头脑像飞轮一样运转。

焦急显然不是办法。这位49岁的将军暗暗命令自己要冷静、冷静、再冷静，深思、深思、再深思。深厚扎实的综合军事素养，最终在关键时刻赐予了他灵感。他想到了水路！从都江堰沿岷江溯流而上，过了紫坪铺水库，上游就是映秀镇。如果从水路进去，再沿江边跋涉，一定可以打出一条快捷的通道！许勇命令工兵团火速运来三只冲锋舟，从水路突进震中。

就在许勇想到这一点时，于12时30分冲进一片废墟的汶川县映秀镇的杨卫东和他的突击队，传回了重要消息！

到达映秀镇后，杨卫东向被困在映秀镇的阿坝州副秘书长了解灾情，立即命令通信兵拨通卫星电话报告情况。

打师部，不通；

打军部，还是不通。

杨卫东当机立断，直接拨通了军区作战部的电话，第一时间报告了映秀镇的灾情：“这里灾情非常严重，急需人员和装备救援……”

这条消息就像拨开乌云透出的一束弧光，让重灾区的情况初为人知，为中央的决策起到了关键作用。

行政区划归阿坝州管辖的北纬31度、东经103.4度的汶川县映秀镇，是真正的震中！映秀镇距离汶川县城有60多公里，而距都江堰仅30余公里！

这一消息，更激起了许勇军长心中的战斗激情和力量。他毅然决定靠前指挥，亲自到第一线去，到灾情最严重的地方去，用自己的双脚踏出一条生命通道。

而此时，杨卫东和他的战友们已是饥困交加，而面对哭号求助的灾区群众，他们又将身上仅存的干粮和水全部送给了伤员、老人和儿童。

13日下午4时30分，许勇带领精心挑选的33人突击队开始向震中挺进。

也就在这一时间，杨卫东带领的突击队到达了震中，而向汶川震中疾进的队伍仍然为三支。

就在15分钟前，王毅的队伍一路疾驰至车皮沟时，由于长时间山水、雨水的浸泡，前面一道十米多宽的泥石流挡住了去路。面对险阻，王毅和连长白文汉率先跳进泥水中，200名先遣队员随后一个接一个地手拉手，蹚着齐腰深的泥石流艰难前行。泥石流中的碎石、杂木不停地击打着官兵们的身体，当官兵们忍着疼痛闯过了这道鬼门关时，个个都成了泥人。

危险是相同的，已经出发的许勇也不例外。与李亚洲、王毅和杨卫东他们有所不同的是，许勇他们这支队伍有较长时间是在水上疾进。

33人突击队赶到紫坪铺水库时，借着天色才看清，大坝出现了裂缝，两岸山体滑坡，巨石飞滚，溅起冲天的浪花，令人心惊不已。直通水库渡场的山道也被滑坡阻断，要把重达千斤的冲锋舟运下去，除非铁臂巨人。先前赶到的阿坝州委书记此刻站在山腰，正焦急等待着。

上，还是不上？

随行人员担心地说，军长，实在是太危险了，另想办法吧！

雨越下越大，余震接二连三，泥石从人们身后滚滚落下。

此时此刻，被困的群众在等待救援的脚步，党中央在等待灾区的消息，全国人民在盼望着解放军的身影出现在重灾区，有多少濒临死亡的生命在发出救命的呼唤啊……

哪怕前面是刀丛剑林，也只能拼死一闯！

风雨中，许勇沉默片刻，吼了一声：走！

于是，许勇率领战士们齐声呐喊着往水库边冲去。

许勇他们奋力地拖着冲锋舟，手磨出了泡，肩磨出了血，终于将冲锋舟抬到了水库边上。

许勇马上跳了上去，船刚刚启动，突然，一名参谋猛地将许勇扑倒：军长小心！

原来，一块巨石咆哮着从山坡滚下，溅起冲天大浪，三只冲锋舟被高高抛起，差点儿被掀翻。

随行人员再次劝许勇军长别去了，另想他法。许勇却黑着脸说：只知道躲进战壕的人，只有资格等死，继续开！

水面怒涛汹涌，两岸轰鸣如雷。湖面雾气弥漫，能见度极低，尽管操纵员左冲右突，最前面的船还是好几次差点撞上迎面而来的断树、浮木，船体被一次次抛起，又一次次落下，犹如腾空的赛车。

余震激落的飞石不断滚下，随时都会给船上的人造成致命一击。其艰难、危险，可以想象，又难以想象！

许勇的每一根神经都绷得紧紧的，他警惕地观察着两岸和前方，沉着冷静地指挥三只冲锋舟冒险前行。在一个狭窄的隘口，冲锋舟几乎是从漫天的沙雨石流中冲过去的。一块上百吨的巨石突然滚入湖中，刹那间，一股大浪以排山倒海之势压了过来，像炸弹爆炸后的冲击波，所有人都被高高抛起，惊出一身冷汗。

18时15分，前方水流越来越湍急，险滩遍布，一眼望不到头的乱石滩，挡住了冲锋舟的去路。

许勇命令，弃舟上岸。

随后，许勇指挥小分队在靠近漩口铝厂的地方登陆，徒步前进。

爬到岸边，许勇才发现，这最后6公里，根本没有路。眼前一座连接两山的桥也断为两半，悬在离水面二三十米的地方。这里离映秀镇仅6公里，但由于这里70%以上路面遭到破坏，桥梁全部被毁，行进路上到处都是塌方，最长距离的两处达200多米。

“下！”许勇顺着桥墩滑下，又攀上悬崖。

泥石流早已湮没了悬崖上的路面，有的路基整段整段地被塌下的山体推进江中。侦察兵出身的许勇在巨石的缝隙中穿梭，队伍沿着军长踩出的路前行。将军那熟悉的身影，成了小分队的移动路标。

余震，暴雨。山体不时抖动，摇摇欲坠的石头随时可能滑落。

“传我命令——贴紧悬崖，拉开距离！”

“贴紧悬崖，拉开距离！”

一块石头滚来，战士吴华脚下一滑，许勇猛地把他死死拽住。

“危险！”身后的人冲了上来。一双手，两双手，大家的手拉在了一起……于是组成了一座钢铁长城！

“在没有路的地方走出路来，才是真正的军人。”

巨石挡道，泥泞不堪，突击队只能按“S”形路线前进，行进速度无法加快。一会儿上山，一会儿下山，不到百米的直线距离，却要绕行几百米。他们的鞋都灌满了泥浆。

许勇的鞋也几次陷入泥浆，他只好光着脚提着鞋前进，到了稍好的路面再穿上鞋走。

跟随许勇的几个年轻人都累得快挪不动步了，49岁的许勇却依然走得那么快。其实他也已经很累很累了，但他依然没有表现出丝毫的软弱，不愧是经历过战争洗礼的将军。

但是，作为这支战功赫赫的部队的最高指挥官，许勇深知自己就是官兵的灵魂，更何况人命关天，万分火急，决不能有半点懈怠。平时，他一再告诫自己的部属：“军人一旦受领任务，就是火箭点燃了发射器，任何一秒钟的误差，都会带来一生的悔恨。”

在这无人的深山，在这没有道路的道路上，将军和士兵互相搀扶着，鼓励着，温暖着。山崖上，那艰难跃动的迷彩划出了一道生命的绿色，向着远方，向着人们牵挂的地方，蜿蜒推进。

6 公里的路程，走了整整两小时。

20 时 15 分，许勇和小分队抵达映秀。当先期到达的杨卫东从一个个泥人中发现军长时，不禁吃了一惊。直到接过杨卫东递上的鞋，许勇也没想起，自己的鞋丢在走过的哪一段泥泞中了。

许勇将军成为进入汶川境内的第一位高级军事指挥员。

废墟，废墟，还是废墟。将军双眉紧锁。

是啊，此时，这里，已经完全是人间地狱了。

被夷为平地、像月球一样荒蛮诡异的县城，那少数没倒的房屋显得更为扎眼，那种不可思议的矗立，就像房屋不屈的骷髅，让人感到触目惊心的凌厉。

幸存的老百姓多数都逃上山避难。昏暗冷雨的废墟中，不断传来呻吟声、呼救声。

汶川县张副县长赶来向许勇军长报告：映秀受灾非常严重，常住人口 5000 多人，就有 2700 多人被埋进废墟。大量伤员急需救治，食品、饮用水、药品极度短缺……

而此时，在另一个方向，李亚洲和王毅的队伍正向汶川县城疾进。

王毅带领官兵们相互搀扶，边开路边前进。

遇到山谷，大家上山时就手脚并用，一步步爬着往上挪；下山时，大家就像坐滑梯一样往下滑。

战士刘强的脚被山上滑落的山石砸伤了，但他硬是咬紧牙关，一步也没有掉队。

早一秒进入震区，就能早抢救一个生命。

不久后，一座漫堤的水电站挡在了官兵们面前。又是一个生死考验！

王毅没有犹豫，第一个下去探水情。站在冰冷的水中，王毅发现坝宽只有 20 厘米，大水已经漫堤 40 厘米，堤坝垂直高度约 300 米，下面的水深不可测，水流湍急。王毅第一个勇敢地走了过去。大家跟在参谋长的身后，手挽着手，通过了这道鬼门关。

“你们不能再往前走了，前面太危险！”过了水电站，一座吊桥又横在突击队员们的面前。

这里是龙溪乡，距离汶川还有 9 公里。

当地村民得知子弟兵要赶到汶川救灾，纷纷跑来劝阻。村支书不无忧虑地对官兵们说：“地震后，这座吊桥已经倾斜，成了危桥，你们千万不能冒险！”

王毅上前几步仔细察看起地形：吊桥是木质结构，架设在悬崖峭壁之上，多年失修，岌岌可危，更何况经历了这场地震的破坏。王毅想，既然吊桥没有垮塌，就还有一定的承重能力，危险是有的，可危险并不能阻挡军人前进的步伐。

王毅试探着往前走——他竟然第一个走了过去。“走！”紧随其后，第二个，第三个……突击队员们一个个提心吊胆地穿过吊桥。“好！全部通过！”王毅查看自己队伍的人数，兴奋道。然而仔细一看，20 多个小时急行军之后的战友们，没有补充给养，他们一个个已经极度疲惫，尤其是女军医储燕的脸已成了花脸——划伤后血流满面。其他女兵也好不到哪儿去，根本认不出是张三还是李四。但她们如险象环生中的玫瑰，艰难而顽强地怒放着，与男队员们一样跋山涉水，经受着身体和心理的超极限考验，居然没有一个人掉队。

昨晚的急行军，还有一幕让王毅心潮澎湃——

那是在王毅他们到达一个羌寨时发生的事。当时部队正进行短暂休息，大家又累又饿，很多队员刚坐下就睡着了。得知王毅他们要到汶川去救灾，村民们把刚煮好的一锅粥端给他们，他们不喝，就拦着不让走，他们说："来了天灾，都在往外逃，你们当兵的却不要命地往里走，就以粥代酒，给你们壮行吧！"这碗粥，王毅他们是含着泪喝下去的。一位羌族老大妈，说什么也要看着女战士把两个粽子吃下去，自己却转过身去，偷偷地舔粘在手上的米粒。一名胳膊上缠着黑纱的中年妇女，非要给部队带路，她说："我的丈夫和孩子都没了，我给你们带路，你们就能走快一些，多救出几个人，多保住几个家。"

望着善良淳朴的群众，沉甸甸的责任感涌上王毅心头，他想：我们是人民的子弟兵，是人民养育了我们，人民有难，就是赴汤蹈火、粉身碎骨，我们也要勇往直前！

21 时左右，王毅他们行进到距汶川不足五公里的桑坪电站，天又下起了滂沱大雨。

道路被泥石流和塌方彻底阻断，已经再没有路可走了。

王毅他们急忙找群众打听，一位村民告诉他们：到汶川县城，有一条古栈道，但多年没人走了，弄不好要丢命的。

这时，王毅斩钉截铁地说："只要是路，我们就敢走！"

这哪是路——悬在半空中，下面是汹涌的岷江，最窄的地方不到一尺，地震使栈道上落了一层厚厚的泥土，雨水一浇，又湿又滑，插在石壁中的木桩早已腐烂，只能紧贴石壁一步一步往前挪动。

“还是我在前。”王毅二话没说，走在最前面。就在他走到尽头时，脚踩的一根木桩突然“咔嚓”一声，断了！上面铺的石板“咕咚”一声掉进湍急的江中……只见王毅死死抓住一条树根，使尽全身力气，才踩到一根木桩——“参谋长捡了一条命。”战友们吓出一身冷汗。

短短不到两公里的栈道，突击队走了整整两个多小时。

九九八十一道难关过去了，希望的曙光就在前头；王毅和队员们连连击掌，用这种特殊的方式给大家鼓劲加油。

“继续前进，加快速度！”王毅再次下达最后一道命令。200名官兵斗志昂扬，精神抖擞。饥饿和疲劳已被他们抛在脑后，他们只有一个信念：挺进汶川，抢险救灾！浓浓的夜色中，他们冒死越过了一道道水坝、一座座危桥、一处处泥石流……

王毅他们已经生死挺进了31个小时！

5月13日23时15分，这是一个全国人民期盼的时刻——王毅带领的200名突击队员到达汶川县城。他们因此成为第一支到达汶川的救援部队。

此时此刻，武警部队灾区作战指挥部突然接到了来自汶川县城的声音——武警某师参谋长王毅用卫星电话报告了到达的消息：“我部第一梯队200名官兵经过31个小时，徒步强行军91公里，现已到达汶川县城并已展开抢险救援。现将汶川情况作如下汇报……”

汶川有消息了！

这消息迅速传到中南海，传遍全中国。

温总理的眼睛湿润了。总书记胡锦涛在中南海感叹一声：还得是军队！

“子弟兵救我们来了！”劫后余生的汶川百姓见部队进入灾区，哽咽着奔走相告。王毅迅速察看灾情，在向上级报告的同时，立即组织三个巡逻小分队对银行、油库等重点目标进行警戒，然后带领主要兵力展开救援。

龙溪小学是这次受灾最严重的地点，正在上课的师生被埋在瓦砾中。官兵们用最原始的工具，冒着余震的危险，钻进险象环生的废墟里，用手扒，用肩扛，在震后第一时间，从废墟里救出47条生命。

特殊的经历让王毅他们有了特殊的人生感悟，一个月后，王毅在抗震救灾英模事迹报告团报告会上发言说："我永远也忘不了踏入汶川县城的那一刻，黑暗和寂静中，到处都是露宿街头的群众。由于极度的恐惧、悲伤和疲惫，他们已经发不出欢呼声了，但还是站着、坐着，用力地鼓掌。这是我一生中听到的最难忘的掌声。这一刻，我更加深切地理解了什么是军人、什么是军人的责任！"5月14日，武警部队司令员吴双战、第一政治委员孟建柱、政治委员喻林祥签署命令，决定给予首批进入汶川县城的武警某部第一梯队200名官兵通令嘉奖；15日，武警部队再次签署通令，决定给抗震救灾中率部队首先进入汶川县城的某师参谋长王毅荣记二等功。

13日的夜已经越来越深了。

此时，王毅的队伍在汶川废墟里抢救着。

此时，李亚洲的队伍在急行军。

此时，许勇的队伍正在映秀的废墟里抢救着。

……

当然，此时从中南海到基层的各级领导，都紧张地工作着，为了同胞的生命。

映秀镇的夜晚飘荡着凄凉的气氛。

几个战士从残垣断壁中刨出一块门板，给他们的军长许勇搭了一张"床"。

劳累交加、身心疲惫的许勇，却久久无法入眠。他坐在火堆旁，一边烤着湿透的军装，一边思考着第二天的部署。但是，刚进映秀镇时的那一幕总是不停地缠绕着他，挥之不去。在映秀小学的废墟中，正在寻找儿子的老教师王茂乾热泪盈眶、嘴唇战抖，昏暗中，那种苍老、无助与绝望剧烈地刺痛着许勇的心。一个月前，他19岁的儿子刚刚因病去世。他懂那种心如刀绞、痛到骨髓的感觉。他明白那种失去至亲骨肉的滋味。

此时这里，又有多少人间悲剧在复演？许勇把自己的悲伤深深地埋进心底，他知道最好的方式就是尽快地救出受灾群众，多救出一个人，就会少一分伤痛。

5月14日一大早，炮兵团400多名官兵沿着许军长闯出来的“生命线”进入映秀。

而一夜未眠的许勇马上指挥先期到达的官兵们展开了营救：他们手刨肩扛，救出9名幸存者；他们同时开始部署抢修道路，抢救受灾严重的乡村。

看到许勇打算就在这里展开救援时，有人建议，现在全国关注的焦点都在汶川县城，队伍应该快速向那里挺进才对。

“我们是来救命救灾的！哪儿灾情最重，哪儿就是我们的战场！”许勇一听就火了。

而李亚洲将军带领的队伍伴着一路大雨和一路余震，徒步行进58公里，于14日14时35分安全到达汶川县城，并通过卫星电话，报告了军区首长、军区抗震救灾联合指挥部。

穿越死亡之旅、成为最先到达汶川县城的第一位将军，李亚洲长舒了一口气，卷起裤腿，才发现脚上及小腿上一排令人触目惊心的伤痕。这伤吓了大家一跳，但他习惯地笑笑，不提。来不及再歇一口气，满脸尘土、一身泥泞的李亚洲就直奔汶川县救灾指挥中心。

很快，以阿坝州州委副书记陈贵华为总指挥、李亚洲为副总指挥的汶川地区军警民抗震救灾指挥中心成立。受军区首长委派，李亚洲全面指挥协调所有赴汶川地区部队，包括武警部队的抗震救灾工作。

在李亚洲等人的组织下，部队有序展开以挽救生命、运送物资、维护社会秩序、抢修道路为主要内容的救灾工作。部队官兵进入到了每一个受灾点，物资也送到了每一个受灾点。

老百姓对部队官兵拥护爱戴，每天都有人为部队送来腊肉等群众从自家废墟中扒出来的食物。不时会有老百姓询问："李副司令员的伤好了吗？"

阿坝州抗震救灾前线指挥部总指挥、阿坝州州委副书记陈贵华说，李亚洲率领部队及时进入汶川县城，为上级了解震中灾情、组织抗震救灾争取到了时间，使得汶川受灾群众有了依靠，对整个救灾工作起到了关键性作用。

直到 5 月 15 日，李亚洲才有时间给地震发生以来一直联系不上的妻儿和远在老家的父母报平安。

老母亲在电话里问："听说你走了好长好长的路，累不累？"

李亚洲笑着说："不累，习惯了。"

李亚洲想起了 2008 年年初抗雪救灾时走过的那条冰雪覆盖的山路。他想起了自己 30 多年前参军到西藏修机场时，用青春铺筑的那条天路。

记忆中的那些路，正如他挺进汶川的 90 公里生死路，永远留下了抹不去的印记。

就在李亚洲、王毅他们的队伍出发后不久，远在河南、被誉为“铁军”的济南军区某“红军师”也在向震中汶川疾进——

汶川大地震发生时，铁军正在野外驻训。在外驻训的 3000 余人以最短的时间全部集中归队。当时，红军师还没有接到命令，但他们已经做好奔赴灾区一线的准备。红军师党委连夜召开三次紧急会议。他们最早的计划是全部摩托化开进。因为灾区道路破坏严重，最后决定空中运输、铁路运输和摩托化机动多路并进。那一夜，红军师的官兵通宵未眠，他们在忙着修订方案、调配兵力、准备物资。几乎是在接到命令的同时，红军师就组织先头部队出发了。

为了尽快到达灾区汶川，铁军选择了一条雪山路：摩托化机动翻越夹金山！

地震后的灾区余震不断，通往雪山的路时断时续，然而，为打通从西路进入汶川的生命线，铁军出发了！

为了抢时间、争速度，铁军把摩托化开进纵队分为三个梯队相继出发。

什么样的胆略什么样的魄力让铁军铤而走险，奋不顾身！是他们把人民的利益高高擎过头顶，是他们把任何艰难险阻踩在脚下，在生死关头挺身而出！

就是这支部队 73 年前作为长征路上的开路先锋血战湘江、强渡乌江、四渡赤水、强渡大渡河、飞夺泸定桥、爬雪山过草地、突破腊子口……创下惊天地泣鬼神的壮丽诗篇。

今天，在峡谷道路年内无法修复的情况下，铁军为了灾区人民，为了尽快到达理县、汶川，他们绕行雅安、夹金山、马尔康、理县，实施大迂回，开辟通向汶川的第二条救援通道。

……

14 日早上的都江堰紫坪铺大坝上，旌旗猎猎，喊声震天。

根据军区要求，铁军先期到达的 1800 名官兵徒步向汶川开进，探明灾情，查明路况，为上级党委部署决策提供第一手资料。

猎猎战旗下，两位中将——军区叶爱群副司令员、杜恒岩副政委在为铁军将士壮行："铁军是一支英雄的部队，是红军的传人，军委首长决定，把挺进映秀、挺进峡谷、挺进汶川这一最艰巨、最危险、最重要的任务交给你们，这是党和人民对铁军的重托和信任。希望同志们发扬我军听党指挥、服务人民、英勇善战的优良传统，向党和人民交一份优秀的答卷！同志们有没有信心？”

“不负党和人民重托，坚决完成任务！”率队出征的师长杨剑和官兵们热血沸腾，排山倒海般的声音在山谷和大坝上回荡。

师长杨剑登上一块巨石动员，他的动员简短有力：“党和人民把最艰苦、最危险、最重要的任务交给我们，是对我们铁军官兵最大的勉励和信任，我们一定坚决完成任务，绝不辜负党和人民的厚望！同志们有没有信心？”

“有——有——有——！”排山倒海的声音在空旷的山谷和大坝上久久回荡。

杨剑师长坚毅地带领第一梯队出发了。头上是不断滚落的山石，脚下是泥泞难行的山路，一边是翻滚咆哮的岷江，一边是壁立千仞的峭壁，每前进一步，都要经历一次生死考验。

在前往映秀镇途中，杨剑师长他们先后经历了 13 处泥石流、20 多处塌方滑坡、15 次余震。在历时十多个小时的艰难跋涉后，“铁军来了”的大旗插到了映秀镇这片大地上。幸存的群众禁不住热泪盈眶，一位老人激动地握着杨师长的手说：“猴子都过不去的地方，你们硬是爬过来了，子弟兵真是我们的大救星啊！”

映秀镇灾情严重，前方灾情不明。杨剑当即决定，大部分兵力留下来展开紧急救援，所属某团团长杨恩红率领 300 人的突击队继续向汶川方向开进。

从映秀到汶川的通道已经没有了，加上余震频发、山石滚落，被当地老百姓称为“死亡大峡谷”。当听说部队要继续向里开进时，地方领导纷纷劝阻。

一位镇干部对铁军说：“这条峡谷山高路险，泥石流频发，平均每天都有 15 至 20 个逃命的人遭遇不幸，你们万万不可进去。”

“里面的人生死不明，我们的脚步就无法歇停。为了灾区人民，我们情愿以命换命！”

官兵们的回答荡气回肠。

于是，铁军官兵们在乱石中穿行，在惊涛中历险。

在离银杏乡不远处的江面上有一座长 200 米的铁索桥，桥面被震得塌掉一边，桥板全部散落，仅剩两根铁索颤颤悠悠。过桥时手里攥一根冰冷湿滑，脚下踩一根摇摇晃晃，咆哮的江水疯狂肆虐，落下江去绝无生还可能。

官兵们双手鲜血淋漓，脚板和膝盖磨破了，却仍然只有一个信念，就是向前向前再向前。

很快，银杏有了铁军，桃关有了铁军，汶川县城有了铁军……

铁军来了！受灾群众禁不住喜极而泣，奔走相告。

……

随后，解放军和武警各部队多路冒险并进，于 14 日凌晨和上午陆续开进汶川。至此，汶川的生命通道开始打开，希望在一分一秒地增加……

打通“生命线”

强烈的大地震使灾区断水断电，道路被毁。

没有路，大型装备就进不来；

没有路，大型救援就无法实施；

没有路，那些被重压在坍塌物里的生命就得不到及时救助。

于是，在党中央、中央军委和胡锦涛主席指挥下，打通交通运输“生命线”，成为部队抗震救灾的一场具有非凡意义的攻坚战。

空中运送、铁路输送、摩托化开进、徒步强行军、水路突进……

不论是由官兵们身体组成的一条条草绿色“生命通道”，还是由空军、陆军航空兵、海军航空兵组成的空中通道，以及工程部队、武警水电部队、舟桥部队官兵们建起的陆上通道和水上通道，每一种方式都是灾区人民极其珍贵的生命通道。

在崎岖山路上，机械的轰鸣声、指挥员的口令声和钢钎、铁锹与顽石碰撞发出的“叮叮咚咚”声，汇成了雄浑激昂的抢通生命通道的交响曲……

一条条生命通道的抢通，扫清了救援大部队全速进入灾区的障碍。

一处处无助等待的地方，盼来了救援官兵，升起了生命希望。

正因为有了生命通道，从城市到村镇，从一个个震后“孤岛”到一处处重灾区，部队官兵连续奋战 170 多个小时，在深山间、在密林里，从残垣断壁中，从一座座废墟底下，寻找着哪怕只有万分之一的可能——

104 小时，26 岁的贺晨曦成功获救；

164 小时，61 岁的老人李明翠获救；

196 小时，61 岁的老人王友琼获救；

216 小时，35 岁的电厂女工崔昌会获救……

路，至关重要。

温总理指示说，要尽快打通通往重灾区的道路！

指挥部命令：要不惜一切代价打通道路！

现在讲述的还是隶属于许勇那个集团军的部队的故事。

时间再次回到令人刻骨铭心的 5 月 12 日。当日 18 时，正在高原驻训的工兵团接到命令：即刻赶赴汶川县抗震救灾。克服任何困难、不讲一点条件，全团当晚星夜兼程。

5 月 13 日，在许勇带领的 33 人的突击队出发后，该集团军炮兵团政委何洪田也奉命率 200 名官兵将道路打通至紫坪铺水库大坝，并在大坝左岸抢建临时码头，为大部队从水路突入映秀建立“出发阵地”。随后，他又带领官兵乘冲锋舟，突进漩口，急行军6公里赶到映秀。此后，源源赶到的官兵沿此道路进入，成为震中救灾的主力部队。

为打通水陆两个通道，让更多官兵和大型装备进入映秀实施救援，该集团军工兵团官兵昼夜兼程，克服雨夜路滑等困难，于5月14日16时全部抵达指定位置，在紫坪铺水库前集结完毕。

紫坪铺，岷江上游一个普通的地方，于2003年建成了一座造福于民、润泽万方的国家重点水利枢纽工程后，现在又成了南线救援部队的桥头堡，他们在此实施着集团军制订下达的水陆并进计划。

5月15日黎明时分，工兵团开始铺架漕渡门桥——一种重达数吨，钢结构，在水面上可以迅速形成通过大型机械设备的较稳固浮物。

要驾驶这么大一个“挪亚方舟”不是件容易的事。当时的岷江峡谷飞石不断，遍布暗礁，湍急的江水夹杂着漂浮物飞奔而下，稍不注意，就会舟翻人亡。

毕业于长沙工程兵学院的兰江鸿，是该团舟桥营营长，在进入工程施工时，他的技术职务是门桥长。架漕渡门桥不复杂，但有风险；很简单，但需要速度。两个小时后，4个载重80吨的漕渡门桥结扣而成。不少官兵的手掌被剐破，血流不止。为防止因浅滩多、流速大、地形生疏造成门桥搁浅，官兵们用冲锋舟反复进行探路，确定了一条固定航线。

15日8时许，兰江鸿箭步跃上门桥，洪声下达号令：“离岸！”

钩篙手利索地将钩篙插入水中，奋力一推，承载着重型工程机械和救灾物资的生命之舟起航了。两艘汽艇，一前一后牵引、顶推着门桥逆流而上。

晨雾霭霭，清风掠过江面，让挺立在船头的兰江鸿打了一个寒战。

很快，门桥钻入一片大峡谷，岷江两岸绝壁如斧劈刀削，风光似鬼斧神工。正当大家被这雄峻险美的风光吸引时，余震再次发生。两岸岩壁的巨石抖落，呼啸着砸向江面，溅起数丈高的浪花。

“好险！”正当他们以为躲过了这一险情时，不料，汽艇操作手心一慌、手一偏，汽艇发生偏离，陷入了湍急的漩涡中，剧烈晃动着，被汹涌的江水甩向左侧山壁。

“快解开汽艇钢索！”兰江鸿一声大吼。汽艇操作手闻声迅速解开牵引着门桥的钢索，开足马力稳住艇身并转向，汽艇终于从漩涡中挣脱出来。

一路险情不明，官兵们沉着应对，一次次化险为夷。三个小时后，门桥顺利抵达开设在阿坝铝厂的临时码头。

可水流太急，没法靠岸，水机连战士卢琨一急之下，跳上岸使劲拉紧纤绳。门桥成功靠岸，他却感到脚底剧痛，低头一看，一根铁钉深深刺进脚掌。

听说解放军开来了救命船只，受困群众立即围过来。官兵们按照重伤员、轻伤员、老人、妇女儿童的顺序，组织他们登上门桥。第一趟，就运出受困群众 600 多人。

救灾物资急等运进，受困群众急等救治，官兵们昼夜不停驾驶着 4 艘漕渡门桥穿行在岷江峡谷中。腿天天泡在江水里，官兵们很快出现烂脚、烂裆，但无一人退缩。

公路遭到颠覆性的破坏，原来的公路高架桥落入了几百米的深渊，一时难以修复。天公偏又不作美，余震不断发生、泥石流任性肆虐。近在咫尺，可灾区群众与不断增加的伤员还是出不来；一支又一支的救援队伍、一批又一批的救援物资还是进不去！漩口镇几乎要被压塌了。

17 日 18 时前必须打通！这是死命令！

15 日中午，工兵团 800 多名官兵和炮兵团 200 名官兵南北夹击，合力抢修最后六公里的陆路。

南面，工兵团团长王健带领官兵奋战不息。

北面，炮兵团官兵在政委带领下艰苦作战。

南面，挖掘机、推土机、装载机……十余辆工程机械同时展开作业，马达轰鸣震响。

北面，铁锹、铲子，官兵们一刻不息，挥汗如雨。

两个团的官兵顶风冒雨，迎着余震中滚滚的山石，在六处近千米长的滑坡路段上，艰难地挖淤泥、推巨石、垫路基。多少次，刚清出一段路面，又被滚滚而下的泥石流吞没，官兵们毫不气馁，操起工具又冲上去。团长王健多次与巨石擦肩而过，但他从未后退半步。参谋长唐兵规定操作手两班倒、多休息，自己却站在驾驶室旁随时提醒驾驶员，连碗方便面都顾不上吃。

人忙起来，连疲劳与饥饿的时间都没有。

但可恶的天气却以逸待劳，不放过一点作恶的机会。眼看道路就要打通，一块巨石成为拦路虎，巨石周围塞满厚厚的泥浆，工兵团的推土机都拿它没办法。机器没办法，人上。官兵们纷纷脱下雨衣，拿起工具跳下泥潭，一铲一铲把泥浆铲掉，挖空巨石下的泥土，然后众人合力，巨石终于被撼动了。

路，一寸一寸地在延伸。但不合时宜的雨却下个不停。泥石流再次冲下造成塌方，淹没了刚才的所有辛劳。

5 月 17 日，许勇迅速赶到现场。

“今天下午 6 点能否全线打通？”许勇问他的工兵处长。

工兵处长说：“我们本来可以提前修好的，谁知余震后又滚下成吨重的大石头，堆了几百米……”

“我不问过程，我只要你 6 点准时通车这个结果！”许勇厉声打断。

“是！”工兵处长答道。

作为军长的许勇，他着急啊！当他第一时间看到映秀镇——这个曾经宛若世外桃源的小镇变成惨不忍睹的人间地狱，多少生命挣扎在死亡边缘等待救援时，那惨烈情形深深震撼着身为将军的他，让他更深切地领会着“生命线”的含义。当时，在与先期到达的22人突击队会合后，将军立即组织官兵就地展开救援工作。可是，路，还是路，原本应是通途，现在却从中作梗。外面的救援物资运不进来，里面受灾群众送不出去，食品、饮用水、药品等极度短缺。大型机械运不进来，轻装快速赶来的部队，只携带了简单的工具，用铁锹铲、用手刨显然不能解当前救援行动的燃眉之急。后勤补给更是难以维系。虽然有直升机空运，但比起需求，简直是杯水车薪。部队官兵已几天吃不饱肚子了，30个人才能领到4瓶矿泉水。饥饿困乏的战士们只好去接山上流下来的泉水，这在污染严重的灾区是相当危险的。

看到工兵处长跑步离开，许勇的心情也非常复杂。他何尝不知，为抢通这条临时公路，先期到达的炮兵团与随后赶来的工兵团的官兵们已经精疲力竭。一些士兵在等待爆破的间隙，就躺在路边的碎石泥浆里睡着了，他们的手上脚上全是血泡，他们的肚子里却没有填过一顿热饭。有的战士从投入救灾以来就没有睡过一个囫囵觉，双眼血红，神色憔悴，可他们还是一刻不停地奋战在第一线。他心疼，不忍，但他没有权力在这个时候心软。只有让这条路“活”起来，灾区人民才能“活”出来！这是一条关系到几千名老百姓安危的生命通道啊。必须让官兵们发扬不怕疲劳连续作战的精神，必须让部队发挥更大的战斗力！

必须不讲任何条件地打通道路。从都江堰沿岷江，经漩口，过映秀，到汶川约有90公里路程。这里曾于2007年建成通车了都汶高速，全程 82 公里，使两地之间仅需一个多小时便能沟通。但现在，这一切早已不复存在。

在仔细勘察后，许勇果断决定：暂时封锁道路，放足炸药，强行炸开通道！

炸药雷管紧急运上，工兵们大胆心细加快作业。

“一，二，三！”在整齐的号子声中，数十名官兵一齐发力，“轰隆”一声巨响，山石终于滚落山谷，全线道路就此抢通。工兵团和炮兵团官兵在 5 公里长的战线上，挥动镐锹，奋战 50 多个小时，共挖土 4.8 万立方米，成功在规定时限完成了上级交予的生命线抢通任务。

就这样，新的生命通道在战士们的手中一米一米地向前延伸，希望在一米一米地向灾区抵近。

经过几十个小时不间断的艰苦努力，17 日下午 5 点 30 分，由都江堰市通往重灾区映秀镇的“生命通道”终于全线打通了！

公路沿线一片欢腾，战士们的泪水，和着汗水、雨水一起尽情流淌。

20 点，第一批军车开进映秀，听见马达的轰鸣声，看到耀眼的车灯，整个映秀镇沸腾了。

“解放军来了，解放军来了！”

被困五天五夜的群众呼喊着、奔跑着，拥上前来，把车队围得严严实实。几天来苦苦支撑的映秀镇镇长蒋青林，望着载有几十名伤员的军车缓缓驶向山外，泪水夺眶而出：“路通了，映秀有救了！”

道路打通的消息传到指挥部，军委首长称赞他们：打了一个漂亮的攻坚战！

就在紧锣密鼓地打通南线紫坪铺码头—铝场渡口—映秀镇的水路、陆路“生命线”的同时，西线，也正经历着同样的战事。

军分区、人武部组织强大的民兵力量和后续赶来的兄弟部队一起，历经艰辛，于15日贯通了马尔康—理县—汶川一线。

5月15日，另一支武警部队的救援探险小分队也从映秀向汶川县城进发。

这天，武警部队司令员吴双战上将再一次向武警四川总队下令，必须以最短的时间，从映秀出发打通向汶川的生命通道。

武警四川总队将这项任务交给了成都武警指挥学院。

正在映秀抗震救灾的成都武警指挥学院从2000多名干部学员中挑选出6名强悍的勇士，组成6人救援探险小分队。这6名队员由3名教员和3名学生组成，教员有政委马毅，干事熊先浩、王林，学生有刘可、乔志平、赵新云。

15日下午5时，六勇士带上药品、急救包、干粮和水紧急出发了。

出发前，指挥学院院长余成拉着马毅的手，沉重地说："几支兄弟部队都对这条路探险过。由于严重塌方，道路艰险，都退回来了。我希望你们能完成任务！一定要活着回来！"

沿着岷江逆流而上的213国道和317国道基本坍塌，走出映秀镇街口，严重的山体滑坡已把公路拦腰截断。余震中随时都有石头翻滚下来。王林负责联络，马毅政委负责全面指挥，熊先浩负责摄像，记录地貌和灾情，三名勇敢的学员背好装备，注意观察山体震动。出发不到3公里，他们就遇到了余震，乱石飞滚而来……

这时，一些志愿者纷纷撤回。马政委跟大家强调："我们最紧要的任务是把路探准，给首长提供救灾的决策依据，我们一定要勇敢而科学地完成任务！"并给大家示范科学的行走姿势。

他们在爬行中不时发现路边有很多车辆，被乱石埋在下面。他们都要想办法看看车里人是否还活着，在映秀通往汶川的8公里处，六勇士从废墟堆里刨出了7辆车，但车里人都遇难了。六勇士不时从身边遇难者的遗体前爬过。艰难的前行中，他们就一个信念：“打通这条生命线！”

3公里过去了，7公里过去了，不管是行走还是爬行，他们的行进速度一刻比一刻加快。一路通过卫星电话，他们断断续续地向映秀汇报情况。

六勇士一路行走到银杏乡，看到这里房屋倒塌，乡亲们惊恐万分。见到武警官兵到来，乡亲们如盼到救星，纷纷拥至武警们身前。

马政委把乡亲们集合到一块，郑重地对他们说：乡亲们，我知道你们受苦了，你们放心，党和政府一定会以最快的速度来解救你们，给你们送药品和物资，你们不要惊慌，先待在原地。说完便叮嘱村干部维持秩序，安抚群众，并教授他们一些急救知识，留下一些药品。

时间有限，他们还要继续赶路，尽快探清前方的情况，他们在银杏乡只做简短停留就开始了赶路。来到下一个乡镇桃关乡，桃关乡同样受灾严重，情况跟当初进入银杏乡时一模一样。勇士们在给乡亲们做了安抚工作后又马不停蹄地赶路。过了桃关乡，来到岷江大桥。眼前的岷江大桥已被震得摇摇欲坠，随时有坍塌的危险。

怎么办?

游过岷江去吗?

但是现在特别需要保持体力。

最后，他们采用险招，六人小心翼翼地爬上了大桥，手拉手，一路艰险终于到了对岸。

当大家庆幸逃过了一劫时，余震又来了，此时他们正站在岸边山脚下，余震导致山体抖动，从山上滚落的飞石夹杂着泥土汹涌地往下坠，勇士们无处可逃，只能在飞石下艰难地躲闪着，他们身上都多处被碰伤擦伤。余震过后，大家发现熊先浩被埋在一堆泥石中，只露出了个头痛苦地呻吟着，大家齐心协力将他从泥石中解救出来。

可熊先浩固执地赖在地上不肯起来，他说："不要管我！你们继续赶路，我跟着你们只会连累你们，前方的乡亲还盼着你们，指挥部更急需你们报告灾情，你们快走！"

怎么劝也没用，最后其他五个人硬是将熊先浩抬着上了路。

继续前行，来到一条隧道前，隧道口被山体滑坡的飞石封住了，他们的前行又受到了阻挡。如果不通过隧道，就意味着要翻越一座大山。但山上已滑坡，无路可走。他们只好将封住的隧道口掘出一个小洞，马政委带头钻了进去，大家打起手电，在黑暗中摸索前进。隧道里偶有滞留的汽车和行人，马政委给这些人分了些干粮和矿泉水，告诉他们，一定要坚持，后面的救援部队马上就会赶来。走出隧道，他们来到下羊店乡。

在那里做完安抚工作后，勇士们正欲继续赶路，沿途一个危房内，传来一个小女孩的求救声："叔叔，救救我！"

六人循声而去，看到一个小女孩的双腿被坍塌的空心板压住了，女孩不停地哭泣。见此情景，他们急忙用尽全力将空心板抬起，救出了小女孩，并将她送到乡医院抢救。

5 月 16 日 23 时，一行六人经历艰难险阻终于到达汶川，圆满地完成了探路查灾情的任务，他们沿途共救治群众 230 余人。

让我感动不已的是，5 月 29 日熊先浩苏醒过来说的第一句话便是："只要能救出震区一位父老乡亲，我就是牺牲了也无所谓。"

在这里，我还要讲述武警水电和交通部队打通、抢通"生命线"的故事：

第一个故事是关于武警水电三总队九支队狮子坪项目部 130 名官兵的——

5月12日上午，武警水电三总队总工程师陶然大校从成都出发来阿坝州理县狮子坪水电站项目部蹲点检查工作。刚放下行李，地震就发生了。

地震发生后，武警水电九支队副支队长、狮子坪水电站项目部主任李川立即查找人员，检查设备，展开自救。半个多小时后，确定项目部除营房全部震裂，人员设备完好无损。

震后一个小时，陶然与李川共同主持召开项目部全体干部会议，决定立即由中队长王安军带领部分官兵及设备从驻地古尔沟出发，沿317国道向东推进至理县，疏通道路并及时救助受困群众。

这是一个极其大胆和果断的决定！

通信中断，无法与上级取得联系。

震中在哪儿？灾情怎样？一切的一切，一无所知。

更何况没有接到上级的明确指令，擅自行动，这是军中大忌，后果显而易见。

但陶然与李川顾不了那么多了。灾情就是命令！

实际上，此时震中汶川通往外界的三条公路——西线国道317线马尔康至汶川段、南线国道317线汶川至都江堰段、北线国道213线汶川至茂县段瞬间被毁，万山丛中，面积广大的汶川大动脉被生生切断，大量人员失踪，大量百姓受伤，大量群众在寒风冷雨中无栖身之所。

连接汶川至阿坝州首府马尔康的317国道，修建在邛崃山脉的半山腰上，上边是陡峭的山崖，下边是杂谷脑河湍急的河水，山路崎岖，如羊肠盘绕。地震发生以前，这里就时常塌方飞石，过往车辆、行人无不小心翼翼。

这里一半以上的路面被垮塌的山体掩埋，大部分路基严重撕裂，最大的裂缝长达100多米，深达一两米。由于余震不断，不时有巨石从山上滚落，一阵风刮过，都会让碎裂的山体再次垮塌，如果稍不留心，向死神夺路的官兵不是会被飞石击中，就是会被因机械轰鸣扰动而滑落的塌方掩埋。

虽然前方的道路十分艰险，但130名英勇的水电官兵，还是带着挖掘机、装载机、空压机等22台（套）大型精良设备，义无反顾地出发了。

他们只有一个信念：早一分钟通路，就能给灾区人民多一分活的希望！

陶然与李川带领项目部130名官兵出发后，便与上级失去了联系。

5月12日22时，通过路过的一辆应急通信车，陶然与李川才艰难地与上级通了一个电话："我们自身没有受到地震伤害，正在抢通驻地到理县的公路。"

随后，他们得到上级的指令：继续向前推进，挺进汶川！

从这以后的70多个小时里，他们再也没能跟上级取得联系。100公里外的汶川也已完全与外界失去联系，并不知道有这样一支武警部队正在奋力向东打通通往汶川的后来被称为"西线生命通道"的国道317线马尔康至汶川公路。

5月15日中午，一个令人震撼的消息传到了阿坝州抗震救灾指挥部。

一位步行到达汶川的同志说，理县到汶川的公路很快就要打通了，一支不怕死的部队正在施工，有车队开到了离汶川只有十多公里的地方。

是真的吗？

阿坝州抗震救灾指挥部的同志不相信，因为阿坝州领导一行多人在震后第一时间从马尔康前往汶川时，行至古尔沟遇道路两侧山体滑坡受阻，他们是在救灾先头部队的配合下，经过了数十小时步行才到达汶川县指挥救灾工作的。当时，州领导根据现场情况估计，要打通理县到汶川的国道317线，至少需要20天左右，而今居然有一支不知名的部队在大地震后不到4天就要解决这个重大困难了。

后来，这样的消息陆续传来，指挥部领导半信半疑。通信阻隔，他们无法证实有无这样的施工队伍，更不要说了解这是哪支队伍了。

当然，指挥部的同志多么希望这个消息是真的啊！

带着疑问，四川省军区、阿坝州一行多位领导来到距离汶川县城约3公里的理汶公路上，实地了解打通理县到汶川“生命线”的是哪一支部队。

这是一支怎样的队伍啊！

所有的官兵都蓬头垢面，每个人都像是从泥浆里爬出来一样，隐约可见的大型设备上有一面被飞石撕毁的红旗，上面有“武警水电部队”几个大字。

而此时，摆在这支队伍面前的是通往汶川咽喉要道的最后一个“拦路虎”——一块400多立方米、足有一辆大客车大小的巨石，上边有近万方随时可能发生危险的塌方体。

看到如此的情景，抗震救灾指挥部的领导认为，排除这样的险情，至少需要两天，顺利的话，三天之内，救灾物资就能运抵汶川。

两天显然太长了，陶然与李川他们这样认为。看着后面紧跟的车队，看着弃车前奔的抢险部队，他们急了。特别是当他们听说震中汶川许多乡镇被夷为平地后，他们更急了。

必须尽快消灭这个“拦路虎”！

然而，如果整体爆破如此大的巨石，就会引发新的塌方，还会影响到周围村民的安全。陶然与李川他们经过慎重研究，制订了对外震动影响较小的对角布孔、深孔爆破的方法。

在中队长王安军的指挥下，由6名爆破手组成的钻机爆破组立即投入战斗。

打炮眼的钻机上来了，但没有水，干钻对人的身体有相当大的危害。若到远处运水，至少要多用一倍的时间。

“那就干钻吧！”不知谁说了句。

于是，公路上钻机隆隆，石粉纷飞。

5月15日21时30分，随着一声巨响，通往汶川咽喉要道的这块巨石被成功爆破。

仅仅6个小时，在这段3公里长的乱石堆中，一条简易通道便粗具规模，由此直达震中汶川的西线通道被彻底抢通。

一条救灾生命线点燃了所有人的期望。

没有闪光灯，没有鞭炮声。连续施工20多个小时的开路勇士们没有欢呼和拥抱。130名官兵、22台施工车辆默默退到宽阔处，救灾车辆闪着车灯急切地碾过路面，呼啸而过。

然而，就是在这个没有灯光的夜晚，还是有许多汶川的人走来，含着泪水说：“谢谢你们，武警部队！我们有救了！”

16日早上6时，根据阿坝州抗震救灾指挥部的指令，这支部队从汶川向映秀方向进发，投入到抢通汶川到映秀公路的战斗中。刚刚抢通被塌方体掩埋的草坡隧道，陶然与李川的队伍又接到命令，火速抢通汶川至茂县的213国道。

这是一条沿岷江通往九寨天堂的路。每个带团的导游路过汶川，都会讲这样一个凄婉但美丽的传说：很久很久以前，这里发生过一次特大地震，一个美丽的小镇整体被埋入了水下，后来这里就生长出碧蓝的海子。至今，这里的海子还会长出红藻，血一样鲜红。

但是今天，很多曾经讲述这个传说的人也被深深地埋进了这条路，赋予了这个传说一个更为惨烈的版本。

正在工作的挖掘机上面，是上百米高的高边坡，摇摇欲坠的岩石露出狰狞的面目。

5 月 20 日 15 时左右，九支队总工程师罗松涛看到，满坡的风化岩石被地震震松了，随时可能垮下来。

“不好，崩岩了！”正在这时，山顶卷起一抹尘烟，步话机赶紧报警。滑落的岩石越滚越快，卷起漫天尘烟，下面的两辆挖掘机一进一退规避。尽管如此，还是有一块巨石快速砸到了一辆挖掘机上。这辆挖掘机一厘米厚的钢板被砸了一个深窝，驾驶室玻璃全部被砸碎。

让非亲身经历者难以理解的是，此时此刻，官兵们居然没有一个人去想这样的危险，而是继续不停地向前、向前。

这天 19 时 30 分，随着第一辆从茂县开往汶川的越野车开过茂县南新镇杨毛坪大桥，连通汶川的第二条紧急救援通道——国道 213 线汶茂段胜利贯通。

让人感动啊——

绵绵细雨中，武警水电九支队李川副支队长和后期抵达的王永平支队长抱头痛哭，两个七尺男儿，堂堂的团职指挥员，在经历了无数次生死考验后，再也无法隐藏心中的痛楚与喜悦，在他们带领的士兵面前，再也无法板起刚毅的脸。

这是生命的奇迹！

这是忠诚的力量！

这是人间之大爱！

曾为军人的我，想起这些，都不由得为陶然与李川他们担忧了一把，他们可是在没有接到上级的明确指令的情况下擅自行动的。

所幸的是，陶然与李川他们在行动 4 个小时之后，得到了上级的明确指令：震中在汶川，迅速组织官兵打通驻地到理县的公路；不惜一切代价继续向汶川方向推进，打通紧急救援汶川的“西线生命通道”！他们的行动受到了上级的充分肯定。

所幸的是，因为他们的提前行动和准确判定，通往汶川的咽喉要道，在汶川人民毫无知觉的情况下，在仅仅70多个小时之后打通。

所幸的是，他们连续奋战8天，虽然一路上无数次与死神擦肩而过，但130名官兵一次又一次躲过了死神的追赶，无一伤亡。

汶川的路通了，汶川救活了，官兵们还要奔赴新的战场。

汶川人民用朴实的方式表达着对他们的深深谢意：

60岁的藏族老阿妈转着经筒为他们祈福。

地震废墟上重新燃起的灶火旁，汶川县雁门乡青坡村的羌族大嫂们把一勺勺热腾腾的百家饭打到武警水电官兵们的碗里。

……

这就叫军民鱼水情深！

第二个故事是关于被誉为“抢通‘生命通道’开路先锋”的武警交通第一总队的——

15日上午10时，根据四川省抗震救灾指挥部命令，武警交通第一总队火速从正在西藏、青海等七省区施工的18个项目组，抽调138名技术骨干和经验丰富的机械操作能手，调集大型机械设备56台（套），接替抢通进度缓慢的地方单位，受领抢通都江堰紫坪铺镇至汶川映秀45公里道路的重任。

难怪这支部队会被人们称为“筑路铁军”。来到现场后，突击队员就如猛虎下山，驱动大功率重型机械装备开赴现场，以抢救危在旦夕的灾区群众生命为最大动力，以挖掘机突前、推土机紧跟、装载机收尾的三机联运、协同作战方式，纵横双向立体布控，多点分段快速推进，展开了一场打通抢通“生命线”的接力赛。

都汶路是通往震中汶川、保证救灾军民迅速深入灾区紧急施救的最为快捷的通道。由于道路中断，救援人员行动受阻，而水路、空运无法满足灾区大量兵力运送，抢通都汶路迫在眉睫。

震后，都汶路上几十处大大小小的塌方群，成为突击队员前进的“拦路虎”。其中映秀镇至汶川 57 公里的道路几乎遭到毁灭性破坏，部分路段整座山体垮塌，短时间内根本无法抢通。

根据指挥部统一部署，暂缓沿国道 213 线直接打通都江堰至汶川段，而是采取迂回抢通的方法，通过从四个方向、四条线路攻坚，争取尽快打通通往震中汶川的道路。武警交通部队受领南线国道 213 线都江堰至“震中的震中”映秀镇的抢通任务。

受频繁余震影响，突击队员明显感觉到机身在轻微摇晃。更要命的是山顶不时有飞石滚落，重重地砸在机身上，发出“砰砰”可怕的敲击声。在上有飞石、下有余震、错综复杂的情形下，稍有不慎，人机随时有坠入峡谷、机毁人亡的可能。

“过！”总队政治部副主任卢廷俊头顶飞石，脚踏滑坡，目光如炬，指挥若定，用旗语指挥调度数十台机械协同作战。

出任一线指挥的卢廷俊虽然是政工干部出身，可现场组织指挥果断，作风硬朗。一次，漩口突降大雨，为防止山体在雨水冲刷下松动垮塌，卢廷俊顶风冒雨，将人员、机械转移至安全地带，不料脚下一滑，被一飞石击中。他的左手下意识地去撑地，继而传来一阵钻心的疼痛，他全然不顾，继续指挥战斗。20 余名官兵和 13 台机械车辆完好无损。待夜晚回去时，他忍着剧痛，艰难地脱掉浸有血迹的手套，才发现手已经肿得像个馒头。在场的官兵看到这个情形，无不为之感动。

三天时间内，卢廷俊带领官兵清理塌方 2 万立方米，抢通道路 2.8 公里，被国务院副总理回良玉亲切地称赞为“钢军”。

16 日 5 时许，抢通突击队将“生命通道”延伸至 35 公里外的漩口镇阿坝铝厂附近，为次日上午胡锦涛总书记亲赴漩口视察、慰问抗震军民提供了重要的交通保障。

让人震惊的是，全长916米的紫坪铺友谊隧道在这次地震中遭到严重挤压变形，混凝土道路出现巨大裂缝，并有可能继续翘曲、下沉。更为严峻的是其中有近600米长的隧道顶部出现严重开裂，随时有垮塌的危险。经专家鉴定，紫坪铺友谊隧道已经成为“危隧”，如果不进行技术处理和进一步加固，前期由武警交通第一总队等单位辛辛苦苦抢通出来的都江堰至汶川漩口、映秀的“生命通道”，将面临进一步垮塌，那就意味着彻底切断了外界与上述两个城镇的陆路通道。

前线指挥部决定，除先前的突击队继续向前方纵深推进外，命令武警交通第一总队所属二支队抽调有隧道施工经验的官兵火速增援，确保隧道险情不加重，确保公路隧道畅通。

具有多年隧道施工经验的第二支队工程师唐怀军接到上级命令，紧急赶赴现场。

背包刚放下，唐怀军就与隧道建设专家一起到现场会诊，进行科技攻关。站在高高擎起的挖掘机铲斗内，紧盯头顶裂开缝隙的隧道断面，唐怀军冒着余震不断的极度危险，用皮尺和红笔丈量，记录下友谊隧道的每一处险情。

唐怀军提出用装载机运送作业人员加紧施工，挖掘机随后进行顶压强支撑协同作战，这样施工、保通都可以兼顾。

针对岩层严重破碎、瓦斯浓度大和地质构造复杂的特性，唐怀军挑灯夜战，研制出“钢支撑挂网喷锚”施工方案。而对于大面积翘曲的隧道混凝土路面，则采用人机配合整平。两项革新方案得到专家高度肯定，难题被攻克。

每推进一米，突击队员都要付出百倍的艰辛；每前进一步，他们内心深处都会涌起“极地”拯救的无限渴望。四级士官龚成强和“川藏线抢险英雄”梁明伟生前是睡在一个帐篷里的筑路战友，在冷曲河抢险战斗中一同出生入死，患难与共。震情发生后，为了烈士未竟的抢险事业，龚成强主动报名上一线。战斗期间，他的眼前经常浮现梁明伟亲切熟悉的身影，内心时时涌起暖流，干劲倍增！

……

在通往绝地汶川的路上，英雄的事迹到处皆是。我不想一一列举，也无法一一列举，险恶的自然环境锻造出来的战斗集体，人人是英雄，个个是好汉。

至17日12时，英勇顽强的武警交通官兵从都江堰紫坪铺开始，沿汶川方向打通42公里的道路。紧接着，他们趁势而上，节节胜利。

还有3公里，武警交通官兵就要打通都江堰紫坪铺至映秀镇的全线道路了。这是一个多么令人激动的消息啊！总队抗震救灾前线指挥部立即发出战斗总动员，号召官兵乘胜追击，迅速贯通全线。而此时，前面写到的成都军区某工兵团，也就是某集团军军长许勇所率的那个团，也在另一头加紧抢通“生命线”。两军即将“会师”。

此时，军警迅速展开一场决战。

17日17时30分，由都江堰市通往重灾区映秀镇的“生命通道”终于全线打通了！两军“会师”了！突击队员们兴奋地久久按着喇叭，大声吼叫。

长长的鸣笛，在向遇难者深切致哀，也在向灾区军民发出强烈的生命信号！

地面交通瘫痪，空运显得尤为重要。

要让数以万计的救援部队快速抵达灾区，唯一的途径，是空运；

要将灾区急需的水和食品送到灾民手中，唯一的途径，是空运；

要想把山区的重伤员运送出来，唯一的途径，还是空运。

于是，空军、陆军航空兵、海军航空兵……在这场争时间、抢速度、救生命的赛跑中，展开了解放军实施非战争军事行动强度最大的一次空运行动。

然而，已搭载伞兵飞抵重灾区上空的空军运输机，由于天气原因，未能达到预期目的。

专家说：物资空投，艰辛自不必说，难度是很大的，特别是在高海拔地区进行空投，缺氧是最大的难题。飞机在高空进行空投，缺氧非常严重，士兵都会有头晕、浑身发抖的反应，有的士兵下来后就直接躺在地上，不能动弹。机上虽然带了些氧气瓶上去，但不够用，只能提供给靠近机舱尾部的士兵用。还有一个难题就是气流大，在高空气流下，战士根本站不住，很危险。另外，飞临灾区上空时，强大的气流和浓浓的云雾，时而把飞机抛起，时而把飞机压下。机组人员只有密切协同，全力保持平稳飞行状态，才能找准空投点。

我还听说，首批出动的4500名直属空降兵第一梯队战士，是全部写好遗书才赶赴灾区的。

苍天有眼！5月14日后，汶川地震灾区降雨渐停，天气转晴，中国空中救援部队对震中地带相继实施空降、空投与机降，三管齐下展开中国历史上规模最大的空中救援行动——

14日，太阳露出的笑脸就像是对陆航团的奖赏。这天早晨8点52分，两架“黑鹰”从山谷中破雾而出，降落在震中汶川县映秀镇镇外的空地上。2000多名已经在废墟中苦苦煎熬了30个小时的受灾群众欢呼起来，泪水模糊了人们的眼睛。

743号长机在副团长李翔的带领下，率先冲入云端，将军区司令部一支13人的应急通信分队机降至汶川。在了解了基本情况后，通信参谋王凯在牛脑寨山顶，用卫星电话向军区指挥部汇报：

据目测，汶川县城三分之一房屋倒塌，急需救援。

这是与世隔绝40多个小时后，“孤岛”汶川向世界发出的声音——我还在！我还好！

此后，应急通信基站紧急建立，虽然信号覆盖面积和信道宽度有限，但已经可以保障同期徒步进入汶川的抢险部队的通话。

这一天，空降兵也成功实现了空降。美丽的伞花绽放在汶川上空，它带给大山深处的灾区人民无限希望。

药品、食品、救援人员……通过空中桥梁源源不断地运进灾区；压伤、摔伤的各类伤员争分夺秒地被运了出去……仅映秀镇一地，短短三天就运走了多名重伤员，运来了大批食品和药品，灾情得以迅速缓解。

意外的是，在飞行往来之间，除了常规的运送物资人员，在不知不觉中，飞行员又变成了空中信使。

装载救援物资而来，再拉回伤员和一沓沓的字条。一天飞行结束，他们的“通信”工作才刚刚开始。

“最多的时候一天要接几十个电话。”第一个驾机航拍汶川的副团长姜广伟说。但所有的飞行员都很乐意干这项工作，电话那头往往传来喜极而泣的声音。再后来，他们又将捎回的“飞信”送往电台、电视台，滚动播出。

生命的通道，希望的通道，在空中架起。在这条通道上，充盈着真情与感动，但危险与安全也同行同在。

从16日起，救援工作由映秀镇等震中地区向周边偏僻山区深入展开。卧龙、耿达、银杏……每一个边远小镇都回响着直升机的轰鸣声，一支支救援队伍被直升机输送到灾区的四面八方。

5月17日下午，淡淡的薄雾笼罩着成都太平寺机场，远处的群山若隐若现。

由于天气原因，南空某搜救团只出动了3个架次。想到灾区群众已被困了120多个小时，全体机组人员一边焦急地等待着天气好转，一边恨不得马上飞到灾区。

17时50分，眼看天就要黑了，天气依然没有好转。早上6时就进场维护飞机的机务官兵开始准备给飞机盖上蒙布。

这时，机场引导员的对讲机里传来急促的呼叫声："汶川县映秀镇发现一名被废墟掩埋5天的幸存者，××号飞机立即准备起飞，运回太平寺机场。"

空军特级飞行员、机长李春辉摊开地图，机组人员迅速聚拢在他身边。前一天，他们载着一吨通信设备飞过一次映秀，对那里的复杂地形已了然于胸。只是这种低云、低能见度的恶劣气象条件，会不会给飞行带来危险？

所有人的目光都集中在李春辉身上。

"救人重要，马上准备起飞。"李机长斩钉截铁地说。

装载物资，拉升，出航……一系列动作一气呵成。

18时，直升机满载物资，急速奔赴映秀。

映秀地处深山腹地，航线必经之处高山林立，是整个灾区最难到达的地点之一。云雾翻腾的狭窄山谷间，李春辉发挥专业搜救直升机的优势，通过气象雷达监控前方一两百公里外的气象情况，驾驶飞机沿着多普勒导航计算机提供的航线，在刀削斧凿般的峭壁间灵活穿行，距离机载CPS显示的经纬度降落点越来越近。

18时40分，降落点出现在李春辉眼前，但着陆必须穿过两座间距仅有一百多米的高山，同时必须越过架设在1300米山谷间的高压电线。飞高了，看不清降落点；飞低了，高压电线拦在前面；飞偏了，有撞山的危险；飞快了，超过了降落点；飞慢了，到不了降落点。

李春辉沉着冷静地驾驶直升机上升到1500米高度。越过高压电线后，控制好飞机的状态和速度，垂直盘旋下降，稳稳降落在一条河沟旁边的空地上。

旋翼巨大的轰鸣声中，一群医疗队员抬着一位 20 岁左右的青年向直升机飞奔而来。他就是蒋雨航，在废墟中被困 123 个小时，救援人员花了 7 个小时才把他救出来。

19 时 30 分，李春辉驾驶直升机顺利降落在成都太平寺机场。早早等候在此的 120 救护车将蒋雨航转运到成都市医院接受治疗和检查。

一场惊险的空中生命接力圆满落下帷幕，现场的官兵、医疗人员和志愿者纷纷向走下驾驶舱的李春辉竖起大拇指。

5 月 19 日下午 14 时 50 分，奔赴边远村寨救援的一支突击队，向成都军区某集团军映秀镇前线指挥部发回一封“鸡毛信”：“距汶川县城 44 公里，位于岷江东岸的兴文坪村银杏小学，217 名学生和 14 名教师已被困七天七夜，请求救援！”

“起飞！命令陆航直升机马上起飞！”成都军区某集团军军长许勇根据上级首长指示，立即下达命令。

许军长登上第一架战鹰，率先向岷江峡谷深处飞去。

当直升机飞抵目标上空时，岷江两侧山体突然发生大规模持续滑坡，将突击队开辟的临时机降点摧毁，五次试降均未成功。

战鹰在渐渐降临的夜幕中返航。许军长命令突击队连夜开辟新的机降点。

5 月 20 日早晨，许军长再次率领直升机紧急起飞，直插兴文坪村。

盘旋，拉升，降落……经过多次试降，直升机终于在一个高悬江畔的机降点着陆。

银杏小学垮塌的楼房前，教师和孩子们都在焦急地等待着。校长王安强抓住许军长的手，泪流满面：昨晚见直升机降不下来，大家都急坏了。

10 时 30 分；

10 时 42 分；

11 时 17 分；

11 时 39 分……

一架架战鹰载满惊魂未定的孩子们飞往成都。

至 12 时 57 分，8 个架次的直升机把 217 名学生和 14 名教师全部运出孤岛。

一个名叫孙力的三年级男生，在记者的采访本上留言："长大了，我也要当解放军！"

这是对解放军发自肺腑的敬佩！

……

冷光下的柔情

灾难无情人有情！

子弟兵永远是最可爱的人。灾区到处流动着迷彩的身影，绿色是生命的象征，有这种绿色的律动，灾区人民心中也滚动着一股力量。子弟兵不知疲倦，不讲代价，一心想的就是早一秒钟赶赴灾区，多救活一个生命。哪里最需要，他们就出现在哪里；哪里最危险，他们就战斗在哪里。为此，他们有的被埋入瓦砾身负重伤，有的献出了年轻的生命。

子弟兵还用自己独特的方式帮助着群众：

子弟兵宁愿自己忍饥挨饿，也要把随身携带的干粮送给受灾群众；有的部队三四名官兵分到的一瓶水，也要省下来给受灾群众；某部官兵把自己的口粮给了灾民，却有 9 名战士饿晕。

子弟兵严格遵守《三大纪律，八项注意》，做到不拿群众一针一线，不占用群众物品，并对救灾过程中发现、清理、上交群众钱物的程序作了明确规定。一支救援分队，在雅安将从废墟中挖出的价值近1000万元的现金、存折、金银首饰、有价证券等如数上交；两支工程部队应地方政府求援，出动大型装备，先后掘开中国农业银行北川支行和北川县农村信用合作联社金库，把一个个保险柜、一只只钱袋从废墟中取出，使国家巨额财产转危为安。

小麦和油菜成熟了，灾区很多群众没法顾及粮食收割，子弟兵又走进了田间地头。

子弟兵积极响应党中央、中央军委和胡锦涛主席的号召，地震发生后迅速掀起向地震灾区捐赠热潮。截至5月26日，已捐款4.27亿元，捐衣被2.1万件（套）。

……

灾区人民也用独特的方式表达着对子弟兵的深情：

“感谢党，感谢政府，感谢解放军！”金花镇凤凰村一位奄奄一息、91岁高龄的老人清晰地喊道。

南坝中学一个获得平安后的小男孩在日记中写道：

“5月13日下午，因为解放军的来到，大家很高兴。他们边救伤员边发粮食。我拿到一支冰棍，好吃。”

“我以前只在电视上看过解放军，觉得他们英武、威风。现在我身边都是解放军，他们不像我想象中的天神，很亲和，像亲人。他们纪律严明，我们送东西也不要。随处可看到他们搜救灾民的身影。我在想他们不吃不睡，真是天神吗？”

……

这样的场景太多太多，可以写成上千册书。

让我们还是将目光锁定在汶川这片土地吧——

在汶川救灾现场，有这么一位政委，他叫李丕金，是武警成都支队的政委。

14日6时30分，李丕金接到紧急开赴灾情最严重的汶川县映秀镇的命令。这时，他的姐姐又发来信息：在都江堰上学的外甥女下落不明，要他去学校帮助寻找。

其实，家住四川省北川县治城乡的李丕金17名亲属中有3名遇难、10名失踪。在5月12日地震发生后，李丕金当即带领官兵奔赴灾情严重的都江堰新建小学展开救援，在一线指挥抢救废墟下被困师生。李丕金带头用手扒掉瓦砾砖块，组织搬抬水泥板，手指被磨破了，指甲被抠掉了。经过5个多小时的奋战，官兵共抢救出103名被困师生。就在李丕金全力救灾时，北川老家的姐姐打来电话：家里的房屋全都震塌，自己是从废墟中爬出来、跑到绵阳市打的电话，兄妹五家的亲人都被压埋在废墟里，让李丕金赶快想办法抢救。看着眼前倒塌房屋下被困、喊救命的群众，当时李丕金强忍悲痛安慰姐姐说："我正在都江堰救人，你们不要着急，党和政府马上会派人抢救的。"说完，又投入了抢救被困群众的战斗。从5月12日下午到14日早上，李丕金带领官兵抢救出630多名群众。

此时，身边战友得知李丕金亲属的受灾情况，劝他派几个战士到学校寻找。

李丕金坚定地说："这些受困的群众都是我们的兄弟姐妹。"

于是，李丕金迅速带领1500余名官兵向映秀镇开进。

映秀镇是这次地震的中心区，四周的道路全部被滚落的巨石和泥石流阻塞，没有道路通行。

李丕金带领官兵冒着大雨，翻山越岭，徒步强行开进。在爬到一段500多米的山体滑坡地段时，突然再次发生余震，山上一块大石滚落下来，他在躲闪中与滚石擦肩而过。

经过13个小时艰难跋涉，李丕金硬是带领官兵通过50多公里的死亡路段，到达映秀镇展开救援。

李丕金和救援官兵们在映秀镇漩口中学等18个地点展开抢救，营救出190多名被困群众。

在食品、饮用水供给保障十分困难的情况下，连续30多个小时没有喝一口水的官兵们，把自己携带的矿泉水、面包，全部让给灾区群众。

除了感动，李丕金还用事实告诉了我，一个干部、一个党员的心中是如何装着亲人和群众的，在国难面前，孰轻孰重！

5月15日上午9时，济南军区“铁军”高炮团二连连长刘同新带着战士们前去搜寻救人时，听到了从废墟中发出的求救信号——敲打木板的声响。

这时，残垣断壁前，一对夫妇跪地相求：“我闺女在里面，快帮忙把她扒出来吧！”

原来，废墟中发出求救信号的姑娘叫宋燕梅，南充人。地震发生时，从成都来到映秀镇一家美容美发店的她，正准备给店员讲化妆品知识课程，被瞬间倒塌倾轧的楼板夹压在两层天花板中间。她的父母知道后，跋山涉水来到映秀镇。

“肯定被压在最底层。”几名战士迫不及待地抡镐挖洞口，连长刘同新示意大家冷静。

“遇到阻挡物，声音传播方式就会发生改变，判定废墟里声音的位置，必须排除错觉。”

听了连长的话，战士们从不同位置仔细辨听，最后判定人在二楼夹层。当战士们从断裂的水泥板和碎裂的家具碎片中间，用双手一点点抠出深1.5米、直径30厘米的小洞时，年轻女孩“快救我出来”柔弱而激动的呼喊声传了出来。

“我是党员，让我爬进去！”

“我身材瘦小，进出洞方便！”

……

战士们争先恐后。连长刘同新与副连长闫先员碰头合计，以便于爬洞为标准，选择一级士官安乐、二级士官张信诺和一级士官刘跃伟这三个瘦小机灵的战士担当重任。

安乐刚爬进去不久，脚下的大地便发生了余震，裂而未倒的楼层开始摇摆，随时有再次垮塌的可能。

班长田振力、井斌急忙把他拽了出来。回忆起当时的情形，安乐感叹地说，他已经明显感觉上面的水泥板正挤压身子，拉慢点可能就卡在里面了。

宋燕梅的脚被深深卡在水泥板缝里，救灾人员几经努力都没能成功。大家心急如焚，脚下余震频繁，三个多小时的救灾时间，发生了四次余震。再耽误下去，不但救不出宋燕梅，还可能危及战士的生命。

"实在不行，狠狠心，把姑娘的脚锯掉算了。"有群众建议道，宋燕梅的父亲也表示默许，渴望活着出来的宋燕梅也向钻洞营救的安乐央求道："请把我的腿锯了吧，我不想死在这里。"

二连在场的党员干部们拒绝了这一建议。随后，他们冒着生命危险，带进去一把刀片，割破宋燕梅的鞋子，把宋燕梅完好地救了出来。

汶川大地震已过 7 天。抗震救灾行动向乡村扩展，济南军区"铁军"官兵在乡村展开拉网式搜救。

废墟上、瓦砾中，铁军官兵进行认真的检查，他们一边搜索一边大声喊。

"我要找'铁军'！救救被围困的大批乡亲。"打电话的是一个中年妇女。

这是大地震后第 7 天的声音，在经历了 146 个小时和数千次的大小余震之后，这样的声音是鼓舞人心的。

接电话的是济南军区作战部部长李亚东，他急切地追问："在哪里，有多少人？"

打电话的中年妇女哭泣着说："我是汶川县银杏乡沙坪关村人，我家住在一条很深的大峡谷内，里面有大大小小很多村庄，有近万人被大地震堵在了峡谷里。"

李亚东立刻向军区副参谋长赵立德和副司令叶爱群报告。抗震救灾专用地图上，一条原始地核裂变形成的峡谷地貌山势陡峭，它的东侧是依山修筑的一条公路，紧邻岷江，这唯一的道路因地震山体滑坡变成了悬崖峭壁。长达百里的峡谷，想要到那里去营救被困的群众，真是难如登天。

时间就是生命！经过紧急讨论，一个数千官兵救援万名被困群众的陆空联合救援方案很快形成。根据这一方案，铁军师数千官兵开进大峡谷展开搜救；空中，数支陆航部队搭载救援物资和医疗队，从大峡谷四周的草坡乡、耿达乡、银杏乡、三江乡同时实施直升机机降，为濒临绝境的灾民运送物资，转送伤员。计划很快上报抗震救灾联合指挥部并得到批准。

早在紧急营救命令下达以前，铁军师长杨剑就发出预先号令，部队紧急做好挺进大峡谷的准备。

19日凌晨3时，"秋收起义团"500名官兵徒步进入映秀镇，快速到达大峡谷南端的水磨镇，随即翻山越岭挺进三江乡；午夜时分，铁军高炮团团长杨恩红率领500名官兵攀上地震后形成的悬崖峭壁，开始从大峡谷北端向桃关乡开进，两路大军，形成南北对进之势。

拂晓，铁军1000名后续官兵也开始向峡谷挺进。

杨恩红已是第二次挺进大峡谷了。他根据掌握的大峡谷情况，带领部队向峡谷深处挺进，他们逐点搜索，分段突破。那次，他们是在黑暗中孤军深入；这次，他们身边多了两支队伍，一支是武警某部300官兵，另一支是伴随行动的某医疗队官兵。

南路，副师长叶勇带领500名官兵进入三江乡。他们一口气翻山越岭40公里，人人负重六七十斤。一名叫张震的上等兵，身高仅1.62米，体重刚过90斤，却背了80多斤重的物资药品。他咬紧牙关，紧跟战友进入大峡谷。

陆路官兵星夜挺进。

直升机紧急装载饮用水、食品、药品、器材等救援物资。304医院21人的医疗队接到指令，连夜奔赴机场，拂晓时分进入凤凰山机场。某陆航团接到命令，6时机组人员完成进场，他们精确测算飞行所需油量。

16时整，成都军区某陆航团LH92213号直升机拔地而起，双机并行，向着目的地——三江乡飞去。

三江乡，岷江、西河、中河三条大江交汇的地方，历史将铭记这一刻。

40分钟后，三江乡的河坝村村口，460多名村民翘首以盼，看见直升机降落，他们举起双手挥舞着、呼喊着。

舱门打开，铁军官兵立即上前兵分两路，从直升机两侧到村口构成了两条绿色的长龙，他们一路分发救援物资，一路重新入山展开搜救。

“快上伤员！”宫松奇副政委一声令下。

670名铁军官兵雷厉风行，火速将重伤员抬上准备好的担架。村里的15名重伤员很快被抬上飞机，直升机破空而上。

地震发生后，多少呼唤、多少等待、多少期盼……矿泉水、食物、药物流水一般从机舱倒出，一吨多重的物资在3分钟内发放完毕。

是铁军，还是铁军，某团500名官兵已在上午8点40分跋涉赶来，与先期到达的师通信营170人合并一起，展开救援。

在靠近峡谷中的山坳里，铁军装备部长郭士民带着修理营 500 名官兵发现了 75 人的老年旅游团。大地震后，他们与外界失去联系。地震当天山崩地裂，巨石从山顶上呼啸而下，10 位老人当场就被夺去生命，还有 40 人受伤，经过 150 多个小时的生死搏斗，那些幸存者，那些平均年龄 70 岁的幸存者，已经奄奄一息。

救救老人，他们儿孙满堂，家人正在焦急地期盼他们归来。

攀崖进人，铁军官兵立即对老人进行急救。

随队医生和官兵们有的用肩背，有的抬担架，向直升机的着陆点飞速抢送。在生命的极限时刻，幸存者在与死神抗争，铁军官兵也在与死神较劲，是不屈的生命力把幸存者从死亡的边缘上救回来，是亲人解放军把幸存者从死亡的边缘上救回来，是党和政府把幸存者从死亡的边缘上救回来。

与南线营救相呼应，北线官兵营救也迅速展开。

这次大营救中，铁军医院的白衣天使彰显出他们的高尚情怀。王青威是位老医生，多次随部队执行过抢险救灾任务。在这次大营救中，他始终跑在最前头，一人就救活了 8 个奄奄一息的老人。吴燕燕，一位年轻漂亮的女军医，她第一次参加这样大的救援任务。下了飞机，看到眼前的悲惨情景，她情不自禁地流出了眼泪。受伤人员由于长时间被困山里，老远就能闻到腥腻的臭味，她全然不顾，贴着伤员的面孔检查病人的生命体征，实施紧急抢救，进行人工呼吸。一位幸存人员感动地说："我们能够活着走出大峡谷，全靠这些穿着军装的白衣天使。"

19 日晚上，万人陆空联合大营救行动传来捷报：仅 19 日一天，紧急大救援行动就转移、安置被困群众近万人，向大峡谷地区机降 103 架次，运送药品食品 35.2 吨，运出重伤员 76 名、轻伤员 50 名。

在突如其来的灾难面前，铁军所彰显出的精神和力量是无可比拟的。

……

虽然“5 · 12”渐渐走远，但在较长时间内，余震还没有完全消停，悲愤的土地有时还在发威，困难仍然很多，形势仍然严峻。

5 月 31 日下午，成都军区抗震救灾部队一架米 -171 运输直升机在执行运送第三军医大学防疫专家到理县的任务，返回途中，在汶川县映秀镇附近因局部气候变化，突遇低云大雾和强气流，于 14 时 56 分失事。机上有机组人员 5 人和因灾受伤转运群众等 14 人。机长邱光华是成都军区陆航某团飞行员，是一个有 33 年飞行史的老机长，也是周恩来总理 1974 年亲自挑选的第一批少数民族飞行员之一。邱光华的家在茂县南兴镇。在 17 天的救灾飞行中，邱光华 50 多次飞翔在家乡的上空。尽管担心家里 80 多岁的父母亲，但他也没有回去看看。

悲情在继续，但温情在不断上升。

正在陕西指导抗震救灾工作的中共中央总书记、国家主席、中央军委主席胡锦涛在得悉执行抗震救灾任务的解放军某部一架直升机失事的消息后，十分关注。胡锦涛指示立即组织力量搜救，并委派中央军委副主席前往一线组织指挥。

6 月 1 日上午 11 点 50 分，此时，分散在汶川县水磨镇、映秀镇的近千名官兵接到上级命令，相继赶到当初被确定的直升机失事地点即位于漩口镇的赵公山一带集结，并连夜参与紧急搜救行动。

直升机失事地点初步判断位于都江堰紫坪铺水库以南 3 公里的赵公山一带。这一带处于都江堰与汶川交界处，植被丰富，林木茂密，荆棘遍地，悬崖峭壁，稍有不慎就会葬身谷底。搜救中，部队和地方有关部门使用了多种技术手段。搜救小分队根据需要配备了北斗一号卫星导航设备；空军派出侦察飞机在直升机失事地域拍摄遥感照片；中国移动通信公司和中国联通通信公司在获取机上人员手机号码后，做了利用手机信号定位的努力；四川省地震局根据地震台网的震动监测，向部队提供了搜寻地点参考建议。

战士们十余人一组，相隔一丈左右进行地毯式搜救，他们跪在地上拔开前面挡住去路的树枝，匍匐着向前行进，把身子贴在悬崖峭壁上努力向上攀登，大家相互鼓励着向山顶挺进。

6月1日晚，赵公山一带下起大雨，电闪雷鸣，战士们接到上级指令后在原地待命。当天晚上，战士们躲在漫山的竹林下，有的被淋得浑身湿透，冷得直打战，但战士们咬紧牙关，一直挺到天亮。当时因战士们带的干粮比较少，有的战士还把干粮让给他人，他人又把干粮进行传递，大家都舍不得吃，传了一圈后，干粮最后又从终点回到起点。

6月2日下午3时左右，官兵们才从密林中走出来，做短暂休整后又立即投入到搜救之中。就在官兵们走出密林在路边休息时，附近的村民纷纷从家里拿出当地政府发给他们的赈灾干粮，送给官兵们。官兵们婉言谢绝了村民们的好意。一位叫董代秀的村民哭着说，地震发生后，她被埋了近50个小时的亲人被解放军从废墟下救出存活，她实在看不得战士们挨饿。

6月10日10时55分，米-171运输直升机在执行任务航线附近的深山峡谷密林中被找到，机上人员全部遇难。

胡锦涛总书记在得悉这一消息后，立即做出批示，向遇难机组人员和机上群众表示沉痛悼念，向遇难人员亲属表示亲切慰问，向执行搜救失事直升机任务的部队官兵和民兵预备役人员表示衷心感谢！

胡锦涛指出，成都军区某陆航团的同志们急中央之所急，办受灾群众之所需，不畏艰险，不怕牺牲，顽强奋斗，为抗震救灾做出了突出贡献。我们要学习他们的英勇事迹和崇高精神，为夺取抗震救灾全面胜利而努力奋斗。

天使之歌

与死神搏杀，是震中最惨烈的战斗。而在这样的战斗中表现得最令人感动的要算那些白衣天使——她们（他们）因此也变得更加美丽、动人……

灾情发生后，总后卫生部迅速启动军队处置突发事件卫勤保障应急预案，紧急抽组医疗队、防疫队，调拨药材装备，利用全军远程医学网，开通了与成都、绵阳、乐山等灾区的音视频通道，实施应急指挥。同时，派出野战远程会诊车随同医疗队至汶川地区开展救治工作，通过视频系统实时了解一线救治情况，实施远程指导。

很快，一支支医疗分队向灾区开进。

我们还是将目光聚焦汶川那片伤痕累累的土地——

5 月 13 日凌晨，成都军区某联勤分部接到军区联勤部下达的任务：由分部所属的 42 医院、452 医院、324 医院抽组六支医疗队。

第一批两支医疗队由分部康长顺副部长带队，于 5 月 14 日出发。

汶川特大地震使公路被毁、水路受阻、“天路”云雾遮挡，灾区急需救援人员、救灾物品。

成都军区某陆航团的飞行员们凭借着高超技术成为打通空中生命通道的主力军。

恶劣的天气条件是阻碍空中快速救援的最大障碍。

13 日、14 日都江堰上空依然布满厚厚的云层，但陆路交通完全中断，水路交通远水解不了近渴，只能依靠空中交通。

灾情紧急，必须组织进行紧急空运！

15 日深夜 1 时 30 分，机组接到命令后，立即投入到紧张的准备之中。

空运时，医疗队员们把给养都抛下，只带药品。机组人员通力合作，操作飞机盘旋起飞，躲过高山，穿过云层……

映秀四周环山，平均海拔 3000 米，而且上空乌云密布，云雾缭绕。之前就有飞机因为天气太恶劣，不得不取消空运计划返回。这天天气稍有好转，机组瞅准时机，直奔映秀上空。

900 米、800 米、700 米……一直到 600 米。降落方位非常准。

这时，分部刘潇副政委又带领一支医疗队抵达映秀镇。

这支医疗队里有一位叫汪玉明的副主任护师，她中等个头，肤色白皙，一口浓重的四川口音。1969 年 2 月入伍，1987 年担任护士长，今年已经 55 岁，专业技术 5 级。

面对灾情，有人建议汪玉明不要来了，说她年纪大了，该让年轻人干。

但汪玉明却认为老同志这样的参战机会不多了，她必须去。于是，她向领导表达了参战的决心。她深情地吻别了可爱的外孙，与家人一一告别，毅然决然地踏上了征途。

当原先计划的摩托化行军改为空运，需要大幅度轻装时，有人提出把医疗队的旗帜丢下。但汪玉明死活不同意，她只把较重的旗杆留下，执意带上了旗面。

飞机一降落，汪玉明一跳出机舱门，就把“解放军 42 医院医疗队”的旗帜展开。

受灾群众见到展开的旗帜，蜂拥而至。医疗队安扎在漩口中学操场上的营寨里挤满了伤员。群众见到解放军，就感到有了希望。

这时，汪玉明发现，做心理疏导时，女性医务工作者的话，战士和伤员往往容易接受，便积极承担了此类任务。

在强烈的余震中，汪玉明看到废墟中待救的受灾群众需要输液，便对一位年轻护士说：“那里危险，你们年轻，来日方长，还是我下去！”

一天早晨，汪玉明听说映秀镇有一位老大娘因亲人亡故，想不开，想自杀，苦于没有自杀工具，便用左腕在石头上反复磨，想磨破血管。

汪玉明早餐也没顾得上吃便赶了过去。那老大娘被压在废墟中，汪玉明必须爬着才能进去。

“您叫什么名字？”汪玉明问。

“杨云芳。”

“您老高寿啊？”

“52岁。”

“您并不老啊。”汪玉明宽慰着对方，“比我还小3岁呢！看来我不应该叫您大娘，应该称您妹妹呀。”

杨云芳告诉汪玉明，她有个28岁的女儿，是位教师，在抢救了13个学生后不幸牺牲。

“您应该向女儿学习，坚强地活下去啊！”汪玉明紧紧握住杨云芳的手腕，安慰、鼓励着她。

杨云芳默然。

随后，汪玉明凭着熟练的技术，为杨云芳缝合了伤口。

……

汪玉明的事迹感动着每一个人。在灾区，国家卫生部党组书记、副部长高强题词勉励她：天灾无情人有情，救死扶伤写忠魂！因此，她的文职干部证、卫生袖标被军事博物馆收藏。

坐落于重庆直辖市，有着70多年光荣历史和鲜明军事特色的第三军医大学，是新中国成立后的第一批全国重点大学、军队“2110工程”整体重点建设院校。

汶川特大地震发生后，王登高校长亲自率领从西南、新桥两所医院抽调的67位专家，紧急奔赴汶川重灾区映秀镇。

当时，映秀镇与外界完全阻断，通信全部断绝，救援人员心急如焚。他们从都江堰市冒雨出发，赶到紫坪铺水库。临时码头挤满了急于上船的救援部队和搜寻亲人的当地群众，医疗队员背着沉重的药品，无法靠近冲锋舟。

王校长再三与调度冲锋舟的指挥员协调，由于船少人多，医疗队始终无法上船。

情急之下，王校长冲到船边，抓住缆绳，朝忙乱的人群高喊："被救出来的重伤员如果得不到及时救治，就有可能死亡，医疗队晚去一分钟，就会失去许多宝贵的生命。"

医疗队终于上船了。王校长他们经过将近一个小时的河中逆行，在距离映秀镇15公里的临时码头上岸。

医疗队从重庆出发时携带了大量药物及医疗器械，但车辆无法通过。王校长当即决定：将价值50多万元的医疗器械和药品化整为零，由每个医疗队员背着行进。十几名身材瘦弱的女队员和专家教授，每人背着30多公斤重的医疗器械和药品上路了。

女队员刘珂汐比较瘦弱，背着沉重的背囊十分吃力，王校长二话没说，拿过她的背囊，背在自己肩上。在攀爬一段陡坡时，身背两个背囊的他，踩上了松动的泥土，身体快速下滑……危急时刻，他猛地抓住了深埋在泥石流中的一根树枝，才没有掉进咆哮的岷江中。

此时，地震已经将道路破坏殆尽。医疗队只能按大致方向沿岷江进发，有路的地方走路，无路的地方翻山。由于出发紧急来不及装备，整个队伍只有5只手电筒用来照明。

余震不断，山体滑坡，几吨重的滚石随处可见。救援队员每前进一步都伴有碎石飞落，而在他们脚下就是湍急的岷江。

时间一个小时一个小时地过去了，王校长他们无法知道自己已经走了多少公里，距离映秀镇还有多远，只能在漆黑的危机四伏的雨夜里奋力前行。途中，他们一次又一次遇到断裂、被泥石流掩埋的路，一次又一次遭遇由余震和下雨引起的山体滑坡和塌方，但救援队员一刻也没有停下脚步。他们心里只有一个念头：克服任何艰难险阻尽快赶到目的地！

5月14日14时30分，医疗救援先遣队历经艰险抵达映秀。

废墟、遗体、伤员……医疗队员们被这里的惨状惊呆了！漩口中学前的坝子上，600多名受伤的群众，有的躺在门板上，有的蜷缩在破旧的棉被中，有的直接睡在地上，到处是痛苦的呻吟声。

看到这一切，王校长心如刀绞，他含着热泪，嘶哑着嗓子喊道：乡亲们，我们会不惜一切代价救治你们的！

王校长迅速把医护人员分为检伤组、轻伤组、重伤组、护送组、手术组，依序对重伤员进行初步救治处理后，用直升机送往成都后方医院进行救治，对创伤稍轻者进行骨折处固定、清创缝合、消毒包扎。经过紧张有序的救治，全部伤员得到妥善处理，为送治伤员赢得了黄金时间。

在映秀的前4天，食品成了困扰医疗队的最大难题。16日，医疗队每10人只能分一瓶矿泉水，王校长一瓶不留全部送给伤员。医疗队没有给养，4天没进热食，护士们上山挖了一些野菜和土豆弄熟了给大家吃，王校长却把自己的那一份留给了值班医生。

短短的8天时间，这个医疗队医治了6000余名轻伤员，成功救治转送出500余名重伤员。被救生还者中有9人被埋压时间超过100小时，最长的达178小时22分钟。

在映秀镇的一顶顶医疗帐篷里，只要有病人送来，他们就立马抢救，谁也不愿意休息。医生、护士相当疲倦，一些医生帮病人包扎伤口时都快睡着了，然而没有人抱怨。即使感冒、高烧，也会继续坚持抢救病人。他们好几天吃不上一顿像样的饭，睡得很少，还时常遭遇余震威胁。

一位20多岁的女护士，内急忍不住了，只能用衣服遮挡一下，迅速就地解决。

另一位女兵不乏调侃地说："战火纷飞中我只有战士的感觉，没有女人的感觉了。"

阿坝州州委书记、抗震救灾总指挥侍俊看到一名名伤员得到及时救治，紧紧握住王校长的手说："多亏第三军医大学医疗队，要不然，那么多重伤员都不可能得到及时救治，你们为夺取抗震救灾初步胜利做出了突出贡献，我代表灾区人民向你们表示深深的谢意！"

在这个医疗队里，杨占宇的特殊经历引起了我的注意——

杨占宇是三医大附属西南医院肝胆外科的教授、主任医师，是唐山市丰南县人。1976 年唐山大地震时他刚刚 10 岁。那次灾难中，他的母亲、弟弟都不幸罹难。当时，杨占宇被埋在废墟中，右腿骨折，全身大量软组织损伤。7 天后，他才被送到吉林省白城市的解放军 321 医院，做了手术治疗。他的腿上至今还留有残疾。1984 年杨占宇考上第三军医大学军医系，本科毕业后又考上三医大西南医院韩本立教授的研究生。

听到四川汶川发生地震的消息，杨占宇马上向领导请求，他要到前线去，到灾区去。杨占宇认为，自己有丰富的临床经验，又有地震的切身体会，他急切地希望马上就到前线去，因为自己是军医，病人看到穿着军装的医生出现，会不由地产生信任感。

下面是杨占宇抢救伤员的一个故事——

12 日，在汶川映秀镇卧龙稽征所工作的沈培云吃过午饭后，像平常一样到二楼休息室去午休。地震后，稽征所七层楼的房屋瞬间倒塌，沈培云就这样在睡梦中被活埋，而这一"睡"就是 146 个小时。

17 日中午，沈培云同事的哥哥再次来到废墟，想再试试自己的弟弟是否有生还的可能，他站在废墟上大声地呼喊着弟弟的名字，然而废墟里一直没有任何回音。当失望的他准备离开时，却听到一个微弱的声音从废墟中传了出来。

“这里还有人活着，快救人。”他立即叫来救援队。

不到半小时，消防队员赶到现场进行救援。这时，沈培云已经在废墟里待了 140 个小时，没有水喝、没有东西吃，由于脱水，此时的他已经很虚弱。为了保证沈培云的性命，杨占宇等四名医生来到现场，为沈培云送去营养液，并作心理干预，在救出他前，想方设法让他挺下来。

“我下去跟他谈谈。”杨占宇主动提出要亲自下去鼓励沈培云。在消防队员的帮助下，他第一次进入废墟巷道里面。

“你脚能动吗？”

“下面麻了，不能动，只有手能动。”

沈培云微弱的声音让杨占宇心里很难受，他发现此时的沈培云脸上、眼睛里、头发上、嘴里已经全是泥土，杨占宇帮他把嘴里的泥土弄出来，然后将事先准备好的营养液管子递给他，一滴滴救命的营养液，顺着一根 4 米多长的软管，流进了他的嘴里。

“我在这里待了多久？”喝完营养液之后，沈培云迫不及待地想了解自己的处境。

“你睡了不到两天呢。”为了不惊吓到他，杨占宇撒了善意的谎言。

14 时，杨占宇再次进入洞中，给他鼓励。

15 时 36 分，被困 146 个小时的沈培云被成功营救。

沈培云被救出来后，立即被送上了直升机，杨占宇一直护理着他。

“我不想活了。”由于身体不舒服，沈培云一直在飞机上念叨着。

杨占宇却不厌其烦地劝导他：“现在大家花了那么大的努力救你出来，你一定要坚强起来。”

一遍遍地劝说，沈培云这才慢慢地安静了下来。

17 时 30 分，沈培云被送到成都军区总医院。

在沈培云和命运抗争的路上，杨占宇成了他的“定心丸”，一直陪着他来到成都。

“真的很感谢你，真的很感谢，不是你我活不成了。”沈培云躺在病床上，说话声音仍然很微弱，他用力地喘着气，虽然眼睛被纱布包着，仍不停地向站在旁边的救命恩人致谢。

当有人问到杨占宇为何要冒着生命危险去救沈培云时，他如此解释说：“我救他，除了医生的职责之外，更是对救过我的人的一种感激。”

多么坦诚和豁然的一种诠释啊！

19 时 37 分，沈培云的妻子张兰菊从都江堰赶了过来，看着躺在病床上幸运脱困的沈培云几乎号啕大哭，他们一家紧握着杨占宇的手，有说不完的感激。

而杨占宇已经做好了“长期抗战”的思想准备。如果可能，他希望抢救病人之后，自己还能帮助当地的政府做好后期的防疫工作。

在这场前所未有的大震中，我们不得不惊叹军队高科技手段对救灾的作用。

5 月 17 日午夜，应前线抗震救灾医疗救治需要，第三军医大学西南医院又派出远程医疗救护车疾驰往映秀镇重灾区。由于通往地震重灾区的陆路交通仍然不便，他们几经周折，于 19 日凌晨 2 时，通过轮渡将远程会诊车送达映秀镇。

远程会诊车到达映秀镇后，通过卫星首先与解放军总后勤部远程医疗信息中心取得了联系，而后又成功与西南医院远程医疗信息中心对接。在四川省汶川县映秀镇漩口中学校门前的远程会诊车上，西南医院副院长吴军通过视频，向远在第三军医大学西南医院远程医疗信息中心的医院院长李景波、政委陈征友，详细地汇报了医疗队在抗震救灾一线的工作开展情况。随后，医院院长、政委询问医疗队有什么困难，并与医疗队员一一“见面”致意，激励他们克服困难，再接再厉，多救伤员。对接过程中，虽因遇余震，信号稍有中断，但声音和图像都比较清晰。

远程会诊车到达抗震救灾一线后，不仅可实现信息上的互联互通，实现对抗震救灾医疗队的有力指导、高效指挥和精确保障，更重要的是，可对重、危伤病员实行远程会诊，有效救治伤员。

5 月 14 日 18 时 10 分，南京军区第 411 医院医疗队、第 85 医院医疗队，第 455 医院医疗队到达成都温江机场。他们将连夜赶往灾情最重、受灾群众最多、环境最恶劣的汶川县执行医疗救治任务。

指挥部决定：人员及物资已经全部到达的 411 医院两支医疗队率先向汶川方向进发；85 医院和 455 医院的四支医疗队在机场待命，待其药品和相关保障器材随下班飞机从上海到达成都后，一并往汶川开进。当时，四支医疗队在运输车上宿营。

18 时 40 分，指挥部 10 人和 411 医院医疗队共 74 人，搭乘成都军区青藏兵站部 7 辆运输车前往都江堰紫坪铺水库大坝，准备乘冲锋舟前往映秀，通过映秀往汶川城进发。

5 月 15 日深夜 1 时，车队停止了行进，紫坪铺大坝已到。据大坝工程维护指挥部预告，由于大坝水位过高，上游山体存在严重坍塌可能，出于安全考虑，原来准备送医疗队过江的冲锋舟暂停输送人员。于是，60 多台运输车、300 多名医护人员只能就地待命。

凌晨 4 时，从出差途中紧急赶到灾区的南京军区联勤部副部长、前进指挥所总指挥姜国禹赶至成都，决定先与到灾情最重的汶川方向的 411 医院医疗队和指挥部人员会合。

10时，姜总指挥赶至紫坪铺大坝。虽然离汶川只有一山之隔，然而，强烈的地震以及密度很大的余震使这座壮观的水库多处存在随时决口的危险，因此乘冲锋舟到达对岸的计划搁浅。当时，来自解放军总医院、二医大、海军、空军、北京军区、沈阳军区、广州军区总医院以及地方医疗机构的40支医疗队、80台运输车正在大坝一侧的山路上滞留。山路一面是陡峭的山崖，一面是水流湍急的岷江，路面由于地震已经有近三分之一的地方塌方，满是从山上滚下来的大石头，加之五至六级的余震时有发生，随时有塌方和山体滑坡的危险。

进还是退，是摆在大家面前的难题。进发处于震中的汶川县城，是大家此行的主要目标，但由于公路尚未恢复，冲锋舟又无法进入，除了步行攀岩外没有他法。各医疗队必须重新申请任务，在保证自身安全的前提下多救治受灾群众。

姜总指挥当机立断，向汶川进发的决心绝不动摇！哪怕是向汶川方向前进一小步，就是向胜利的方向前进了一大步。但在车辆无法进入汶川，进入映秀镇需步行8个小时，加之很多给养和医疗设备无法带入的情况下，首先要组织人员尽快从紫坪铺大坝撤到安全地带，再计划进入汶川的具体方法。

20分钟后，姜总指挥带卫生部副部长吴志成、沙纪根到国务院抗震救灾指挥部都江堰前指和四川省抗震救灾都江堰指挥部，代表南京军区党委和军区赵司令员、陈政委向总参孙建国总长助理汇报了军区医疗队派出进入情况，以及紫坪铺大坝大量医疗队滞留的情况，强烈要求指挥部尽快给南京军区医疗队下达进入汶川重灾区的任务。

“我们是南京军区的部队，是军区部队的代表队，一定要到抗震救灾最前线、最重要的地方去展示我们服务人民的能力！”姜总指挥请命说。

考虑到紫坪铺大坝的医疗队数量众多，总长助理孙建国决定，由二医大张校长负责牵头协调各单位抽调精干分队，轻装随救灾部队一道步行进入汶川救治伤员，其他医疗队先就近在都江堰地区配合当地医疗机构执行救治伤员任务，各医疗队必须立即从紫坪铺大坝撤到都江堰市安全地域，并立即通知成都军区联勤部组织车辆回撤。

10 时 50 分，姜总指挥找到二医大张校长，协商派出医疗队进入汶川执行任务具体事宜。经协调明确，411 医院抽调一支 40 人的医疗队，带轻便给养和器材，与二医大医疗队随救灾部队一起进入汶川，其他人员配合都江堰市人民医院做好伤员收治工作。

15 时，南京军区赵司令员、陈政委分别做了重要指示，赵司令员指示部队要主动请战，争取最艰苦的任务；陈政委要求入川部队积极主动争取任务，创造条件完成任务，尽可能地为人民办好事、办实事。

23 时，姜总指挥召集吴志成等人，了解军区各医疗队进入汶川执行任务进展情况。经调查，由于紫坪铺大坝通往汶川的道路再次大面积塌方，水库水位进一步上涨，水路、陆路全部受阻，进入汶川的通道全部被切断，反馈到指挥部的消息是“暂停一切医疗队进入汶川，就地待命。”当时，都江堰市内均为一般伤员，大量医疗力量闲置，而重灾区汶川方向大量受灾群众缺医少药。针对这种情况，姜总指挥下定决心：明早继续请战，不到汶川决不罢休！

5 月 16 日 7 时 30 分，姜副部长带吴志成等人驱车到成都军区联勤部，姜副部长向董德元部长转达了赵司令员、陈政委和联勤部顾部长、谢政委对成都军区在此次行动中给予的支持和保障的感谢，同时，代表军区、联勤部党委首长向成都军区联勤部指挥所请战。

成都军区联勤部抗震救灾指挥所被姜总指挥坚定的决心和一再请战的精神所打动，立即协调四川省都江堰指挥部，在自然条件暂不允许进入汶川的情况下，先安排411医院临床部两支医疗队赴尚未有医疗队进入的、道路刚刚打通的绵阳安县重灾区执行医疗救治任务。

11时，从成都返回都江堰的车上，大家拿出地图，仔细研究并进行激烈讨论。在当时，大多数医疗队都还只是在都江堰市执行一般伤员救治任务，能到安县这样的重灾区执行任务是每个医疗队都迫不及待的。但是安县距离汶川近百公里，如果汶川道路打通后，再调整部署将很困难，而且已丧失先机。姜总指挥心里始终牵挂着汶川灾区，首先安排411医院两支医疗队赴安县执行任务，一旦通往汶川的道路打通，立即派距汶川相对较近的部署在什邡的85医院两支医疗队奔赴灾区。

12时，411医院医疗队受命后立即着手转场相关准备。

14时，姜总指挥带吴志成、沙纪根第二次到四川省抗震救灾都江堰指挥部了解通往汶川道路抢修情况，并再次请求尽快将南京军区医疗队派往汶川重灾区执行任务。

近乎是奇迹，正在这时，前方报告通往汶川第一个镇水磨镇的道路已经打通。

得知这一消息后，大家异常兴奋，姜总指挥立即向指挥部申请将411医院两支医疗队派去执行任务。指挥部随即同意了医疗队将原来派往安县执行任务的计划调整至汶川水磨镇。

20时30分，411医院医疗队乘坐成都军区提供的大巴车，开往汶川水磨镇。

20公里左右的路，整整走了4个多小时。

一路上，到处都是被砸烂的汽车，一边是滚下的石块堆积，另一边不到一尺的地方就是悬崖，看着非常可怕。路上偶尔还会看到往外跑的受灾群众，说你们不要去了，那里有瘟疫。

经过几个小时的奔波，411 医院医疗队到达了水磨镇，随后立即开始救治工作。

5 月 18 日 15 时，68 岁的藏族老太毛跃珍被送到了医疗队。由于房屋的坍塌，毛跃珍被砸伤的腰背部，出现了大面积的皮下血肿以及皮下组织坏死，如果不及时抢救将会引发败血症，危及生命。医疗队争分夺秒，在最短的时间里从她身上抽取出了超过 800 毫升的血块和坏死组织。

18 时，医疗队又收治了一名重症伤者，叫英卓，是个彝族姑娘，怀孕已经 8 个多月了。英卓送来医疗队的时候由于大出血，人已经处于休克状态，她的左侧颅脑脓肿十分严重。医疗队进行了全力抢救，母子平安。

为了争取到更多救援医治的时间，医疗队派出 9 支医疗小分队 52 人，深入水磨镇 14 个村进行巡诊，由 411 医院胡佳乐副院长负责。

就在 411 医院医疗队在重灾区水磨镇忙碌时，南京军区联勤部副部长、前进指挥所总指挥姜国禹依然马不停蹄。

5 月 19 日早上 7 时 40 分，姜总指挥从电视中看到映秀镇的道路刚刚被打通的消息，立即带人前往成都军区抗震救灾指挥部和四川省都江堰抗震救灾指挥部“抢任务”，汇报了 411 医院医疗队在水磨镇执行任务的情况，并恳切申请派出医疗队进入映秀镇。

南京军区抗震救灾前进指挥部的一再请战，感动了当地政府。四川省都江堰抗震救灾指挥部的一名副厅长随即召集人员协商，10 分钟后通知姜总指挥可以派医疗队赶往映秀镇，但水磨镇也有不少受灾群众，希望能够兼顾。同时，这位副厅长还提醒姜总指挥他们，要注意安全，毕竟通往映秀的路上每天都有多次塌方事故发生，刚刚修复的道路也是十分脆弱的。

411 医院第一医疗队立即从水磨镇出发，从 8 时 45 分开始，短短的 20 公里路程，他们用了近四个小时才赶到，其中有一段百米的路程就用去了 1 小时 20 分——并不是堵车，而是道路不时会有塌方，不时地被阻断。

灾后的水磨镇和映秀镇，信息闭塞，两镇下辖的 28 个行政村成为“孤岛”，巡诊小分队带着大包大包的药品和医疗器材翻山越岭，边打听边探路。

特别是映秀镇，是这次地震中受灾最为严重的地区之一，伤亡惨重，所以这里也成为医疗队最为集中的地方。除了 411 医院第一医疗队，这里还有来自 301 医院、军事科学医学院、三医大等五个单位的医护人员共 339 人。

任何一个片断，任何一个场景，都让我们感动——

“在这里巡诊最怕迷路。”放射科医师马戈在一次去白石村的路上，发现一对躺在乱石中的夫妻。地震发生后，这对夫妇心慌意乱地赶去三江乡找儿子，迷路了。丈夫因过度疲劳衰竭而死，伤痕累累的妻子被 411 医院的医护人员抬回救治。土生土长的村民都会迷失方向，更何况初来乍到的医护人员。虽然心有余悸，但他们出发的脚步依旧坚定。

……

411 医院第一医疗队在上级的要求下，立即在映秀扎营，把救治工作向周边辐射，他们根据实际情况，进行了重新编组，建立了一个 5 人应急分队，另外以 5 人为一组建立巡诊分队，为参与救灾的官兵及周边村组受灾群众进行巡诊。

后来，411 医疗队又组建一个 8 人的医疗小组被空运至条件异常艰苦、断水断电缺食品的银杏乡。

随后的一个月里，411 医院医疗队跑遍了水磨镇的 18 个村、映秀镇的 10 个村，做到了救治不留死角。

哪儿有灾情，哪儿就有红十字方队。

写到这儿，我必须向读者交代的是，虽然汶川是这次大地震的震中，解放军和武警部队官兵的身影也深深地镌刻在这片曾经灾难深重的土地上，但这仅仅只是13万投入抗震救灾的解放军、武警和民兵预备役大军中的一部分，或者说是一个缩影，一个代表。

那是多么令人心潮澎湃而又悲壮万分的历史大场景啊——

在广达十万平方公里的震区土地上，大军云集：从军种分，有陆军、海军、空军、第二炮兵、武警部队，加上民兵和预备役人员，涵盖了共和国武装力量的六大支柱；从兵种分，有空降兵、运输航空兵、陆军航空兵、海军陆战队，有侦察兵、通信兵、工程兵、防化兵、消防兵……三军部队各路精英纷纷亮相。此外，还有气象水文、导航测绘、航天测控、航空遥感等专业部队加盟参战，提供保障。再加上配合解放军抢险行动的民航运输、铁路运输以及国外、境外救援力量，抢险力量阵容蔚为壮观。

三军联合指挥、陆空联合搜救、多兵种联合救灾……

一架架军用运输机星夜起航，一辆辆军车昼夜兼程，一支支精锐之师走上抗震救灾战场……

几年后，仍有数以万计的人民子弟兵依然在灾区，帮助灾区人民重建家园。

人民子弟兵没有辜负党中央、中央军委和胡锦涛主席的重托——拼命拯救生命、救助人民，在抗震救灾中发挥了中流砥柱的作用！

汶川的故事没有完……

第六章　向生命施爱

汶川大地震，留给了我们太多的痛苦与悲伤的记忆，同时抗震救灾的伟大行动中又留给了我们太多的感动。这一切都是为了两个字——生命。

这是活着的人与死去的人之间的一次灵魂与肉体的告别与重合，它因此变得如此的壮烈与壮丽。世界上没有什么比这更悲恸与精彩。

人世间的一切事，皆因生命而产生光芒与辉煌，也皆因生命而流逝黑暗与罪恶。地震带给人类的是瞬间产生的生命悲剧，而这个悲剧并非因为瞬间的死亡而永远停留在悲痛的哭号与眼泪的那一刻，它还会滋生为抗争这种死亡而出现的另一种更加坚韧与不屈的生命力量。所有一切惨烈的死亡和英勇的抢救都在彰显着人的生命的伟大和尊严。

人，活着的时候，是需要尊严的。用百姓的话说，就是面子。中国人几千年来一直用独特的“面子”来诠释自己的人权思想。因此当某一个人在死了之后，那些活着的人会尽一切可能来满足死者的面子，包括给他们体面的衣饰，与活着的时候一样的生活方式——那些陪葬品就是寄托了生者对逝者的一种尊重。只有那些生前不被人们尊重的人，才会被抛尸荒野。

在灾区，我听到了太多亲人与亲人之间的那种感天动地的生死离别之情。有一张照片上一个中年男人为了让亡妻能进殡仪馆火化，他将已经死去的妻子用红布包住脸，然后绑在自己身上，用摩托车驮着亡妻送她最后一程。这是一个真实的故事，映在了空降兵的眼里，所以部队的一位新闻工作者摄下了这个镜头。

其实，在灾区采访时，我听到和看到这样的事很多。我想以自己的方式向读者报告，因为我觉得这样的场景有些是不可能在新闻媒体上出现的，多数人也不可能听到和看到另一种灾情下的人类的表现，而其实从某种角度看，它比那些在废墟中奋勇抢救生命的场面和义举更加催人泪下和悲壮。

它是我们人类最后所获得的尊严，并将这些瞬间永恒地定格在“中国”的名字之下——

定格在抢救现场的最后尊严

某学校教学楼的垮塌现场，一名孩子被瞬间倒下的水泥楼板压断了脖子……当救援队员将她抬出现场的时候，头颅突然掉下，吓得许多人一阵恐慌，躲至三丈之外。可是这个学生的班主任，毫不胆怯地上前去抱起掉在地上的头颅，然后给孩子重新“按”在脖颈上面。为了能让前来认尸的家长看个完整，这位教师守在身首分开的学生身边整整一个雨夜……

12 日的夜晚是每个人的心都在寒战的冰冷之夜。某学校操场上摆着越来越多遇难者的遗体，而在十几米之外的废墟现场，大人们都在拼命抢救那些仍不停地呼喊着“救命”的孩子。没有大人顾得上已经死去的孩子们，他们只能被暂时安放在操场的泥地上，与那些刚从惊恐中逃脱了死亡的活着的孩子们待在一起。

没有人去教那些活着的孩子这个时候你应该做些什么，也没有人去教那些活着的孩子你应该怎么面对离别你的那些小伙伴，可是当大人们没有办法再在黑暗中进行抢救时，他们向操场上看去，却都面露敬重——雨中，那些活着的孩子或用雨具，或用书包，也有用塑料布，更多的是用自己的衣服，在为一个个死去的小伙伴遮风挡雨……他们的脸上丝毫没有恐惧，相反个个显得那样的坚定不移。

北川中学的抢救现场从 14 日起，已经很少见到生还者。成批成批的花季少女和少年被救援队员抬到操场，一个挨一个地摆在那里，由于离别生命的那一刻经受的各色各样袭击而死亡的孩子们的表情与面容各不一样，令人心痛至极。遇难孩子的遗体一时没有可能迅速处理，而就在这时，不知是谁想到了一个办法，他们找来孩子们丢失在废墟里的书本或作业本，然后一个挨一个地将孩子们的脸盖住……抢救现场的战士们后来告诉我，说现场至少有几个不知姓名的人一直守在那些永不再说话的孩子们身边，随时准备拾起掉落的书本，重新盖在死者的脸上。余震随时而来，风也刮来，遮在孩子们脸上的书本不时被吹落或震落，但很快又有人上前轻轻地拾起书本，重新给永远安眠的孩子盖住他们的一张张痛苦的脸……

这在惊心动魄的抢救现场，似乎是个非常不起眼的场景，但它却让悲痛的现场平添几分肃然。

有人告诉我，曾经有个女学生被抬出废墟时，裤子已经被撕碎而不能掩体了。只见一个年轻的小战士立即脱下自己的迷彩服，然后认认真真地给这个女学生穿上，像对待自己的妹妹一样……

地震像一个恶魔，它不分手段，用最极端的残忍方式来毁灭人的生命。

一个孩子被断裂的墙体钢筋刺破了腹部，纷乱的五脏撒落在地。孩子的家长看到这一切后，立即昏死过去——“这娃儿不是我的！我娃儿不是这样的！”家长疯了，几个小时瘫在地上哭着不承认那是自己的孩子。70 多岁的爷爷捧着孩子身上一直戴着的写有名字的胸徽，老泪纵横地跪在地上，为自己的孙子，一样一样地捡着沾满灰尘的五脏六腑，然后用布擦干净，再安进孙子的腹中。“这是娃的，不能少了，一点也不能少的……”

老人这样一直忙乎了3个多小时。旁人见了无不泪雨纷飞。

13日，某山区小镇的一所小学废墟前的停尸处，一位从山上赶来的家长抱着已经僵硬的孩子身体，突然发现孩子少了一只小胳膊，便哭着冲到废墟里拼命刨挖，像寻找自己失落的生命一样，很快她的十指淌血，又昏死在现场……

“无论如何，我们一定要帮这位母亲把她孩子的小胳膊找到！”镇上的一名干部对现场参与抢救的几十名干部群众这样说。

于是，干部和群众重新对一堆堆废墟进行搜索。其实这并不是件容易的事，按说孩子的断胳膊应该在挖出她的地方找，可偏偏在那个地方找不着，周围四五平方米的废墟堆里就是不见断落的小胳膊。

“把范围再扩大一倍！”现场的一名干部指挥道。于是十几个干部群众包括老师又开始向更大的范围内寻找，他们扒开一堆又一堆废墟，没有找到小胳膊，却意外地发现了另一个同学的遗体和两条断腿……

“我真不想找了。实在让人受不了！”一位同是当母亲的妇女刨着刨着，突然一下坐在地上痛哭起来，说啥也不愿干这活了。她的孩子虽然幸免于难，可她受不了眼前一幕幕悲惨的情景。

小胳膊最后终于找到了，是在十几米外的一个楼板的夹缝里找到的。有人估计当时楼板削断了那位同学的胳膊后，正好被另一块断裂的楼板反弹出去了，所以才甩出了那么远。这已经是5个多小时以后的事了，现场负责人让另外几位妇女帮着那位遇难者的母亲，用缝衣服的针线为她已经逝去的孩子缝上小胳膊……

“宝贝儿，妈妈愿意随你去。妈妈不想再活了，妈妈就想这样一直搂着你，啊啊呜呜——”那个母亲与自己的孩子平躺在临时停尸处，久久不起……

同为13日，某家属宿舍楼倒塌现场。一位部队连长正指挥一队战士将十多块楼板移开，当最后一块楼板被掀开之后，他们看到了惨不忍睹的一幕：一位男性遇难者的遗体被压得面目全非，仅有七八厘米高，完全被压扁、压烂了！而这位遇难者的家属就在离抢救现场仅十几米的地方等待着认领……“这么个样子咋让家属看呀？”部队官兵愣在现场不知如何是好。

“你们先去把家属稳住了，这里我来！”说着，连长慢慢弓下身子，轻轻将自己的双手插进那具已经不成形的遗体底部，然后缓缓托起，又一步一步轻轻地走出废墟，向旁边的那顶当作临时停尸房的帐篷走去。

“快躲开！躲开——！”连长托着那具面目全非的尸体走过的地方，原先围观的人纷纷退到了很远的地方，人们恐惧这样的遇难者遗体，因为确实太惨了！

按理，这样的遇难者遗体必须进行特别的处理：放进装尸袋，直接火化或掩埋。但现在家属还没认领，所以必须尽可能地保证遇难者最后的那份尊严。这位连长知道自己的官兵也有人很惧怕罕见的遇难者遗体，便默默地独自承担起了为这位遇难者“整容”的任务。

现场的场面无法用文字描述，也不可能用摄像镜头记录。只有我们的连长同志一个人在那里用双手和几块布条，帮着遇难者从头到脚进行最后的一次关怀——三个小时后，这位连长从帐篷里出来的时候，浑身都是血迹。“我想吐、吐——”他只说了一句，便当场瘫倒在地……

墓地与火葬场前的那一份尊严

多次往返于地震灾区之后，我似乎患上了一种脆弱的神经质症状：每每踏上灾区的土地时，我的双腿就会感觉特别的软，尤其是踩踏在那些倒塌的楼群和村庄的废墟上时，我总感觉自己的双腿有些不听使唤——软软的，像踩在雾里云里一般……后来我明白了，我明白是自己敏感的神经在发生作用：我在幻觉里怕自己的双腿踩疼了那些仍在废墟里沉默的遇难者的灵魂，怕自己的双腿踩醒了那些长眠于废墟中的遇难者痛苦的感觉……这种意识叫我不敢重新回到那些曾经被“5·12”大地震掩入地狱的人们遇难的地方。

我想不管是已经化为烟尘的灵魂，还是仍埋在废墟没有被挖出的遇难者，他们都会因我的踩踏而有所感觉。

生者与死者其实还是有许多相通的信息与感应的。

在地震过后一个多月的某一天，网上突然传出一则消息，说北川城内有“生命迹象”。虽然后来没有找出幸存者，但我仍然认为埋在废墟里的一万多北川人中，肯定还有人仍然活着，只是我们有限的能力没有办法去拯救他们而已——我们这些貌似很强大的生存者，其实有时很没有能力。仅靠一个“生命探测仪”想完成对所有幸存者的判断是非常有限和不准确的。生命在自然界千变万化，谁也不敢说深埋于废墟中几十天后的生命就永远不能复活。奇迹随时随地都可能发生，还是一句老话：只是我们能力有限而已。

从灾区回来的人，都会有一个同感，那就是对生命的重新认识。

“活着多好啊！”这几乎是经历大震后的所有生还者的共同心声。是啊，活着多好！活着，我们可以舒畅地呼吸，可以尽情地享受生活的甘美，可以想说就说、想做就做。这就是生命的意义和生命的自由。但死者却不能，他们只能在废墟里等待活着的人对他们的处置，一切都是被动的，没有选择。

人类自有历史以来，世界上发生过无数次劫难。不同时代、不同文明社会里，对生命的处置很不一样。过去西方社会的一些人权主义者经常指责我们中国人不讲人权，似乎只有他们才最讲人权。人权包含了对死者的尊重。一旦战争和灾难光临我们的时候，某些戴着有色眼镜的西方人士出于他们的人权观偏见，总在指责我们。然而在此次的汶川大地震中，西方人的声调大有改变，原因是他们发现：中国人对生命的尊重其实不比他们差，甚至表现得更为突出。

这是中华民族在此次大地震中获得的一份尊重。

许多记者和媒体似乎并没有太多地把镜头移到一个特殊的领域——对遇难者遗体最后处理的细节上。也许是太多的抢救生命的现场太感人、太紧张和太惊心动魄了，也许是对遇难者遗体的最后处理不易被人知晓和难以采访到。但这个问题引起了我的特别关注——所以我用特别的场景来向广大读者报告这样的内容，原因之一是：我坚持认为这是体现民族精神的另一个辉煌点。

它可以显示一个国家和民族的文明进步程度。

大地震后的第三天，抢救工作正处在最紧张的 72 小时左右的时候，来自总指挥部的一项新的指示正在灾区的各个抢救队伍里悄然传开与执行着——必须认真处置每一具遇难者遗体，确保对死者的尊重，以告慰那些遇难者家属。

汶川地震带来以前我们很少遇见的一大问题是：由于交通和通讯的阻断，加之多数震区在偏远的山区，大量的遇难者遗体不能在当时获得家属的认领。而夏季又加雨淋之后的遇难者遗体，一般只能存放两至三天，数以万计的遇难者遗体如果得不到及时的处置，时间越长，不仅对他们的家属不好交代，更重要的是还可能造成比地震更具毁灭性打击的疫情的随时泛滥。而中国人的传统习惯告诉我们：死者必须尽可能地获得家属认领。可是时间并不允许，像汶川等多数地方的营救幸存者的战斗还在紧张地进行着，山区的村寨甚至在一个星期后连空降部队都无法进入。遇难者遗体不可能再暴露在外面——一项特殊而必须尽早处置的事摆在了政府和各个战区的救援队伍面前。

就地处置——毫无疑问是唯一的选择。

说起来容易，做起来却非常之难。这项特殊的、艰难的任务给政府和救援队伍带来了不少的困难和麻烦。

首先，是那些已经有家属认领的遇难者遗体的处置。因为巨大的不幸来得突然，虽然明知与自己的亲人已经生死两个世界了，但活着的亲人仍然不相信眼前的事实，他们不愿意就这样草草地处置亲人——有人甚至把遇难的亲人背回家后，供在帐篷内几天不愿别人来打扰。

一个失去妻子和女儿的男子，说什么也不愿把死去的妻子和女儿交出来。他说他已经不想活了——“房子没了，妻子和女儿没了，我活着干啥？”他的脑子里只有一个“死”字。他认为只有与妻子和女儿一起“升天”，才是最好的结果。干部前来动员，说破了嘴皮仍然动不了那两具遗体。

“你真爱她们吗？”干部们换了一种方式动员他。

他翻翻眼皮：“不爱她们我干啥天天守着她们？”

“你很恨地震夺去了你两个亲人的生命吗？”

“我恨死了老天！它不长眼！”

“既然你恨老天不长眼，为什么还甘愿让老天欺负你的亲人？”

“什么意思？”他不明白。

“这不明摆着——老天已经让你失去了两位亲人，现在它又不想让你两位亲人有个完尸，它想让你眼睁睁地看着她们烂掉……你就这样甘心？”

他不说话了，突然又号啕大哭起来。

终于他放开扑在妻子和女儿身上的手，让干部和救援队队员将死去的妻子和女儿抬入已经准备好的棺材内，并且亲自找出妻子和女儿没有穿过的新衣服，让娘俩在离开他的最后时刻，体体面面地留了一个遗照……

某中学掩埋遇难者遗体的墓地上，几十名军人和当地政府工作人员正在忙碌着。有的将一具具遇难者遗体装入黄色的口袋里，进行最后一次消毒处理；有的则在挥动着铁锹挖掘墓穴，丈量着高度与宽度；有的则把遇难者身上寻找到的某一遗物珍藏下来，装入固定的小包里……上百具遇难者遗体被一一埋入地下。

从坟墓的标志上可以清晰地辨认出，有的遇难者是有名有姓的，有的则是无名墓——它的数量占了三分之一之多。显然，这个遇难群体是在地震非常严重的坍塌地。他们大多数是十六七日后被救援部队用推土机和挖掘机从废墟里清理出来的。

“看不清了。有的连家属都辨认不出来了。”一位地方官员告诉我。

“对待这样的遇难者最后怎么办呢，如果他们的家属来辨认的话？”我问。

“那就得重新开墓启棺。”

“这不是太麻烦了？而且遇难者遗体可能已经腐烂，还容易引起疫情？”

“即使这样，我们还得尊重家属的意见。我们不能让活着的人再留下遗憾。”处置遇难者遗体的工作人员回答得非常肯定。

他告诉我这样一件事：就在前一天，有三位刚刚从山上下来的学生家长，当他们得知自己的孩子遇难后，说什么也要认一下自己的孩子。“本来我们对每位入土者都是照一张照片的，但有的遇难者被埋的时间长，加上遇难时压得不像样，照片也看不出啥模样，只能认个大概。可家长要看一看自己的亲生儿女，所以我们只能开墓启棺——当然多数其实只是一个尸袋。但我们得尊重家属，就得挖掘出来，让家属们做最后的辨认。有一位家长开始说不想再开棺了，但过了一天又非要我们把坟墓挖开。他说他不放心我们将他的女儿埋好了。第二天我们就带他到墓地，当我们用了近两个小时挖开他女儿的坟墓，让他看了安葬的情况后，他说他放心了，说没有想到你们把我女儿安葬得那么讲究。我们告诉他：所有的死者安葬是按统一标准，不会有任何粗枝大叶的。后来又来的另外 6 个家长就再也没有要求开启坟墓了。我觉得我们政府在这次对待遇难者遗体的处置上是非常人性化和标准化的，让生者感到有种安慰，对死者也十分负责任，具体化了以人为本的思想。”这位政府工作人员说。

在北川县城和映秀镇，有关部门建立了几处遇难者的集体墓地。这是地震七八天后必须做的一件大事。这样的墓地需要在一块相对安全的地方，它既不能再受余震的威胁，更应当是让那些不幸的遇难者的灵魂能永远地驻足安眠之地。救援部队承担了这样的任务。那些年轻的战士们刚刚告别抢救生还者的紧张战斗，还没有来得及喘一口气，便穿上防护服，开始了搬运和安葬遇难者遗体的艰巨任务。然而他们没有因为任务的艰巨而忽略对死者的每一个安置顺序——先消毒清洗他们的遗体，尽可能完整地保留他们留给亲人的最后一个遗容。而这样的工作有时需要费很大的时间和精力，且不说寻找断臂缺腿会耗时间，处置遗容的工作极端艰巨，光是现场每天十几个小时在特殊气味里工作，没有坚强的意志和勇气是无论如何也难以支撑的。有个战士告诉我：开始他把遇难者装进尸袋，每次都需要很长时间，后来遇难者遗体太多了，就干脆用双手去抱遇难者遗体。“这样效率就高多了。”他说他最多一天抱了 40 多具遇难者遗体。

“天气一热，每迟埋一天，都可能给灾区的安全带来威胁，所以上级要求我们必须在两天之内埋葬上千具遇难者遗体。任务虽然很重，但我们仍然不放弃每一个细致的步骤——对所有遇难者都要做好整洁遗体、认真消毒、规范入地、标明墓碑……”战士如此说。

其实我知道这项集体掩埋遇难者遗体的工作是半秘密性的，但却始终是在专家和相关人员的指导下严格按照要求进行的。在北川和映秀等地，我们现在已经可以看到那几处整齐划一的遇难者集体墓地，它不再弥漫着浓浓的药水味了，它的新土上已经开始长出嫩嫩的青草……相信在更长一些时间后，这里将是青草和野花并盛的绿地。

它因此也会让所有活着的人感到一份安慰。

在灾区的数次采访中，尤其是第一次进入灾区的时候，我遇见了大批不知其名的志愿者，他们的精神深深地记录在我的脑海之中。

某山区小镇抢救现场的一个帐篷里，我见到了一个叫做752的志愿队。他们都是些二十来岁的年轻小伙子和姑娘们。十几个人，有贵州的、有甘肃的、也有重庆的，他们先后汇聚到了这个重灾小镇。

“我们是从贵州过来的，我们当时乘坐的那趟火车是‘752’号列车，所以后来它成了我们志愿队的名称。”贵州大学的任小姐向我介绍道。

“他叫朱涛，贵州来的，是我们队里的‘挖尸一号手’。他很了不得！”有人把一位腼腆的小伙子推到我面前。

“什么叫‘挖尸一号手’？”当时我没有听清挖尸是什么，后来搞明白了原来是寻挖被埋遇难者的挖尸者。

“我大学里学的法医，到这里后，前线各个地方都非常吃紧，指挥部根本顾不上给我们分配具体任务。我们先到了绵竹的广济镇。到那里后，见到到处是倒塌的房屋。我们请求当地的干部分配任务，人家说你们既然是志愿者，那就去山区看一看，如果发现还有幸存者，就赶紧救出来；如果碰到遇难者，就想法挖出来埋了。我们得了这样一句话后，便到广济镇附近的农村开始救援。一路上我们碰上了许多倒塌的房子。活着的老乡们多数被转移了，但那些被埋在废墟里的遇难者却没有人管。于是我们几个志愿者就商量由我们来完成清理被埋遇难者的任务。当时大部队都在城镇和那些被埋人多的地方抢救，零星的救援还到不了山村。所以我们觉得这样更适合于像我们这样的志愿者小分队行动。工作就这样开始了，我们努力地用最简易的工具进行挖掘。最多一天，我挖出了 11 具遇难者的遗体，后来我们这个‘752’志愿者队伍里的兄弟姐妹们就把‘挖尸一号手’的称号给了我……”朱涛有些不好意思地说。

“以前见过死人吗？你怕不怕？”面对多数是“80 后”的青年人，我不由得问起这样的问题。

朱涛摇摇头：“没啥怕的，或者说根本顾不上怕。我们一来这里，就看到到处是废墟下的遇难者，几天来只有一个念头：能多救一条生命就是最大的幸福和光荣，能多挖出一具遇难者的遗体就是对生者的一个交代，没有别的想法。一天到晚累得连喘气的时间都没有，所以也就不想怕不怕的。”

“你们怕不怕？”我问几位姑娘。

她们的脸红了。其中一个说：“开始还是挺怕的，后来慢慢就好了，大家都在这么干……”

“他是火炬手。你问问他怕不怕。”贵州大学的任钰柠让我问站在我身后的一位小伙子。

“火炬手？”我还以为是奥运会的火炬手呢！

“不是。是焚尸的点火者……”有人插话道。

我心头猛地一紧，盯着小伙子问：“真的？你焚过死尸？”

他点点头：“有五六具吧。”

天！我内心暗暗吃惊和感到不可思议。

“为什么要焚尸呢？没有火葬场？埋在地下不也行吗？”我提问。

“这里离最近的火葬场有一百多公里，而且山路不通，根本去不了。土葬是允许的，但上面有规定：土葬得挖2.5米深。但这里都是山岩地，最深只能挖一米多。所以只有焚烧处置遇难者遗体……这是上面提出的处理遇难者遗体的办法之一，允许的。”

“你以前干过这事？”

“哪会呢！”

“点火的那一瞬，你手不颤？”

“颤啊！但为了防止灾区出现疫情，也是为了给遇难者一个尊严，我们必须这样做。”小伙子认真地补充道，“我们对每一具尸体的焚烧处理都是非常认真的，先要征得家属的同意，如果没有家属在场，就必须有当地的干部或群众在场，再要留下死者的一些遗物，然后给死者照相，还要举行简单的仪式——这是我们志愿者伙伴们自己增加的内容：集体念一段悼词，然后将死者清洗干净，尽可能地整理好遗容。将其架在柴堆上后，还要进行消毒处理。在焚烧过程中，我们全体志愿者都要跪下默默哀悼，一直等到遇难者遗体全部焚尽……最后一道手续，是大家再一点点捡出遇难者的骨灰，一部分埋葬用，一部分留下给家属……”

这是我在灾区听到的最具悲情的一个场景的叙述。这也是让我感到中国人在此次大地震中对生命尊重的一个例证。

做这项工作的，竟然是一些年轻的“80后”志愿者，更令我对他们肃然起敬！

在之后的采访中，我因此也特别关注了志愿者群体。没有想到的是我认识了一位志愿者大侠。他便是我的江苏老乡，被四川灾区人民称为“抗震救灾第一志愿者”的陈光标。

陈光标在此次抗震救灾中的英雄行为让全世界都认识了他。

我特意为他写了一篇长文，发表在《光明日报》。中央领导同志看后，做出批示，让媒体重点宣传他。

“抗震救灾第一志愿者”的称号，是四川灾区人民给他的。这是因为他在汶川大地震的第一时间内，亲自率120人的民间抢救队伍，带着公司的60台挖掘机、吊车等大型机械，日夜兼程奔赴灾区，成为第一批参与抢救都江堰、汶川和北川等地遇难群众及打通“生命之路”的英雄队伍；他和他的志愿队伍从14号抢救出第一位生还者后，一直在灾区义务参加抢救被埋灾民和唐家山堰塞湖抢险及建设家园的紧张战斗。他亲手救出14位学生和群众，肩上背过两百多位遇难灾民的遗体；他一路“撒钱”捐物达2000多万元，其中包括2300顶帐篷、23000台收音机、1000台电视机、1500台电风扇和8000个书包……灾民们感激地叫他“大好人”，温家宝总理称他是“有良知，有感情，心系灾区的企业家。”

他叫陈光标，39岁的江苏青年陈光标。

无处不在的他……

在灾区前线采访，每天都有无数人向我讲述无数感人的事。但我没想到竟在许多场合同时听到有人在讲同一个人的故事，而我又在不同场合竟然多次见到了同一个英雄的身影，这不得不让我对他产生一种特殊的敬意。

第一次听说陈光标的名字是在前线指挥部。一位副总指挥正焦急地等待通向灾情最为严重的北川县城的“生命通道”何时才能打通的消息时，前方向他报告：江苏来的一名民间志愿者带领的机械队伍先期到达，已经挖通和扫除了通向北川县城的最主要的山体滑坡地段。

第二次听说陈光标的名字，是在从汶川通向都江堰的山道上走过来的一群灾民口里，他们约有几十人，已经走了两天，并且很快被安顿在一个良好的居住地。他们告诉我："我们的命，是那个叫陈光标的江苏人救的，他带着大吊车、挖掘机才把我们从垮塌的楼板下救出来……"

第三次听说陈光标的名字，是在成都青羊区灾民安置点里，几个正在购买生活日用品的灾民告诉我，他们在地震之后，失去了家园，从死亡中逃出来后身无分文。"是13号傍晚的那个雨夜，有个江苏来的青年人，拎着一只装满钱的大口袋，站在公路旁一边对我们说，大家不要怕，政府和全国人民会帮助你们的，一边给我们这些无家可归的灾民每人发放一百、两百元的现金。我们一路上有好几千人，听说他一下把几十万元现金全发光了。他叫陈光标……"

我第一次见陈光标是他带着抢救队伍来到灾区十多天后。那天深夜，我从他助手那里知道他这一天要从汶川映秀镇回成都。夜里11时左右，我们在成都的一家饭店终于见上面。"老乡，你太辛苦了！"我握着这位江苏老乡的手，不由自主地打量起这位多次被灾区人民传颂的英雄：中等个头，四方脸庞，板寸发型，身材结实，一身戎装，袖子上还有醒目的红十字标记。"灾区现在很多地方只有军队和医疗队才能进得去。我是江苏红十字会副会长，同时又是受抗震救灾指挥部统一指挥和领导的民间抢险突击队队长，所以这身打扮……"陈光标向我表示抱歉，"今天不能接受你采访了，因为明天我还要到绵阳九洲体育馆为灾民赠送一万台收音机。货刚从南京发来，我必须现在到火车站去取。如果方便我们明天到捐赠现场见面，如何？""好的。"我忙说。此刻的陈光标太忙了，已经在抗震救灾最前线连续干了十多个昼夜。我看到他的助手一次又一次地催他吃药，助手悄悄告诉我：陈总已经接连三天高烧不断，身上都起湿疹了……

第二天下午 5 时左右，在绵阳九洲体育馆广场上，我看到了陈光标正在为长长的灾民队伍发放他捐献的熊猫牌收音机。看到灾民们高兴地打开收音机，听着优美的音乐时那份开心的笑容，陈光标的脸上也露出了憨厚的微笑。“他这次到灾区已经捐了现金 700 多万，实物也有 300 多万了。要算上他带的 120 人的抢救队伍和 60 台大型机械在这里干的活，真可算得上慈善第一人了！”绵阳抗震救灾指挥部的一位工作人员感慨道。

“总指挥部来电，命令我今晚做好准备，明天一早带三台挖掘机参加唐家山堰塞湖抢险战斗。不能留下来配合你采访了。”陈光标一边接着手机，一边匆匆地走到我跟前，抱歉地前来与我告别。

“没关系。你的任务重要！去吧，注意安全，让医生赶紧检查一下身体——”我心疼地看着年纪比我小一轮的“兄弟”远去，高声对他说。

第三次见陈光标，是在电视镜头里：5 月 30 日、31 日，唐家山堰塞湖现场，以武警水电部队为主的抢险施工队伍里，我又看到了这位江苏老乡的身影，他身着迷彩服，像一位冲锋陷阵的指挥员，一手叉在腰际，一手指挥着他的重型挖掘机，忙前跑后……

6 月 1 日上午，他从唐家坝现场打电话来，告诉已在北京的我：他的队伍这一天随大部队从大坝上撤离，将奔赴新的地方参加清理灾区城镇的战斗。

在 5 月 12 号大震后不到 4 小时，即带队伍出发支援灾区的 20 多天时间里，陈光标和他的抗震救灾志愿队南征北战，屡建功勋，而他却总共只睡了不足 30 个小时，五次回绝了医生让他火速回南京检查身体的建议……

陈光标，你如此无私无畏、倾力奉献，到底为什么？

陈光标淡淡一笑，说：人是要有良心和爱心的。我是在党的十一届三中全会精神鼓舞下成长起来的青年企业家，当年国家供我上的大学，后来开公司也是靠党的政策，所以我始终认为我的财富不只属于我个人。当人民和国家有难时，我力所能及为灾区人民做贡献感到很幸福。

第一时间，千里出征

5 月 12 日下午 2 时 28 分，四川省汶川大地震发生的那一刻，陈光标正在武汉主持公司董事会议。武汉也有明显的震感。

“光标啊，我们这边发生大地震了！”这时，成都一位朋友给陈光标打来电话。

“严重不严重？”陈光标的心一紧，问道。

“成都的楼房都摇晃得不得了！据说都江堰一带已经死了很多人，震中在汶川一带……”

“坏了！那边都是山区，而且城镇都建在断裂带上！”陈光标不由自主地从椅子上“噌”地站了起来，嘴里自言自语地说，“这回损失可能很惨重啊！”

陈光标是江苏黄浦再生资源利用有限公司的董事长。他在再生资源回收方面干得颇有成绩，公司的效益也很好。这位苦出身的农家孩子，懂得感恩，心地善良。他在过去的十年中，先后向贫困山区捐助各种善款达 6 个多亿，去年一年就捐了 1.82 亿元，被评为“中国十大慈善家”之一。由于陈光标对西部地区的特殊贡献，有 36 个市（县）授予他“荣誉市民”，17 个市（县）政府聘他为“高级经济顾问”。他的部分善款就捐在汶川、绵阳一带的山区，因此当听说那里发生大地震后，陈光标立刻意识到灾情可能带来的毁灭性后果，并且马上闪出一个念头……

“陈总，只要你一句话，让我们干什么吧？”董事们见陈光标心急如焚地皱着眉头，纷纷表态道。

陈光标信任地向大家点点头：“四川那边的大地震都在山区，必定造成房屋的严重倒塌，抢险救人离不开大型挖掘机、推土机这类大型机械。我们公司有专业房屋拆迁队伍，我想马上组织一支机械队伍火速赶过去！”

“行，听你的！”董事们齐声回答。从这一刻起，他们和陈光标的心便与灾区人民紧紧地连在了一起。

“好，现在开会专门研究如何抽调机械到灾区。另外，我们是志愿者队伍，不能给灾区及当地政府添任何麻烦，所有后勤保障全得由我们自己解决……”作为董事长的陈光标，此时成为一支抗震救灾突击队的总指挥。会议随即决定：把原本准备调往北京执行商务拆迁任务的28台挖掘机立即转调到灾区，同时又从安徽建筑工地上调出32台推土机、挖掘机等，组成60辆机械设备的抢险救灾志愿队。为了保证战斗力，有经验的陈光标特意给每台设备配上两名熟练操作手和必要的生活用品。

“出发！”地震发生不到4个小时，陈光标率领的第一支民间救援机械队伍就从南京出发了，并在安徽合肥与另一路出发的32辆大机械车队会合，组成浩荡的铁甲雄兵，火速奔赴灾区。

“同志们，汶川的这次大地震，使我们四川的父老乡亲们损失惨重，胡总书记已经做了重要批示，温家宝总理现在已经到了灾区。所以我们要全力以赴，在确保安全的前提下，开足马力赶到灾区救人！现在，我领大家一起唱首歌——就唱‘团结就是力量’吧！”通过公司的无线电话，陈光标开始领唱这支节奏强劲的歌曲，作为志愿突击队的出征战歌。

陈光标是江苏红十字会副会长，为让车队在千里征途上畅通无阻，便及时向省红十字会做了报告，在他的车队上专门做了一个“红十字会抢救车队”的牌子。这招真管用，车队从南京出发，途经武汉、重庆，千里跋涉，竟然一路绿灯。

“你们是到四川去的抗震救灾车队？走走，放行——”所有关卡和收费站的工作人员，几乎以同一种赞赏的目光为陈光标的车队放行。

具有丰富经验的陈光标为了让车队能一抵达目的地就迅速有效地投入抢险救灾，他从半道上改乘飞机，于13日中午先到达成都。然后他从朋友那里借了一辆小车，马不停蹄地先到了两所医院，在那里他看到了数不清的伤员……“了不得！了不得啊！”陈光标的心一阵一阵地痛，他知道灾情比自己想得要严重得多。

“请马上给我提20万元现金！”在一个储蓄所，陈光标让银行职员从他卡上刷了一笔钱，然后背起装钱的包，直奔都江堰……

雨，“哗哗”的下个不停。此时从成都到都江堰的一路上，尽是无家可归的灾民，老的、小的、男的、女的，几乎都是双手空空、满脸惊恐地在艰难地往成都方向逃奔。有的衣服上留着血迹，有的在路边向人行乞要水喝。“家全塌了，啥也没有了。求求你给点吃的，等有钱了我再还你们……”陈光标看到一位花季少女伸着双手在向行人乞讨，鼻子直酸。

“小妹妹，拿着！”陈光标上前将两张百元的钞票给了那女孩。当他转过身去，发现已有一大帮人围着他，看着那一双双恐惧未定、可怜又无奈的眼睛，陈光标心头直难受——他知道他们都是刚刚死里逃生的灾民。

“大家都有份，别着急。”陈光标庆幸自己从银行里及时提取现金的想法是对的。于是他开始向一路走来的那些需要帮助的灾民发钱……一直发了长长几里路。

“好人！”“大好人！”这是四川灾民第一天认识陈光标，尽管他们不知道他的名字，但却记住了他的长相——平头，胖乎乎的，一脸憨厚。

到了都江堰，到了聚源中学坍塌的现场，看到一排排从瓦砾里扒出来的学生遗体和家长们哭天喊地的悲惨场面，陈光标跟着大哭起来，哭得两眼肿肿的，像是自己失去了亲人一般。

“你们给我想尽一切办法，火速往这边赶！”越快越好！陈光标离开都江堰，又向灾情严重的绵阳、什邡方向前进，他要探明灾情，以便让自己的机械队伍更有效地展开抢救。一路上，陈光标用手机不停地催促自己的那支正在赶路的救援车队快速前进，自己则在巡视和观察沿途的灾情：太严重了，到处是倒塌的楼房，消失的乡镇，特别是整栋大楼垮塌的学校……

14 日凌晨 4 时左右，陈光标到达什邡和附近的几个镇，这里的灾情比都江堰要严重。7 时左右，他驾车向北川飞奔，然而到了安县的安昌镇后，再也无法前行。巨大的山石，早已将公路阻塞，不时还能听到看到从山坡上滚下的飞石砸在路上……

“进不得，进不得了，千万别往里走了！”从北川方向走出来的逃生者惊恐地告诉陈光标，“里面的路塌了，城埋了，进不去！”

“死伤的人多不多啊？”

“你就别问了呀！哇——”

一个中年妇女当胸打了陈光标一拳，然后突然疯了似的奔跑起来，她的腿上不停地流着鲜血……陈光标的眼泪又一次浸湿了衣襟。

“张宏德，你们现在到什么位置了？什么，已经出重庆了！好，注意安全，全速前进！”陈光标一边抹着脸上的泪水，一边继续遥控指挥着车队，“这边的情况非常严峻。注意听我的指挥：你们到达成都后，往都江堰开 15 台挖掘机，在什邡留 10 台，绵阳留 5 台，其余的全部到北川……听明白了没有？这几个地方都十分紧急！汶川那边我们一下进不去，所以先到情况最严重的北川。

那里的县城被崩裂的山体掩埋了，路又被堵死，总理都急坏了！我们必须发挥机械队伍的优势，帮助部队和其他抢救队伍快速清除山路上的阻塞。你们到了马上通知我！”

14 日傍晚 6 时，陈光标的挖掘机车队到达聚源中学。同时到达的解放军某部指战员，以及正靠双手及木棍、铁锹等轻便工具在现场抢救的群众见了陈光标的挖掘机，无比激动。“太好了！有挖掘机和吊车，就能把压在孩子身上的楼板搬开了！”

45 分钟后，当陈光标的 6 号机械手，轻轻移动一块断残的楼板，几位解放军官兵迅速俯身将一位浑身是血的女学生从废墟里托起时，全场一片欢呼：“还活着！活着——”

陈光标一听，热泪夺眶而出。但他没有时间去庆贺这一胜利。这个学校的废墟里还有无数孩子，其他地方倒塌的学校和居民楼里，还有更多、更多的生命急需有人去救！

“宏德，你们继续在此抢救。我上北川！”陈光标用拳头向都江堰“战区”的爱将挥了挥，然后驱车直奔仍与外界阻隔的北川……这一夜，陈光标没合一眼。他指挥的 30 辆大型机械化车队，一路为几千名向北川进发的解放军官兵和部队车队扫石开路。

那是争分夺秒的战斗，那是生与死的搏杀。在余震不断、飞石随时可能从天而降的山道上，陈光标一手拿着喇叭，一手不停地指挥自己的机械队伍搬石开路。他率领随行的“炮头机”此刻发挥了超常作用，将一块块拦在部队和抢救人员面前的巨石凿碎，再由后面的挖掘机推走，使得道路畅通。每掀掉一块巨石、凿开一段道路，抢救的队伍不由欢呼和急行军一程。而这个时候，成百上千的救援部队、公安干警和医生及志愿者往里走，又有成百上千的灾民们从山里往外走，造成狭窄的山路常常堵塞，通行十分缓慢。缓慢的结果，一是耽误救援，二是在山体旁的部队和行人又面临随时可能的余震与山体滑坡的袭击。时间就是生命。这个时候，陈光标便义务当起了“交通总管”。他不顾个人安危，不停地穿梭在各种车辆和滚石之间指挥着来往的人流与车流，一站就是三四个小时。

“首长好！首长辛苦了！”官兵们这样向他招呼。

“救命恩人！谢谢你了！我们一辈子忘不了你！”逃生的灾民们这样感激他。

抢救现场　以命救命

通向北川的路终于在陈光标的“铁军”和其他抢险友军的一路拼杀下打通了！

15日早上，陈光标的志愿救援机械队伍抵达北川中学，这对现场主要靠双手和简易的棍棒工具参与抢救的百姓和解放军官兵来说，是个巨大鼓舞。那些被埋学生的家长，纷纷跪倒在陈光标的跟前，恳求他快快用吊车和挖掘机搬掉压在他们孩子身上的混凝土楼板……

“兄弟们，你们一定要迅速、科学、稳当地进行抢救，争取每一分、每一秒时间！现在，全部进入现场——”陈光标一声命令，十几台挖掘机、吊车，轰轰地驶向已成废墟的中学现场。

现场的灾情让陈光标触目惊心：浅层的遇难者已经被先期到达的学生家长和救援群众抱了出来，遗体放在一边的操场上叫人心寒。而楼板下压着的学生在他每次指挥吊车或挖掘机移走楼板及断墙残壁时，又让陈光标看后更加揪心：成堆成群的孩子们多数已经死亡，他们被断墙残壁压得或支离破碎，或七窍出血——那早已凝固的血黑黑的，半掩半露地沾在孩子们的脸上、身上……其情景惨不忍睹。而在这样的情景下，现场抢救的胆小一点的人都不敢去搬运遇难者遗体。陈光标便毫不犹豫地躬下身子，伸出双手，或将遇难的学生双手抱起，或将遗体搁在肩上扛出废墟……其中一个女学生的遗体一搁到陈光标的肩膀上，她的口中突然喷出一股污秽的血水，一下喷在陈光标的脖子上，顺势流进了他的内衣。

“陈总，快去换洗一下，会有危险的！”现场的官兵和自己公司的同事忙将放置好遗体的陈光标拉住。

陈光标用力将胳膊一甩，有些生气道：“现在是什么时候？是争分夺秒的时间！那么多孩子已经在里面压了几十个小时了！救命要紧！”

“救命也得注意自己的安全嘛！”

“别废话。没看到那么多孩子埋在里面吗？我们要以命救命！明白吗？”平时待人总笑呵呵的陈光标突然一道吼，随即又冲到了废墟上。

“有人吗？这里有人吗？”陈光标手持喇叭，不停地行走在废墟之间，只见他时而伏在断残的楼板上倾听着废墟底下的细微声音，时而又使劲地在断墙残壁间有力喊着。

“叔叔，救我——”突然，一个楼层的楼板底下传来一声微弱的呼救声。

“快快，这里有人！吊车！吊车先过来！”这时的陈光标一阵兴奋，立马命令自己的吊车操作手，小心翼翼地将一块又一块断墙残壁慢慢搬走，然后与几位解放军官兵轻轻撬开压在孩子身上的阻碍物……“小心！好，好——出来啦！”又一个学生得救了！

抢救现场一片欢呼。

“恩人！那边好像还有声音，你快去看看——”家长们立即把更多的希望寄托在陈光标和他的机械队伍上，纷纷向他提供线索。

“好的，我们会全力以赴！请大家相信我！”陈光标的心，深深地被遇难学生的家长们那一双双痛苦而焦虑的目光所灼痛，他泪水横流地安慰他们一声后，又猫着身子爬上废墟……

在北川中学的抢救现场，陈光标整整战斗了15个小时，亲手救出当时活着的学生11名，背出遇难者遗体达40多具。

“陈总，县城内的情况还要惨烈得多！您是拆迁专家，救援楼板下的被埋群众有经验，想请你带部分机械队伍立即开进北川县城去。”16日，解放军某部首长前来向陈光标求援。

“没说的。就出发！”陈光标马上在现场吩咐自己的机械队伍留一部分在北川中学现场继续帮助进行搜救和清理工作，自己则率13辆挖掘机和吊车直奔北川县城。

北川中学与县城相距约两公里。这段路程几乎全被崩裂的山体掩埋，巨大的滚石封死了进城的道路。为了保证后续的救援队伍和大型机械设备进得去，陈光标指挥他的“铁军”整整清理了一天一夜，终于将通往北川县城的“生命线”彻底地打通了。

站在县城脚下，陈光标的眼泪哗哗直流：这里已夷为平地，到处是山体掩埋的废墟，而且现场的死尸味与各种消毒水味混杂在一起，整个城内的空气和环境十分恶劣……他已经没有时间去顾这些了，因为他看了看现场，除了几千名解放军官兵和一部分群众外，所有的救援队伍里还没有一支专业抢救的机械队伍，于是立即下定决心：必须发挥机械优势，争取尽可能地抢救生还者。

“有人吗？”

“这里还有人吗？——”

陈光标冲到一个又一个废墟堆里，用他那只救命的喇叭一遍又一遍地呼喊着、寻觅着可能还活着的生命。

此刻离大震的5月12日已经数天了，一般性的搜索很难发现生还者。陈光标凭着他的经验，专门在那些倒塌的断墙残壁的裂缝间寻找。果不其然，又一个微弱的“救命”声音传到他的耳朵里……

“这里有活人！吊车快过来！”这样的时刻，陈光标就会兴奋异常。

在一堆废墟里，陈光标听到深埋在楼板下的是位女性。他立即调来吊车，同时指挥几位解放军战士，与他一起轻手轻脚地撬开阻碍物——需要格外的小心，不说随时发生的余震，单凭在这种险恶的情况下救人，就得有专业本领。经过两个小时的紧张抢救，被埋近100小时的37岁的北川茶厂女工尚翠兰成功得救了！这位幸运的女职工，她在大震时躲到了床底下，陈光标救她出来时，身上竟然没有一点伤。被救的那一刻，将其抱出废墟的陈光标给她连喂了三口矿泉水。不想尚翠兰猛地抢过矿泉水瓶，要自己喝个痛快。陈光标连忙一把夺过来，说你现在不能这样喝，要不胃就可能坏了。尚翠兰明白地点点头，朝陈光标感激地笑了笑。

“看到这生命的灿烂一笑，我感到无比幸福。”陈光标事后对我这样说。

18日，前线指挥部又有人来向陈光标求助，希望他带队伍到震中的汶川县映秀镇参加更艰巨的抢救。

“没问题！”陈光标对部队首长说。这时他的机械专业抢救队伍，已经在灾区一线声名显赫。

“恩人啊，求求你帮助我们给孩子挖个坑……”正当陈光标聚集挖掘机、吊车队伍准备离开北川、开赴汶川时，不知哪儿来的一群学生家长围了上来，他们恳切地向陈光标提出这样的请求。

陈光标得知这些群众都是曲山镇幼儿园遇难孩子的家长，他们大多是从打工的成都赶回老家北川的。现在活泼可爱的心肝宝贝没了，家长们唯一的安慰是想让孩子们最后有个安身地。陈光标听后很悲恸，他低着头，发誓般地向孩子的家长们保证道：“放心，我一定做得最好！”

临别北川的最后两个多小时里，陈光标带领他的志愿机械救援队，为遇难的孩子们挖了 34 个坑……

陈光标和他的队伍在北川共战斗了三天三夜，救出生还者 20 多名，挖出遇难者遗体 200 多具，为后续抢救队伍扫清了交通阻碍，立下大功。而陈光标则说："在北川的日子里，我的心最痛，我和我的队伍没能救出更多的孩子和父老乡亲……"

与北川有关的两件事是我后来才听陈光标说的。

一件是关于 200 台电脑的事。

2008 年 4 月，"中华慈善奖"颁奖典礼在北京隆重举行。陈光标作为"中国首善"，他的大爱和慈善事迹被中央各大媒体争相报道。4 月下旬，北川县教育局长尚勇和北川中学的领导得知陈光标的慈善事迹后，很受鼓舞，共同决定于 5 月底到南京专门去拜访一下这位感动中国的慈善家，希望陈光标能给北川的贫困儿童捐赠 200 台电脑，让孩子们可以触摸到外面的世界。当他们把这个想法告诉孩子们时，孩子们高兴得跳了起来。正当他们期盼可以有自己的电脑，可以看看外面精彩世界的时候，5 月 12 日，一场突如其来的变故发生了，北川县教育局长尚勇不幸遇难，200 台电脑成了这位贫困山区教育局长的最后心愿。

"我是在这次抗震救灾前线时从绵阳电视台的一名记者口中得知这事的。听了非常难过，我当即决定，并让绵阳电视台记者转告北川的孩子们：尚局长虽然不在了，但是，他的心愿我一定会替他完成。叔叔永远和你们在一起，快乐永远和你们在一起！"几天后，陈光标如数将 200 台电脑送到正在重建家园的北川县教育局。

第二件事是陈光标的事迹被广泛宣传后，北川中学的一位女同学看了非常感动，写了一首题为《一个北川女孩对陈光标最后的话》的诗文，发在网上，结果广为流传。我在此录下这首诗——

我在北川长大
不知道江苏在哪
抱在你温暖的手里
我才知道江苏四川是一家

你拂去压在我身上的垮塌
原谅我无法给你一声回话
生命的温暖在悄悄地离我而去
我能听出你焦急地把我向生的彼岸牵拉；

不是我有意忽视你的牵拉
更不是我故意不听你的话
你一刻没有停息向我迈进的步伐
瞬息间你缩短了东部与西部的时差

只是废墟截断了我结着蓓蕾的枝丫
枯萎着疼痛着憔悴着我无法给你以成活的报答
静静地躺在你那宽厚的怀里
我能做的就是让你感到其实我很听话

请你轻轻地放下我那已不属于我的躯壳
别再用你的眼泪把你的歉意表达
有缘在最后的时刻获得你的拯救
我要深深地感谢你给了我尊严的面纱

我不会忘记灾难发生的那一刹
从遥远的长江口你发出了同样震级的惊诧

救人去，救人去，兄弟们集合吧
我们一起奔赴四川去抢救可怜的娃

让六十辆忙碌的挖掘机停下手中的计划
掉转方向以统一的姿势向西部开拔
你带着你的一百二十名叔叔们还有你的爱心
开始了浩浩荡荡穿越半个中国的横跨

从长江之尾逆行着长江的落差
你日夜兼程走进四川盆地搭起生的脚手架
冲进瓦砾与泥石里寻找着像我一样的娃
把活的孩子洗洗干净重新放回他们快乐的年华

即使我无法走近那生的队列里一起与他们玩耍
我至少明悟了啥是世界上最美的企业家
如果来生还有一次机会与你一起并肩
我愿成为你手下的员工去善待更多不幸的娃

有记者问你走过废墟可曾感到害怕
你说：怎么会，那都是一些孩子啊
即使花朵凋谢了
她们的芬芳依然会证明她们是天下最珍贵的奇葩

轻轻地将我放下
谢谢你将我的课本盖上我的脸颊
让它陪伴我走过我永不递增的年华
我会永远记住一个来自江苏的最美企业家

离开北川，陈光标接受了更艰巨的任务——打通震中映秀镇的生命通道！也许这里的山体滑坡、泥石流太多，也许是挖掘现场缺少专业技术。从都江堰通往地震中心——汶川映秀镇的公路，在18日前，一直处在无法让大部队通过的时瘫痪、时半瘫痪的状态，这让抗震救灾总指挥部十分着急。当时在映秀镇仍停留着近万名被困灾民和伤员，周边的许多乡村还处在与外界杳无音信的隔绝之中。于是总指挥部在得知陈光标的这支专业志愿机械队伍在前期的抗震救灾中屡建战功后，便请他从北川抢救现场抽调部分机械设备，支援映秀镇。

“我们是从都江堰市的虹口镇向汶川的映秀镇进发的。这一段山路，山体滑坡极其严重，一路上我们看到很多车辆被压在大石头底下，还有不少遇难驾驶员的遗体仍在车上没搬走。而在我们之前，一些开路先锋的挖掘施工队伍也有非常严重的伤亡。当时的情况十分危险，可总指挥部下达了死命令，必须保证在最短时间内彻底打通这条生命通道。当时映秀镇除了成千上万的灾民困在里面，还有五六千名参加救援的解放军官兵和各路干部群众，他们每天都得有后勤供应才能活下去和坚持战斗。同时防止疫情扩散也到了关键时刻。在这种情况下，我便指挥自己的人马立即投入凿石挖路的战斗，虽然我们是志愿队，但在施工现场，我们一点也不比其他施工队和部队的官兵干劲小。凭着经验，我们负责的那些路段挖掘得又快又好。通过连续48小时左右的苦战，我们的队伍先期到达映秀镇。当军委首长带着队伍通过我们在岷江江边铺设的一条新路时，他高兴地拍着我的肩膀夸我们非常了不起，非常专业！”陈光标讲起这段经历，很是自豪，他说作为一支民间救援队，能够与大部队并肩作战，参与救援几千人、甚至几万人的大战役，并在其中发挥特殊作用，这是值得骄傲的事。

陈光标理应在此次抗震救灾中感到骄傲。他到达映秀镇后，一方面协助前线指挥部迅速投入清理废墟和掩埋遇难者遗体的工作，同时为在场的救援及医疗队平整战地医院地址、开辟后勤保障供应基地的停车场和运送伤员的直升机坪等。“只要哪里用得着，他就带着机械队伍往哪里冲，真是一支名副其实的抗震救灾突击队。”成都军区的一名高级指挥官当着我的面直夸陈光标。

19日这一天，刚刚在现场参加完全国性悼念默哀仪式的陈光标，突然见山坡上走来一位60多岁的老婆婆，他上前还没有来得及询问，那老婆婆就“扑通”一声跪倒在他的面前，双手紧紧抱住他的脚，哭着告诉陈光标，她是从山上跑下来的，山里面有一所学校的100个孩子，被困好几天了，已经饿死了三个。“我跑了7个多小时，求求你快去叫解放军上山救孩子！”老婆婆认定陈光标是个好人，非要他出面去找部队领导。陈光标二话没说，立即报告了正在这里视察的军委领导。当时一名上校军官主动请缨，带着七八个官兵，背上干粮和矿泉水，火速向山里进发。

“那一天晚上我要回成都接受新的任务，临离开映秀时，我对我的员工讲，把所有吃的、用的聚在一起，等孩子们下山后都给他们，不能让饿了好几天的孩子再挨饿。”陈光标说。而他的员工告诉我，陈光标其实当时还把准备给他的队伍留作买油和生活费的十几万元现金也交给了当地灾民，希望他们能够照顾好从山上下来的孩子和其他灾民。

回到成都的陈光标一直在惦记这些孩子，当他知道从山上下来的孩子平安无事后才放下心。当晚，他与留守在成都的公司两位工作人员一起到火车站提取从南京运来的一万台收音机。第二天一早，他亲自押运这批灾民们十分需要的物品，到了绵阳九洲体育馆，向渴望已久的灾民们发放一台台崭新的熊猫牌收音机。这一天，温家宝总理正好来到九洲体育馆，看着长长的领取收音机的灾民队伍，温总理感动了，走过来握着陈光标的手，说：“我听说过你，知道你。你是个有良知、有感情，心系灾区的企业家，我向你致敬。企业家都要像你一样，既有经营观念，还要有爱心，有灵魂。”

那一刻，陈光标格外激动，他向总理汇报：“我是靠党的政策致富的，没有党的改革开放，就没有我。现在灾区的人民受了难，我尽一份力是应该的。”

温总理满意地笑了。

第二天，我正在距唐家山堰塞湖不远的擂鼓镇采访，这一天是个难得的好天气。突然从我们的头顶响起“隆隆”的声音，抬头一看，是红色的大型直升机正吊着挖掘机向唐家山堰塞湖方向飞去。那几日，前线特别紧张，人们都知道如果不及时将大型挖掘机械运至唐家山，一场比地震更可怕的堰塞湖水泄灾难随时可能发生……正在此时，我的手机响了。

“何作家，我现在已经到唐家山堰塞湖坝上啦。我和公司的三台挖掘机将参加这里的战斗……你听得见吗？”是陈光标来电！

哈哈，他太神奇了！“祝你成功！祝你再建奇迹——！”在隆隆轰鸣的飞机下，我对着手机、对着大山、对着飞鹰、对着整个灾区大声喊着，并行了一个庄严的军礼。

陈光标的事迹很具典型性，但陈光标不代表此次大灾中的200万志愿者的全部。

200多万志愿者，其实他们个个都是陈光标式的无名英雄。

河北赴灾区的一批志愿者的故事，同样令我感动——

“5月12日发布了地震消息后，13日，我们河北团省委就已经开始启动了紧急援助灾区的预案，并于当日将30万元的特殊团费打入四川团省委的账号，同时发动本地的一些青年企业家紧急捐赠了80万元的麻醉药品火速运往灾区。考虑到受灾地区急需医疗救护，我们开始酝酿成立一支医疗志愿者服务队。从组织、召集、报到、到准备妥当，我们只用了一天时间，14日夜里就准备赶赴灾区。省委省政府，特别是胡春华书记高度重视，省委常委、副省长杨崇勇亲自到机场送行。我们这支以医务工作者、骨科和外科大夫为主的医疗志愿者团队，于15日凌晨到达成都，当天下午就到达了抗震救灾的最前线，绵竹市遵道镇黄金村。”河北省青年志愿者抗震救灾医疗服务队的领队、河北团省委青年志愿者行动指导中心主任邵连民同志，向我介绍着他们这支志愿者团队的基本情况。

“我听说你们河北队是第一支到达现场的共青团志愿者队伍？”我问。

“何止是第一支到达的队伍，我们还是在全国共青团系统中捐赠第一笔特殊团费、第一批麻醉药品，同时也是第一支救援服务队和第一支心理治疗服务队，在团组织中创造了五个第一呢。”谈到这些荣誉，邵连民晒得黑红黑红的脸上流露出自豪的笑容。

这支由12名医务工作者，两名媒体记者，一名后勤人员以及领队邵连民等16勇士组成的队伍，带着河北人民的嘱托，带着广大河北青年志愿者的问候，扛着河北志愿者的旗帜赶到遵道镇黄金村的时候，是5月15日17时，当时天还没黑，受灾场面的惨烈使队员们震惊了。成片的废墟上，一具具血肉模糊的遇难者遗体和散落各地的残肢断臂构成了一幅地狱般的画面。一些老乡的手被砸烂了，五根手指分都分不开；有的腿被砸平了，成了一张肉片；有的孩子眼睛里流的是血，哭都哭不出来……老乡们的目光是空洞的、恐惧的，神情紧张、焦虑，心思很重，整个村子弥漫着一种惨烈、恐怖的气氛，这种气氛把队员们都传染了，一个个显得高度紧张。

“可想而知，在这种破坏力面前，人是多么的渺小和无助，老百姓受到了多么大的伤害。”邵队长回忆着当时的情景，“我们刚到，情况还不熟悉，当地的镇党委书记和镇长都罹难了，现场比较混乱，当地的基层组织正忙于自救，根本就顾不上与我们沟通。我当即决定，要立即把抢救伤员、救死扶伤放在第一位。”

他们通过走访和排查，以及对村子周边散居住户的询问，了解当地的伤亡情况。“当时这个村子里至少死了 1000 人，而且还有大批不同程度的伤员。”邵队长痛心地对我说。针对这一情况，服务队迅速进行了整体评估，并据此制订了相应的预案，确定留守该村，为还没有得到必要救护和医务处理的伤员进行医疗救助，并逐户发放一些必需的药品，同时将评估结果和第一阶段的实施预案上报给团省委。

遵道镇一共 18 个村。第二天，他们分为四个小组，第一个小组四个人进驻当地卫生院，配合当地医护人员做一些医务处理；另外三个小组 12 个人，每人带一些药品，把 18 个村逐个地走遍。“我们的目标就是不管花多长时间，一定要把这 18 个村挨家挨户地走完，绝对不许留下一个死角或盲点。”邵队长坚定地说。

目光空洞的杨老汉，孤零零地呆坐在黄金村村委会门口的飞来横石上，57 岁的他在地震中失去了老伴和年仅 7 岁的小孙女。悲伤的老汉浑然忘了自己被檩条砸断的右臂，成群的苍蝇覆盖在已经化脓的伤口上，散发出阵阵恶臭，如不及时治疗，造成坏死，整条右臂都可能保不住了，然而，身体的疼痛被巨大的自责掩盖了。他欲哭无泪地望着那条被毁得不成样子的村口大路，“盼”着在外地打工的儿子回来责骂他，“哪怕是打死我这把没用的老骨头呢。”

儿子没来，但是远处走来一支打着“河北青年志愿者抗震救灾医疗服务队”旗帜的年轻人队伍。他们中一位肤色白皙、戴着黑框眼镜的小姑娘走上前来，轻轻安慰着他，默默地给他清理好伤口，并小心翼翼地包扎好，然后从背包里拿出一瓶药，说：“老大爷，记得每天吃三次，一次吃两粒。如果还有什么不舒服的，您就到村北头的营地来找我们，我们是来帮助您的志愿者。”说完轻轻拍了拍杨老汉的肩膀，向村里走去了。

两天后，精神和病情好转的杨老汉从邻居杨大婶的口中得知，那位小姑娘的队伍已经离开了黄金村，走之前把村子里 72 个受伤的村民逐个进行了妥善的医护处理，还抬走了三个重症的村民，其中包括他 32 岁的侄子杨东民。老汉的眼眶湿润了，至今他也不知道这个保住了他一条胳膊的小女娃子叫什么名字，“我还没来得及谢谢她哩！”

杨大婶望着村口的路喃喃地说：“全村老少的性命哩，咋就是一个谢字呢，保佑好人一生平安吧！听说他们明天就要从镇上走了，咱们去送送他们吧。”

……

在百里灾区，像上面这样的故事随处可见、可闻。而这些故事汇聚在一起，它们所闪耀的则是同一种绚丽的光芒，这光芒便是向生命施爱。这样的光芒你无论怎样夸张和描述，总不为过。因为当爱超越所有世俗而向生命施放时，它所显现的那种纯洁与高尚，含有永恒的诗意。

7 月 19 日，这又是一个周六。两个月前，我参与“中国作家抗震救灾前线采访团”，第一次到汶川地震灾区。现在是第二次到灾区了，我的感觉与前次完全不同。我们第一次到灾区时，整个灾区的情况仍处在忙乱的状态，虽然当时距 5 月 12 日已经过了一周，但大灾造成的巨大伤亡所带给灾区群众的悲恸，还深深地笼罩在四川大地。两个月后的灾区，我已经可以看到这里的百姓正常的生活和正常的精神状态，那些失去亲人的同胞脸上已经有了笑容，他们也不再无家可归，而是住在由相关省市援建的漂亮的安置房内。孩子们可以有学上了，推迟一个月高考的学生也已经轻松地走过了“独木桥”式的高考历程。总之，除了个别地方外，灾区已经基本恢复了正常。这让我对灾区的采访和认识有了一种更恬静的空间——对历史和事件的观察与认识，非常需要这种恬静。

但很快我意识到这种恬静是表象的。其实灾难对灾区人民内心深处所造成的痛苦或许几年、几十年都难以抹去。

到绵阳后，我向当地的官员提出要去北川县那个死城走一趟。“不行了，那里谁都不让去了！”第二次采访时，那些曾经答应过我的绵阳官员竟然一口拒绝我的请求。

“为什么？连你们都去不了啦？”我很不解地问。

“是。我们也去不了啦！只有少量的防化部队驻扎在那里，其他的人都一律不让进去了。”他们说得非常肯定。

“到底为什么？还是防疫情？”

“晤，也不全是……”地方官员说得含糊，似乎他们也弄不太明白，“上面的规定。我们地方公安局和政府已经基本上放弃那一块的具体工作了，我们现在主要精力放在重建和落实新县城的选址上。”

“北川新县城的地址定下没有？”

“还没有最后定下，有几个方案，正等国务院批呢。”

“啥时候批下来？”

“不清楚。不知年底能不能定下来。”

这是7月19日、20日我到绵阳后了解的情况。我有些失望。

然而正是这种失望，更让我有种期待。北川和灾区肯定会有外界更多不了解的事情，它正考验着一个职业作家的能力，这能力就看我自己了。

“我不进北川县城，可能不能到县城附近的山上看看？”我提出。

“这……应该可以吧！”绵阳政府的朋友说。

“好，走吧！”

于是我们立即驱车前往北川。

又是个阴雨天气。一路上雨雾迷漫，似乎老天有意布下几分悲切让我们重新回味大震带来的那份痛楚。

通往死城的道路是畅通的，但明显见不上几个人。偶尔有车子擦肩而过，都是警车和军车，上面皆是穿着防护服的军人和公安人员。这让人马上意识到死城依然有恐怖之感。

竖在通往北川中学和北川县城路头的“禁区”牌子，醒目地警示来往的车子和行人。荷枪实弹的军人把守着的哨卡，让我们不得不放弃闯关的念头。

“上山看看吧！”无奈，我们只能弃车朝山上跋涉。

到了！北川县城就在我们的脚下——

雨雾笼罩下的北川死城，真的彻底死沉在那里。像个坟墓，特别巨大的坟墓。没有修饰的坟墓，成片废墟组成的巨大坟墓，大大小小废墟组成的大大小小的坟墓群……

这就是我居高临下所看到的现在的北川县城。

你想象不出它曾经是那么美丽，你也想象不出大震时那种惨烈，你更想象不出在这一巨大坟墓里依然掩埋了数千条生命……

“前些日子还有人说听到过废墟里有喊‘救命’的声音……”当地朋友冒出这样一句。他的话让我毛骨悚然。

“真的？”

对我的问话，没有人回答。

大家一起在观望脚下几百米之外的那片死城，没有人再说话。

我不知道随行的朋友们在想什么，我只是自己有种说不出的感觉，是痛苦？是悲恸？肯定是，也不全是。不全是又是包含着什么呢？

我剖析了一下自己的内心想法——原来，我还有一种特别强烈的意识是，相信这座死城还活着——当然是活在另一个我们看不到的世界。在那个地狱的世界里，肯定非常热闹，那些曾经是我们的亲人的死魂们都在奔忙着做自己的事……他们也在开始建设自己的家园？

“肯定没有人再来救我们了，我们不给自己建个家园以后住什么呀？”

“听说活着的人已经抛弃了我们，他们在另一个地方建新的县城了。”

“这么说，他们不会再回来了，永远就剩下我们这些人了？”

“他们害怕我们，所以搬得远远的了。”

“真是人心难测！阴阳两重天呵！”

“走了好，我们就可以清静了，就可以过我们的天堂生活了！”

这都是死者灵魂的对话。

没有什么声音传过来，但我相信现场的每一个人都听得清清楚楚。于是我们的脸上都特别凝重，甚至有些恐怖。

是啊，我们是不是已经抛弃了他们？是不是该抛弃他们？是不是不该把新县城搬到另一个地方，而是与这数以千计的死魂永远相伴？

肯定不行。但我们又怎么忍心让他们永远孤独地留在这里呢？

“唉，有什么用！能怪他们吗？这已经非常不容易了，一半人被救了，我们这些死魂也该心平气和了……”

死灵魂们又开始说话了。声音似乎嗡嗡地在山间盘旋，并且化作团团气流，从山底一直吹过来——带来寒意与恐怖……

“快走吧！”有人催我。

我感到双腿在发颤，全身开始有些寒意。瞬间，这种寒意越来越重，忍不住打战起来。我看到与我同行的人都在打战。

“走吧！”又有人催着。

不约而同，我们快步朝山下奔跑，不知有多快，连我们自己都不知道，反正几个人争先恐后地直奔停在山下的车子。

车子快到绵阳的时候，我们似乎才缓过神来。“这家伙，挺吓人的！”有人轻声地嘀咕起来。

“看来那里真的不能再让活人待着了。”我内心仍胆怯地附和道。

呵，北川，我真不知该如何割舍你！曾经有过这样的强烈愿望：无数次我设想过一个人在夜色降临的时候，留在你的身边，与你一起度过一个夜晚，想在这夜晚感受一下人们所说的死城的景象。设想在这样的夜晚，我还能倾听到因大灾失去生命的那些同胞的呼救与呐喊，倾听他们为什么没能逃脱地震的劫难，倾听他们在劫难降临的那一刻和之后所经历的死亡之苦，倾听他们与亲人生死离别的悲痛心情，倾听他们在漫长的黑暗中等待救助的心境，倾听他们走向另一个世界后的种种痛楚与无奈，甚至还想倾听他们在另一个世界对活着的人有什么交代与期待……

可是我没有听到。

死城似乎永远地隔绝了我们与数以千计的遇难者之间的交流机会。我因此感到痛苦与无助，甚至留下诸多的不甘。

“我的一个姐妹，她在宾馆工作，长得非常漂亮。5 月 11 日那天，她给我打电话，说第二天要上北川去，她的男友在北川县城开了一家宾馆，很有钱。第二天她搭了一个朋友的车子进去的，就再也没有出来……”绵阳市委礼宾局的小杜姑娘在饭桌上跟我说了这样一件事。

“你肯定她也……留在那里了？”我知道当地人不太愿意说“死”字。

“肯定的。”小杜说，“送她去的那个司机后来回到绵阳了。前些天见了他，他说 12 号中午他与我的那个小姐妹在一起吃饭。当时房子里面有些热，司机拎了一瓶啤酒从二楼下来独自喝了起来，我的那个小姐妹和她的男朋友留在楼上。再后来就地震了，整个酒店垮塌了，司机捡了一条命，我的小姐妹和她的男友埋在废墟里面再也没有出来……现在还埋着。”小杜最后补充了一句。

那顿饭我们没有动什么菜，大家都很悲痛。

接下去的时间，我没有按照通常的采访习惯，而是很随意地走进绵阳的百姓中间，让他们同样很随意地向我介绍一些震中的故事，尤其是与生命相关的故事。我发现这种采访的收获其实也很大。他们都是当地人，有的是医生，有的是新闻记者，有的是普通市民，还有的是种庄稼的农民……

下面是一位大地震时还在手术台上的医生的自述——

5月12日中午，我像往常一样来到医院。当天下午我有一台手术，为一位病人切除子宫肌瘤。病人今年40多岁，因为血色素偏低，术前三天已输了血，准备是相当充分的。切除子宫肌瘤只是个小手术，过程应该很简单，我相当自信。因为我们科当天的手术很多，所以我的手术被安排在骨外科的手术室进行。

中午12点半左右，病人被推进了手术室。消毒、麻醉，一切准备都很顺利。下午1点左右，我拿起手术刀，打开了病人的腹腔。仔细观察之后，我发现了一点小麻烦。这位病人除了患有子宫肌瘤外，卵巢中还有一个肿瘤。于是，我首先采用了卵巢肿瘤剥除术，并进行了冰冻病理检查。此时，已是2点了。接下来，我把病人的子宫动静脉血管结扎好，准备进行最后的筋膜内子宫切除。然而，当我刚刚切到四分之三时，手术室突然停电了！

“咋回事哦，手术室的电怎么可以停嘛！”刚开始，我和同事都感觉非常恼火，手术也不得不停了下来。然而，大家的抱怨还没结束，突然发现手术台在摇晃，已经全身麻醉的病人也不停地在动。在场的医护人员猛然间全愣住了，到底发生了啥子事情？紧接着，晃动越来越厉害，然后又开始剧烈地上下晃动，手术器械不断地跟着往下掉。手术治疗柜快立不住了，氧气瓶直接倒在了地上，屋顶上的墙壁也开始大块大块地脱落。我们一边扶着病床，防止病人被摇下来，一边用无菌纱布遮住了病人的伤口，防止感染。麻醉师则立即抄起气囊，不停地挤压着，为病人进行辅助呼吸。与此同时，我们听到隔壁手术室的同事在大喊："地震了先转移病人！"直到这个时候，我们才反应过来，发生地震了。

大约一分多钟后，剧烈的晃动停止了。

隔壁手术室的同事一边焦急地呼喊着，一边将病人向外转移。当时我的心里很矛盾，到底应该怎么办？转移吗？手术还没做完，打开的腹腔有可能被感染；继续手术？如果再次地震，不仅我们5个医护人员很危险，已全麻的病人更无力自救。犹豫中，我赶紧让巡回护士去找配合手术的护士长。

此刻，手术室外，医护人员已开始组织病人集体转移，楼道内一片慌乱。电梯停了，病人们惊慌失措地冲下楼梯，女人的尖叫、孩子的哭声此起彼伏。而我们的手术室内，却格外安静，大家不知所措地站在手术台旁边，仿佛外面的慌乱与我们全然无关。

"我害怕。"过了一会儿，安静的手术室里突然响起颤抖的声音。我抬头一看，说话的是器械护士，一个17岁的女实习生，虽然她戴着口罩，但眼睛里流露出的惊恐和无助仍让我一阵阵心疼。其实她还是个孩子，如果换个岗位，也许早已尖叫着冲出了楼外，甚至会大哭着扑进父母的怀里。可是因为她穿上了护士服，就必须留在手术室与病人共生死。"不用怕，一定会没事的。"我一边拉着器械护士的手安慰她，一边不由得想起了家中76岁的婆婆和8岁的儿子。我的家在十一楼，他们老的老、小的小，能及时跑出去吗？下楼梯时不会摔着吧。直到这时，我才强烈意识到了地震的危险。在这样巨大的自然灾害面前，人的生命是极其脆弱的。越想越担心，我不由地就说了一句："假如我有意外，请照顾好我的儿子。”在场的麻醉师当即回应说：“李姐，你放心，任何人有意外，我们都要照顾好对方的孩子。”显然，麻醉师也做好了继续手术的思想准备。我们都准备留下，又都放心不下家人，所以才会那样息息相通。

事后回想起来，我们等待护士长的时间是极其短暂的，也许只是一两分钟。但是当时感觉好长好长，楼道中慌乱的哭叫声，手术室里可怕的安静，器械护士无助的眼神，与对家人的担忧交织在一起，让人无法承受。

2点31分，护士长冲进了手术室。她一边察看病人的情况，一边焦急地说：“不能在这里做手术了，赶快关腹。”通过护士长的神色，我意识到地震的程度比我意识到的要严重得多。于是，我决定临时关闭腹腔，尽快将病人转移到安全的地方。要冷静，冷静，作为主刀医生，必须对病人负责。尽管情况紧急，我仍像平时做手术那样有条不紊：缝扎，冲洗……两分钟后，我在刀口上缝完三大针，病人的腹腔完全关闭了。

“赶快转移病人！”我喊完这句话时才发现，在场的5个医护人员全是女性。电梯肯定不能用了，病人又处于全麻状态，要将她毫发无损地从十一楼抬到一楼，还真不是一件容易事。情急之中，巡回护士立即将患者的三位家属叫进了手术室。这三个男士原本坐在手术室外等候，大楼开始摇晃时，家属们都显得很慌乱，他们出于本能准备逃走。可跑了几步又反应过来了，手术室在十一楼，想跑也不一定能跑掉。更何况，手术室里还有他们的亲人。经过商议，他们毅然决定留了下来。家属得知我们的手术并没有完成，开始不满和担忧。我只好一边解释这是为了病人的安全考虑，一边请求他们帮忙，用手术床单把病人抬出去。走出手术室，我们才发现病人处于半裸状态，慌乱中，我和其他两名医护人员又匆忙脱下身上消过毒的手术服，盖在了病人身上。就这样，三名男家属和我们另外两名医护人员用床单抬着病人，麻醉师拿着气囊辅助病人呼吸，利用紧急通道开始撤离。下楼的过程非常吃力，原本不宽的楼梯上，上上下下的人很多。能走的病人由家属陪着往下走；行动不便或是病情较重的，由医护人员搀扶着下楼；病情更重的，则由医护人员或家属抬着下楼。有一些医护人员还在往上冲，新生儿、产妇、刚做了手术的病人、重症监护室内的病人，我们在撤离时必须做到一个都不少。

“快点，快点，还有余震。”在下楼的过程中，我们不断听到这样的喊叫声，病人家属也想尽快把病人转移，整个场景非常混乱。抬着病人下楼，大约用了十分钟，但我感觉走了很久很久。我们把病人抬到一楼时，她的家人从别人手中“抢”来一个氧气瓶，给病人用上。不一会儿，麻醉师发现病人好像要清醒了，便赶紧去找担架。此时我们才发现，医院早已乱成了一锅粥，根本找不到担架之类的东西。十几分钟后，麻醉师终于找来轮椅，让病人半坐半躺在上面。刚刚安放好病人，有位女医生的丈夫来了。我们这才知道，整个城区都停了电，许多单位已停止工作，要求员工撤离到安全地带。此时我才想起，撤离过程中，我只给老公打过一次电话，还没打通。还有我的婆婆和儿子呢？他们现在会在哪儿呢？来不及容我多想，医院已做出统一安排，要将病人转移到绵州大剧院前面的空地上。到了绵州剧院门口，我才意识到自己一直穿着手术室里的衣服和拖鞋，戴着口罩和帽子满大街跑。

下午4点左右，我们又按医院统一安排，把病人陆续转移回医院前的广场上。因为我的病人血色素比较低，地震前的手术又已进行了四分之三，我担心她因为出血造成坏死，立即请示院领导，希望尽快将手术完成。当时，我们科还有一个宫外孕患者，不立即手术会有生命危险。为此，领导决定立即在门诊大楼外的空旷处搭建一个临时手术室，尽快进行手术。就这样，我们科室的医护人员在余震不断的情况下，毅然返回十二楼，拿出了手术必需的器械、消毒工具和衣物。然后将病人放上推车，在医院门诊大楼的一角做起了手术。

下午 5 点左右，宫外孕患者的手术顺利完成。5 点 20 分左右，我推着我的病人进入了临时手术室。这一次，主刀的是我们的主任医师陆琳，我担任这台手术的一助。约 40 分钟后，我们的手术成功完成，大家长长地舒了一口气。

下午 6 点左右，我终于可以离开医院，去找儿子和婆婆了。走出大门时，我发现医院前的空地上，有 20 多个年轻的护士，每个人怀中都抱着一个新生儿。她们身着粉红色制服，显得格外美丽。当时的场景让人赞叹，让人落泪，也让人心酸……

绵阳医院的医务工作者从地震的那一刻起，就一直没有离开过自己的战斗岗位，相反比平时努力十倍地抢救每一个生命，直到地震两个月后的 7 月中旬，多数人还没有正经休息过完整的一个星期天。而正是他们的无私与献身，重灾区绵阳才有了更多的人幸运地活了下来。

北川农民朱桂翠，地震发生时，她家的房屋瞬间倒塌。当朱桂翠在惊恐中睁开眼睛时，发现自己家所在的四崖山和相隔一公里的唐家山几乎挪到了一起。同样令这位农家妇女惊恐不已的是：在流经家门口的湔江里，突然冒出了一座新山……

她这样自述惊心动魄的那一幕——

天突然黑了，我倒在地上，只能听见房屋倒塌、山体崩裂的声音。

5 月，对于四川的农民来说，是一年中最忙碌的时节，小春收割、大春播种都在这个时候完成。12 日中午，我草草地吃了点剩饭，就拿上农具，站在院子里等待丈夫一起下田干活。

就在这时，我突然听见“轰隆隆”的声音从山顶上传来，一开始我以为是雷声，可紧接着，大地开始晃动起来。

地震了！我来不及多想，立即冲向屋内。

房屋在剧烈地摇晃，砖头碎瓦不断从房顶上掉下。80 多岁的老母亲已被吓得不知所措，我拉起她就朝外面跑。可刚跑到门口，强烈的摇晃就使我们母女俩跌倒在地上。我扭头一看，自家的房顶迎面向我扑过来。我将母亲的头紧紧裹在自己的胸膛下，绝望地闭上了眼睛。

突然，我感觉自己被人提了起来，接着又被放在地上。伴随着一声闷响，我睁开眼睛：原来，就在地震开始的瞬间，我丈夫从茅房里跑了出来，连腰带都没来得及系，就提着我和我的母亲往外跑。

我正想看看丈夫伤着没有，原本晴朗的天突然黑了下来，周围什么也看不见了。惊慌中，我死死抱着丈夫的腿。在恍惚中，我听见周围房屋倒塌、山体崩裂、巨石滚落以及邻居们的哭喊声乱成了一片。大约过了一分钟，天又亮了。眼前的情景让我更加恐惧：山脚下的湔江中，突然出现一条口子，江水在瞬间消失；原本深陷于峡谷中的河道，刹那间冒出了一座小山；山上很多地方也出现了裂缝，一些村民随着房屋一块掉进几米宽的缝里，接着裂缝一下子又合拢了；一块块房屋般大的巨石从山上飞一样滚落，冲向房屋、树木、田地、生灵……

短短的几分钟时间，我经历了人间和地狱，极度恐惧的我只有死死地抱住丈夫的腿，边哭边喊：“老天，求你开开眼，给我们留条活路吧！”

好在我丈夫当过兵，显得特别冷静。他一手抓住母亲，一手撑着地向我吼道：“莫喊了，如果今天真要死在这儿也没得办法！”

丈夫的吼声镇住了我，我只能用惊恐的目光注视着周围的一切。

大地终于平息下来，我家所在的这块山坡没有往下滑落，也算是不幸中的大幸吧。稍微平静一点的时候，丈夫就喊了一声："走，赶快上山。"说完，他就背着我的妈妈向山上走。我心里仍很害怕，紧紧跟在丈夫后面，拽住他的衣角往前走。

天！我们刚走出院子，回头一看，院子里已经多了一条一米多宽的缝。我眼看着院子里的两把锄头掉进了缝隙。片刻之后，那条缝隙又合上了，两把锄头彻底消失。看到这一切，我再也不敢回头，拼命地往山上逃。

我家所住的山叫四崖山，有1500多米高（当地百姓都说相对高度，该山实际海拔2100米左右），平时山上郁郁葱葱，山下湔江缓缓流过。曲山镇楼房坪村有84户人家，房屋从山脚错落而上，一直延伸到半山腰。我家的房子就在半山上，对于我们来说，平日上山是一件很容易的事情。但是，此时通往山上的唯一一条小路，已经被滑下的山体掩埋，我们只能拉住山坡上的藤条往上爬。

大约走了十分钟，我感觉危险小了一些，便鼓足勇气，再次回头。这时我才发现，在这座山上居住的84户人家的房屋，几乎全部滑到了山下，或者被泥石流掩埋。更可怕的是，平日里和四崖山隔着一条江的唐家山，已经移过来很多，两座山几乎挨在了一起。从两座山上滑下来的泥土，已经将湔江中的水彻底截断了……

就在我还没回过神的时候，恐惧再次袭来：地面又开始颤抖，我脚下的山体又开始裂缝。情急之下，我一把抱住了一棵大树。天！我刚刚抱住大树，一条一米多宽的裂缝就出现在我的脚下，我刚刚将脚从缝隙中取出，缝隙就合上了！很幸运，我没有被裂缝吞下。但是，我邻居的一个亲戚掉下了缝隙，我眼睁睁地看着他消失了……

“继续往上爬”，人群中不知谁再次发出号令。幸存的人们一起向四崖山顶部爬去。

此时，恐怖仍在继续——随着大地的震动，一块块石头从我们头上、身边、脚下带着风声飞过。我丈夫背着我的妈妈，一边艰难地往上爬，一边对着后面的人喊“往左”“往右”“蹲下……”因为走惯了山路，平时我们只需半小时就可以爬上山顶，但是这次，大家扶老携幼，竟然用了四个小时。直到惊魂未定地坐在山顶上，我才发现自己的左腿被山上的飞石擦伤了，整条裤腿都已被鲜血染红。鞋子也跑丢了一只，身上的衣服到处是洞。

不一会儿工夫，大约 40 多人从四面八方赶到了山顶。大家不论是否相识，不论过去彼此之间有什么矛盾，一见面，就相互拥抱，继而摸出手机，开始联系自己的亲人。由于手机没有信号，大家便开始商量，是不是向北川县城方向逃命。但是，大家定睛一看，原本美丽的北川县城仍然笼罩在一片黑暗之中。有经验的老人说：“那里肯定也出事了。”听了这话，我再也忍不住号啕大哭起来：我读大学的儿子几天前才回到县城，正住在亲戚家中，准备参加公务员考试；我的两个姐姐也住在北川县城；我的女儿在桂溪乡邮政所上班……但大家又不得不面对一个现实：要想逃出大山活命，最好前往绵阳，北川县城不行，就走擂鼓镇。

大山上除了森林就是滑坡，根本没有路。丈夫和几名好心的村民背着我的妈妈，其他的人就相互搀扶着前进。晚上 11 点，大家相互连拖带拽，终于赶到了擂鼓镇。

这天夜里，我们在擂鼓镇的公路边坐了下来。从北川县城逃出的人，一群又一群的经过这里。从他们的口中，我们知道县城里死了很多人。因为惦记儿子和姐姐，我几次想冲进县城，都被丈夫拉了回来。

13 日天刚亮，我在丈夫的强拉硬拽下，和聚集在擂鼓镇的许多老百姓一起，向绵阳方向走去。

5 月 14 日，我终于在绵阳九洲体育馆见到了我的儿子和女儿。儿子告诉我，地震时，他被抛了出去，飞过邻居家的小两层楼，落在了另一家的两层楼楼顶。还没等他爬起来，就又被甩了出去。落地之前，恰好被县武装部的一位同志接住了，结果这名同志的腿断了，他却没什么大事。儿子还说，我家在县城里的 13 名亲人中，有 6 人遇难。

儿子的离奇幸存让我庆幸，可众多亲人的离去让我更加悲伤。在九洲体育馆的几天时间里，我的脑子里成天想的就是地震时那山崩地裂的景象，是我遇难亲人的身影……想起这些，我心里就发怵、生痛。

医生杜四海独自守护“生命孤岛”的传奇也让我感慨万千。杜四海自己是位残疾人，可为了别人的生命，他表现出了比健全人更健全的心境和行为，他的事迹也在当地传为佳话。

每逢有人要他讲述地震那一刻的遇险情景时，杜四海都会这样绘声绘色地讲一通——

5 月 12 日吃过午饭，五六个乡民到我药店里来买药。我正给他们拿药，地下突然传来一阵打雷般的响声——轰隆隆……接着，外边就有人喊：“地震了！地震了！”我扔下手里的药，和那几个人一起，跌跌撞撞地冲出门，跑到几米外的东益桥上。

我跑到桥上时，地下那种“雷声”刚好响过三声，大地便开始摇晃起来。因为站不稳，我就坐在桥上，上身略往后仰，双臂使劲撑住桥面，整个身体就随着大桥晃来晃去。桥的另一端，是我姨父开的一家茶馆。摇摇晃晃中，我眼瞅着两层的茶馆“轰”的一下掉进了茶坪河……我心里想，但愿茶馆里没人才好啊。真是怕什么来什么，后来我才知道，茶馆里有四个人掉下去了，全部遇难，其中就有我姨父。

茶馆掉进河里之后，对面旧街上的房子就开始接二连三地垮塌。那会儿，到处是房屋倒塌的声音——轰隆、轰隆……眨眼工夫，街上的房子几乎都垮塌完了，尘烟四起。街上的人，还有桥上的人，惊呼声不断。

“那么多房子垮塌，肯定有人受伤。”想到这里，我就开始大声喊，“陈姐！赵老板……”他们都是我家药店的左邻右舍，我想知道，他们还在不在。没想到，我喊的这几个人，其实都站在桥上。那会儿心里慌得不得了，也没注意身边是谁。也就在这时，我身边不远处的水泥桥面，裂开了一条 5 厘米宽的大缝。我一下子紧张起来，桥上有二三十个人，距水面有 20 多米高，这桥要是垮塌了，桥上的人肯定就没命了。幸好，桥没垮塌。不过，离大桥不远处，有座小桥垮塌了，伤了四五个人。

地震前，茶坪河的河水齐膝深。地震过后，河里没了水。

地震稍稍平息后，桥上的人都跑去找自己家里人。很多人被垮塌的房屋砸死了，很多人受了伤。我来到药店后边的一块空地上，吆喝人们把受伤的送到我这儿来，我这儿安全多了。

受伤的人挺多，可我手头什么东西都没有，只好从他们各自的衣服上撕下一块布，简单包扎一下。碰到骨折的就找些木片、木棍儿固定一下。手忙脚乱的，也没工夫想家里人。后来有人说起小学的房子没事儿，我才想起来儿子还在学校上学。我父母和老婆都在新街的家里，那边的房子好，估计没什么事儿，也就放心了。我没担心家里人，可家人却很担心我。旧街这边的房子不好，再加上我的右腿有残疾，走路不方便，老婆认为我肯定被压在房子里了。地震过后，她急急忙忙跑来找我，爬废墟过死人，也忘了害怕。走到半路上，听人说我正忙着救人，她终于放心了，就又回去照顾老人了。后来送过来的几个人，都受了重伤，躺在地上不停地呻吟，我却帮不上他们大忙，心里很难受。大概快5点的时候，我摸进掉了顶的药店，想给伤者找点药。刚捡了几盒消炎药、止痛药，余震又来了，吓得我赶紧退了出来。

傍晚的时候，大部分伤员都在亲人的搀扶下，转移到了两公里外的新街。在我身边，只剩下5位重伤员，还有他们几个家人。这几位受重伤的，一个是锁骨骨折导致血气胸，一个是颅脑外伤，两个是腿骨骨折，还有一个被砸掉了四个脚趾。

那天天气不好，6点多天就快黑了。老婆见我还没回家，就过来找我。一听说老婆要我回家，那几个受重伤的，都眼巴巴地盯着我，那眼神分明是不愿意让我走。其中一位伤者还说："杜老师，我平日都是找你看病的。"言下之意，千万不能扔下他们不管啊。

在我们那里，大伙都称医生为老师。我对那人讲："你放心吧，我不会扔下你们不管的。"

我把老婆拉到一边，悄悄对她说："我得留在这儿，我是医生，我待在这儿他们心里会踏实些。你回家照顾好老人和孩子。"

那个晚上，我老婆在路边为我父母和孩子撑着一把雨伞，坐了一宿，也替我担心了一宿。她害怕河上游的水库要是垮塌了，还不得把我淹死啊。晚上8点多，几个人到河边解手，听到河道里有呻吟声。循着声音，大家从漆黑的河道里抬回来一位腿骨骨折的老人。

在伤者不停的呻吟声中，我度过了地震后的第一个夜晚。

第二天一大早，我老婆让她堂弟来接我。我老婆说，乡卫生院那边缺人，让我去帮忙。她还跑去乡政府找人，准备把那6个受重伤的人也转到卫生院。临走前，我对那6个重伤的人说："等着我，一会儿就来接你们。"守了一夜，他们都很信任我，很放心地让我走了。

当时，卫生院非常混乱，门诊楼已成了危房，伤员们躺在院子里，不停地呻吟。更要命的是，不少医疗设备都被砸坏了，就是没坏的也无法使用，因为没电了。从那天起，我就和卫生院的7名医生一起，每天忙着给受伤的乡民们包扎、换药、消炎、输液什么的。很快，乡政府就派人把那6位伤员转移到了卫生院。在卫生院里，有40名重伤员，其中有30多名危重伤员需要手术。作为医生，我知道多拖延一天对伤员们意味着什么，可我们无能为力。有时候，他们实在难受得忍不住，就会说："杜老师，给我看看。杜老师，给我看看。"那时候，我心里就像刀绞似的。

这天我老婆做了件事儿，我挺佩服她的。她早上到乡政府后，主动提出把我们家两个药店价值7万元的药品捐献出来，集中到卫生院管理使用。这事儿，她也没跟我商量，但我觉得她做得对，她这样做我挺自豪的。

16日上午，来了一架直升机，接走了四名重伤员。下午直升机没再来，到了晚上天气变了，又刮风又下雨。伤员们的帐篷都很简单，几根木棍儿搭块塑料布，风一吹就散架了。那时候伤员的情绪都低到了极点，我从他们的眼神中看到了绝望，他们认为没人管他们了。风雨中，听着伤员们无助的呻吟声，我流泪了，这是地震发生后，我第一次流泪。

地震过后，茶坪乡就跟外边失去了联系，通信中断，路也不通，成了一个与世隔绝的地方。从16日开始，谣言满天飞，有人说，还有更大的地震，还有人说，要来洪水，也有人说，山要塌了……亲戚朋友都劝我们赶紧离开。

第二天，我父母和亲戚们带着我儿子，沿着解放军翻山越岭走出来的一条小路走了。我让老婆跟他们一起走，她不肯，非要留下来陪我。那时候，我好感动。后来，我老婆就留在卫生院帮着配药。也就在这一天，整个茶坪乡镇上的2000多名滞留人员全部离开，只有政府工作人员、医护人员和伤员仍在留守。

18日，先后来了9架直升机，把伤员全都接走了，卫生院的大部分医生也一起离开。乡政府的人要求我和我老婆也一起撤离，我们想了想，还是决定留下来。因为解放军仍在废墟里救人，总得有医生接应啊。最后，就剩下了我和张晓兰医生。

24日早晨8时，在茶坪乡救援的解放军将废墟清理完毕，再也没有受伤的人送来，我们开始撤离。我和老婆、张晓兰医生，还有两位解放军，我们5个人，一人拄一根木棍儿，开始爬山往外走。自从12岁时受伤，腿部落下残疾以后，我就再没爬过山。可是，我们要走到有车的地方，必须翻过三座山。由于道路险峻，有的地方甚至要用绳索绑在身上爬悬崖。同路的解放军担心我出意外，一再提出要背着我，可我坚持要自己走。后来，在大家的一再劝说下，为了不拖撤离队伍的“后腿”，我只好趴在了解放军战士的背上。

11个小时后，我们终于翻出大山，到达了安全地带。

北川银行女职员龚天秀性格泼辣、开朗，平时像男人一样行事果断。在大震中，她失去了丈夫，自己的腿也被压断了。但为了见到儿子，她在最紧要的关头下定决心，锯腿自救。绵阳本地记者曾记录下了龚天秀“为了娃儿，自己锯腿”的整个心理历程——

5月12日地震发生时，我正在北川县城的家中上网，突然房子摇了一吓。就在我还没有反应过来的时候，房子又剧烈地抖动起来。老公冲我大喊：地震了！然后抓起一件睡裙盖在我头上，拉起我就往卫生间跑。地震在北川是一件很平常的事，我朝老公嘟哝了一句：有病啊。但是，我们还没跑进卫生间，楼就垮塌了。

楼垮塌下去的时候，老公的手还一直护着我的头。我们两个一起掉进了一个夹缝。在夹缝里，两人分开了，他的头对着我的脚，我侧趴在他大腿上。我试着挪动了一下，发现自己的右腿被水泥板压住了。

刚掉下去的时候，我们两个一直在本能地喊救命。喊了一会儿后，老公说有点不对劲儿，他想呕吐，觉得自己快死了。我说不至于吧，我们才落下，我的腿被压住了也没感觉到疼，你怎么会死，肯定是脑壳出问题了。

老公说，真的，我真的快要死了。我听他确实不是在开玩笑，就把手从他的背上摸过去，上面湿漉漉的一大片。我想，老公可能受重伤了，说不定脑壳真的被砸坏了。

老公叫着我的小名说，龚老二，坚强一点，你很能干的，这辈子我只求你一件事了，你一定要活着出去，把娃照顾好，让他走正路，不然对不起王家的列祖列宗。

老公王怀俊是县科协主席，在家里是老幺。儿子王涛，是王家几代人中唯一的大学生，老公对他的期望非常高。

说完这些话后，老公再三要我照顾好自己，说不能一起往前走了。

我突然觉得非常害怕，就喊老公的名字，开始时他还答应，不到半小时后，就不再有回应了。虽然平时在家里我说了算，但我的胆子非常小，从不敢一个人睡觉。我说，老公，你是不是睡着了，再不醒我就咬你了。他没答应我，我就咬了他一口。我心里清楚，老公已经死了，我这样说，只是在给自己壮胆。我打量了一下四周，在废墟的上方，有一个碗口大的窟窿，通过这个窟窿，可以看到纵横交错的水泥板。我的右腿开始疼了，疼痛难忍。

5月13日早上，当光线透过那个窟窿射进来的时候，我觉得不能再等死了，就开始喊，使劲地喊救命。我的呼救声得到了废墟中另一个人的回应。她叫刘华清，是住在五楼的一个银行职工家属。刘华清询问了我的伤势后，说不要总喊，要保持体力。我说不喊别人怎么会知道我们被埋了，听上面过来拖拉机了，你也一起喊吧。可刘华清说，那不是拖拉机，是垮山的声音。

从地震发生到13日早上，我已经十四五个小时没进水了，不间断地呼喊了一段时间后，嗓子就喊不出声了。我伸手在四周乱摸，摸到了一团卫生纸，就用它接了尿喝下，然后又能出声了，就继续喊。很怪，我在里面喊破了嗓子，外面的人一点听不到。但外面的人说话，我却听得一清二楚。我想，可能是因为我一直在喊，嗓子沙哑，已经发不出平时那样大的声音的缘故。

刘华清跟我说，我们使劲喊，外面的人也不会听见，我们恐怕要死在里面了。我觉得自己不能死，就说要死你死，我是要出去的。已经排不出尿了，我就用一块砖块砸破自己已经麻木的右腿，喝血，继续喊。嗓子哑了，就再砸，再喝，再喊。我绝对不能死在废墟里面。

13日中午，突然听到了支行行长江山的说话声，我一下子来了精神，清了清嗓子大声喊：江山，我是龚天秀，快给我找点水喝!

江山是我从初中到大学的同学，他不会见死不救的。但我喊了半天后，江山才听见，还把我当成了另一位女员工苏学军，劝我别着急。我能不急吗？就骂了一句，我是龚天秀，要渴死了，快给我整点水来。

江山听到我的喊话了，可说他搬不动水泥板，让我先安心等着，然后甩进来一瓶酸奶，说他马上去找人救我。知道有行长在外面，我的心放宽了。喝了酸奶之后，我趴在老公的腿上，跟他说，老公，我们一定能出去找到娃的，放心吧，现在我要把你的腿当枕头休息一会儿了。

有了行长的支持，我开始琢磨怎么出去。在我的正上方，有一些摇摇欲坠的砖块。这个太危险了，我开始动手清理。在清理过程中，不时有砖块掉到我的身上，砸得我生疼。每掉下一块，我就捡开一块，但我不敢大动，怕万一那些碎砖失去平衡，会全塌下来。但身体四周还遍布着装修时用的长木条，横七竖八的，在被救出时也可能碍事，我就用牙齿咬它们。早咬断一根，就能早出去一会儿，找到我的娃。

从中午咬到天黑，还不见江山搬来救兵。再喊他，他也不应了。我不知道，这个时候的救援力量，大都集中在北川中学，根本顾不上营救县城里被埋的零散居民。江山搬不来救兵，又怕我们失望，就一个人待在废墟外面，不敢作声。

13 日晚上，时时有余震发生，不断有砖头水泥块砸在我和老公身上。在一次余震中，我的左腿又被压住了。我费力地把左腿拉出来后，流着泪对老公说，是不是老天真的不让我们见娃了？

一夜过去了。在天亮的时候，我对自己说，今天无论如何要出去，再出不去的话，估计就要死在这里了。

14 日早上，我终于听到了救援部队的声音，而且听见了江山在和他们交谈。这支小队伍应该是解放军吧。解放军通过和我简单对话，很快就确定了我的方位。江山在外面鼓励我，一定要坚持，再坚持一下，就能出来了。我还听到了有几个侄子在外面，他们一起用力抬废墟上的水泥板。

救援的工作量应该很大，听他们焦急的声音就可以判断出来。解放军在外面不停地抬、搬，我就在里面不停地咬木条。一个上午过去了，中午又过去了，天快黑的时候，除了后背还有一根木条咬不到外，其余的几根全咬断了。

天黑下来的时候，搬东西的声音停止了。我朝外面大声喊，为什么不搬了？四周好像突然安静了下来，没人回应我。一位解放军战士甩进来两瓶矿泉水后，他们的队伍撤离了。

不知道救援人员为什么会撤离，为什么会看着活人被埋而不救，我扯着嗓子拼命喊，在喊哑后喝水，继续喊，没有人理睬我。看着一根根被咬断的木条，想着几天来忍受的痛苦和煎熬，我绝望到了极点。

当时我内心清楚，被压住的右腿早已失去知觉，就算是被救出来，也保不住了。于是，我又摸到一个锋利的水泥块. 开始砸自己的右腿。这次不是砸开喝血，而是要把它砸断，只有断了才能出去。无论如何我要出去，至少要见到我的娃。砸着砸着，我失去了知觉……

15日早上9点，行长江山再次向我通报，陕西渭南消防中队的专业救援人员来了，带着专业的救援工具……救援人员很快确定了我的方位，并利用他们的破拆工具紧张破拆。下午1点的时候，他们打通了一个大洞，并用手电筒查看了我被埋压的情况。一名消防战士对我说，你的右腿被水泥大梁压住了，如果我们破拆大梁，恐怕会引起新的垮塌。请你再坚持一下，我们还在想办法。到了下午4点，他们告诉我还在想办法，可我觉得我必须出去，因为我已经在废墟里待了三天三夜，而我的儿子至今生死不明，不能再等了。我朝一名消防战士喊，给我拿把钢锯和剪刀来。那名消防战士愣了一下，训我，你这个人怎么这么蛮，再等一会儿就出去了。我没有理会他，继续向江山喊叫。江山也以为我要自杀，我只好跟他解释说，有一根木条顶着我的后背，钢筋挂住了衣服，我要用剪子剪开衣服啊。这么一说，剪刀和锯条就很快递了进来。我先用剪刀剪开了被钩住的裤子和上衣，拿到锯条后，又把后背上的木条锯断，然后吸了一口气，朝昨晚没有砸断的右腿锯了下去。一下、两下……当锯到骨头时，钻心的疼痛几乎让我晕厥。大约半个小时后，骨头被完全锯断了。因为空间狭窄，筋和粘连着的皮肉没能锯开，我又用颤抖的右手握紧剪刀，朝最后羁绊我的肉筋剪了下去……

把腿弄断后，我扑过去亲了一下老公，流着泪跟他说，老公，对不起了，我不能陪你了，我要去找咱们的娃了。

爬了几步后，我被消防战士背出了废墟。一大群人迅速把我围住，人群中，一个熟悉的声音扑面而来：妈妈！那是我的儿子王涛的声音啊。

我的眼泪"哗哗"的流了下来，心想：儿子，我总算实现了你老爸的遗愿；老公，我见到你宝贝儿子了！

生命其实对每个人的重要性都是一样的。不管他职务再高，财富再多得数不清，但在面临生命毁灭的那一瞬，所有的人都是一样的：他们同样是无助的。正是在这样的无助面前，生命才有了平等。

第三次重返灾区，有一件事令我久久不能平静——那是关于几只犬的故事。

第一只犬是个功臣，它相继救了 7 个村民。最后因为防疫，结果村民们不得不含泪为其送行……村民们告诉我，在地震前夕，一向温顺的小狗突然叼着主人的裤腿拼命往外拉，那天它的叫声特别凄厉，所以惊动了众乡亲。正是它奇异的叫声，让当时在家休息的 42 位村民在大震时幸免于难。"我家的小狗叫小花花。12 号中午我从北川曲山镇上回来，小花花看我躺在床上要午休，便不停地叫。当时我 8 岁的儿子也在睡觉，所以小花花一叫，我老婆就将它赶出屋子。但在屋子外的小花花叫得更厉害。我很生气，从床上起来，朝它嚷嚷，不许它再叫了。哪知小花花蹿到屋里，叼着我的裤腿就往外拉。我感到纳闷。这狗今天咋了？我一看小花花，竟然发现它在流泪。我赶紧跟着它出了屋子，这时儿子也从屋里出来了。但小花花还是叫个不停，结果把邻居都惊醒了，当时有人还很不高兴。可也有一位 60 多岁的老伯不这么看，他沉着脸说：这种事情我小的时候听说过，看来要有天灾降临了。老伯这么一说，村里的人都着慌了。也怪，这时村上所有的狗都叫个不停。我看到狗崽们这么异常，便向众乡亲喊道：'赶快通知大家，都从屋内出来，可能要地震了！'一会儿工夫，全村在家的76人中，有42人慌忙跑到了屋外。也有一些人死活不相信我的话，还说我们犯神经病了。就在这工夫，天突然暗了下来，像刚出窑的瓦一样的颜色。地底下也发出'轰隆'的声音，随即地面也跟着发颤，我们还没明白过来，村里的房屋一溜烟全部倒了……那些没有从屋子里撤出的人，全部被埋在了下面。我们全吓坏了，只有小花花'汪汪汪'地叫个不停，而且在废墟上奔跑。后来我们明白了，它是告诉我们有人被埋在废墟里。于是我们跟着小花花，到处挖掘抢救幸存者，先后共救出7位村民。小花花真是立了大功。13日下午，解放军组成的救援队到达后，要求所有幸存村民撤至安全地带。我们49人被安排在50公里外的绵阳市九洲体育馆安置点，小花花也跟了过来。途中，乡亲们争着抢着抱小花花。刚到安置点时，由于道路被毁等原因，大伙每顿领取到的食品都只能勉强填饱肚子。但是，每位村民都宁愿自己少吃一些，也要省下来给小花花。可是到了5月19日，公安干警来找我们，说为了防疫，必须抓走小花花。村民们一听就急了，但没有办法，这是命令，必须执行。大家只能眼睁睁地看着民警将小花花带走。当时全村49位乡亲排成队，出来为小花花送行，情景非常感人。"小花花也懂事似的流着泪与我们告别……小花花的主人这样向我叙述道。

另一只犬的主人是位60多岁的老太太。她说她的命是小犬给的。"当时地震后，我被压在楼板下面，动弹不得。我的爱犬没事，但它看我出不来，就很着急，不停地叫着。可当时城里太乱，要救的人很多。有几个救援队员想救我，但苦于没有机械设备，他们搬不开压在我身上的水泥板，只好暂时放弃了对我的救援。这样我的小狗狗就很着急，但它通人性，几乎寸步不离地守着我。到第三天了，我在水泥板底下没吃没喝的，快支撑不住了，尤其是口渴，难受极了。我觉得自己不是饿死也得渴死了。14号下午了，我渴得快睡着了，突然我发现嘴边湿润润的，睁开眼睛一看：是我的小狗狗在用舌头舔我的嘴，我顿时感到一股透心的甘露一样的湿润……从那一刻起，我只要感觉支撑不住了，就喊一声‘过来’，小狗狗就过来伸出舌头在我嘴上舔上几下……一直到15号，消防队员开着吊车，把我从楼板底下救了出来。我的小狗狗成了我的‘救命爱犬’。之后几天，我天天抱着小狗狗，像亲人一样，日夜不分离。可是就在18号晚，居委会的一名干部动员我把小狗狗交出来，说是为了防疫。我说啥也不肯，那干部没有办法也就走了。当晚我一直把小狗狗抱在怀里，怕有人来偷走它。但是后来我睡着了，等醒来一看，小狗狗没有了。我到处找，一直找了几天，就是找不着。最后竟然在我的一件旧衣服下面发现了，可小狗狗早已没有了气……它是自己饿死的，它怕我伤心，就这样寻了短见。你说这犬是不是跟人一样，它不仅救了我的命，而且还为我分忧。我现在每天只能看这张照片过日子……”老人说着拿出一张震前她与小狗狗在一起玩耍的彩色照片。离开老人后我感到有些遗憾，因为那天没有带照相机。然而老人与犬的故事则一直刻在我心里。

还有一则也是有关犬的故事。

这是发生在德阳的事。有个镇叫金花镇，是绵竹和什邡交界处的一个小镇，位于红白镇和汉旺镇中间，是龙门山断裂带上的小镇，也是重灾区。第一次赴灾区采访时我曾路过那里，当时看到路边有不少解放军在帮助灾区百姓搭房子，便想去采访一下，结果一下车就被当地百姓团团围住，后来才知道他们是金花镇金山村的。“我们村里死了几十个人，还不算多。但金花镇中心小学死的娃儿多，共死了 180 多个。”一位村干部拉住我，指了指我身后的那座大山，说，“你看到那块塌方了吧——它原来是我们这儿的一个旅游景点，里面是个仙女洞，每天都有游客，光工作人员就有 38 个，可地震那天，全都被掩埋在里面……”

“现在还在里面？”我转身看着半山腰处一片坍塌的岩石处，心头一阵紧缩，便问。

“可不！根本挖不出来！至少得挖几十天才能把塌方挖尽。他们不死咋活法？”村干部说得很随便，可我听后心头非常沉重。当时我有种感觉：在灾区人的心目中死人已经很随便了，或许他们见了太多太多的死人，所以有些麻木。但当时我却被一位一直跟着我采访的小女孩吸引了——

小女孩长得挺俊的。

“你叫什么名字？”

“何雨薰。”

“嘿，我们是本家啊！”我有些喜出望外。

“几岁了？”

“8 岁。”

“在哪儿上学？你们学校有没有倒塌呀？”

“在镇上中心小学上学。我们学校死了好多人……”小女孩的一双大眼睛扑闪扑闪着，说起自己的学校时，明显阴沉了下来。

“你也是金花镇中心小学的？”我心头一惊，便低声问她。这时小雨薰的妈妈过来，搂着宝贝女儿开始跟我说：“她们班上共 26 个娃儿，只有 3 个跑了出来，其他的全死了……”

我忍不住拉过小雨薰，一把将她搂在怀里。片刻，我轻声问她：“你怎么跑出来的？”

“我跟着欧国亮跑出来的。”小雨薰说。

“欧国亮是谁？”我问。

“是我小孙子。她跟我孙子是同班的。地震时，我孙儿反应快，先跑了出来，小雨薰就跟着他跑了出来。”刚才那位向我介绍情况的村干部这时很自豪地告诉我。

“是这样吗？”我问怀中的小雨薰。

女孩点点头，眼泪就出来了。

“命大！真是命大呀！”我轻轻地朝小雨薰的妈妈说道，然后更用力地搂了搂小雨薰。

那天我发现一件事：这个村上的狗特别多。因为我在采访时，狗叫得特别响，总打断我的记录，村里百姓就几次帮我赶走这些狗崽。他们一边赶一边还说：这些狗也是功臣，它们救了村里不少人的命。当时我并没有太在意这话。可是这第三次采访又听说当地干部介绍金花镇的事时，不由想起金山村的那些狗。

德阳干部告诉我，在金花镇，有个村子在震前有 18 条狗，山区农家都有养狗的习惯，主要是为了防贼。地震时，这些狗可真成了英雄，它们最先投入抢救生命的战斗。因为当时地处深山的金花镇一时得不到外援，抢救主要是靠自救，狗便成了最先冲向废墟救主人的“战斗员”。狗通人性，且嗅觉好，这是公认的。所以在地震掩埋大量人员时，忠诚于主人的狗崽们毫不犹豫地冲在最前头，金花镇某村第一时间被救的几十名被埋者，无一例外是被狗凭嗅觉找到具体的被掩埋地点后救出的。这个村的狗成了当地十里八乡家喻户晓的英雄。但后来上面规定，为防止疫情发生，牲畜必须屠杀掉。这事有些残酷，但为了更多幸存者的生命安全，屠杀牲畜是必需的。正在村民们为这事犯愁得不知如何是好的当口，突然 18 号的那一天，全村 18 条狗无一例外地消失了，而且消失得影迹全无。村民们为此号啕大哭了好几天，公安人员多次派出专员搜索，全无结果。有人说，这些狗都被村民们藏了起来。

村民们出面作证，说根本没有这回事。有人说这些狗跑到山里去了。于是当地官员命令部队和公安人员上山搜查，但几天下来仍无一点信息。几十天过去了，这些狗到底到哪儿去了至今仍然是个谜。

“狗其实比人更灵敏，而且也极有感情。我们只能这样推测：它们以自己的方式，或许早已消灭了自己的生命……，要不然不可能逃得过我们拉网式的搜索。”当地一名公安局长这样说。

尽管这只是一种解释，但我宁愿相信这话是真的，因为与人的生命相通的犬是懂得如何保全自己的生命尊严和不为难主人的。

它们的生命同样非常高尚。

大地震让所有的生命显得高尚。

高尚的生命是永远不会消亡的。它们存在于宇宙之中，化作天幕上的繁星，以另一方式闪耀着光芒。

我因此要以特别庄严的形式——向生命致敬！

2008年5月19日至9月20日

三次往返于北京和汶川之间采访与创作

出版说明

何建明先生是中国文坛著名作家，长年坚守在报告文学一线。“非典”、汶川地震、天津大爆炸、利比亚撤侨等重大事件发生时，何建明先生都尽可能出现在第一时间、第一现场，将第一手材料及时地呈现给读者，将中国故事讲深、讲透、讲生动、讲精彩。他强烈的责任感和使命感让人感动，其直面真相、忠于现实的精神令人钦佩，是中国当代报告文学界极有影响力的领军人物。

有感于斯，我社特收录何建明先生近40年创作的报告文学作品，结集为《何建明文集》三十卷出版。这些作品是对时代、社会、自然和人文的记录、呈现与见证，是作者响应时代的召唤，置小我于大我之中，循着时代背景和社会需求而创作的，完整、真实地表现了社会各个层面人物的喜怒哀乐，代表了当代中国纪实文学、非虚构创作的高峰水平，大气磅礴、激情豪迈，极具胸怀和气量。其中多部作品获得鲁迅文学奖、国家图书奖、“五个一工程”奖、徐迟报告文学奖等。

每个时代都有自己的特征，每部作品都有自己的特点。为了全面展示何建明先生历时40年创作内容、使用语言和文学风格的变化，本文集对何先生已发表的所有作品原则上不做修饰和润色，除特殊情况外也不做大的删节和修改，以保证今天的结集出版，仍不失当年作品的激情和味道。